Die Strafbarkeit des Rechtsanwaltes im Rahmen von *privaten Insolvenzverfahren*

AF889220

Europäische Hochschulschriften

Publications Universitaires Européennes
European University Studies

Reihe II
Rechtswissenschaft

Série II Series II
Droit
Law

Bd./Vol. 4374

PETER LANG
Frankfurt am Main · Berlin · Bern · Bruxelles · New York · Oxford · Wien

Jochen Reichardt

Die Strafbarkeit des Rechtsanwaltes im Rahmen von *privaten Insolvenzverfahren*

PETER LANG
Europäischer Verlag der Wissenschaften

Bibliografische Information Der Deutschen Bibliothek
Die Deutsche Bibliothek verzeichnet diese Publikation in der Deutschen Nationalbibliografie; detaillierte bibliografische Daten sind im Internet über <http://dnb.ddb.de> abrufbar.

Zugl.: Passau, Univ., Diss., 2005

D 739
ISSN 0531-7312
ISBN 3-631-54976-8

© Peter Lang GmbH
Europäischer Verlag der Wissenschaften
Frankfurt am Main 2006
Alle Rechte vorbehalten.

Das Werk einschließlich aller seiner Teile ist urheberrechtlich geschützt. Jede Verwertung außerhalb der engen Grenzen des Urheberrechtsgesetzes ist ohne Zustimmung des Verlages unzulässig und strafbar. Das gilt insbesondere für Vervielfältigungen, Übersetzungen, Mikroverfilmungen und die Einspeicherung und Verarbeitung in elektronischen Systemen.

www.peterlang.de

Meinen Eltern
und
Sophia

Vorwort

Diese Arbeit lag der Rechtswissenschaftlichen Fakultät der Universität Passau im Sommersemester 2005 als Dissertation vor; die mündliche Prüfung fand am 7. November 2005 statt.

Mein ganz besonderer Dank gilt meinem Doktorvater, Herrn Prof. Dr. Werner Beulke, und zwar nicht nur für die Anregung zu der vorliegenden Arbeit, sondern auch für die weitere Förderung und Unterstützung sowie die schnelle, zuverlässige und außerordentlich hilfreiche kritische Durchsicht. Herrn Prof. Dr. Bernhard Haffke danke ich für die Erstellung des Zweitgutachtens.

Des weiteren möchte ich meinen Eltern von Herzen Dank sagen für ihre liebe- und verständnisvolle Sorge und Unterstützung in jeglicher Hinsicht. Schließlich – und zwar ohne Rücksicht auf die Reihenfolge der Nennung – gilt besonderer Dank auch meiner Freundin Sophia, die mir eine unschätzbare und nicht zu ersetzende Hilfe war.

Frankfurt am Main, Februar 2006 Jochen Reichardt

INHALTSVERZEICHNIS

EINLEITUNG

I. Gegenstand der Untersuchung

In der Praxis häufig anzutreffen ist die durch Rechtsanwälte vorgenommene beratende und begleitende Tätigkeit von Unternehmen, die sich in Krise oder Insolvenz befinden bzw. kurz davor stehen. Die Tätigkeit solcher Rechtsanwälte ist dabei häufig nicht darauf beschränkt, mit der Unternehmensleitung die bereits eingetretene rechtliche Situation und deren Folgen für das Unternehmen und seine Organe zu erörtern, Maßnahmen des Insolvenzgerichtes oder Insolvenzverwalters zu erläutern oder im Rahmen eines gerichtlichen Insolvenzverfahrens bestimmte Anträge für den Gemeinschuldner zu stellen. Vielmehr werden Anwälte in einer Vielzahl von Fällen um Rat gebeten, welche rechtlichen Möglichkeiten es gibt, das sich in der Krise oder Insolvenz befindende Unternehmen „vor einem gerichtlichen Insolvenzverfahren zu bewahren". Nicht selten spielt dabei sicherlich die Scheu insbesondere von Gesellschafter-Geschäftsführern bzw. „Aktiönarsvorständen" (d.h. Vorständen, die zugleich bedeutende Aktionäre der Aktiengesellschaft sind) etc. eine Rolle, dem möglicherweise von ihnen selbst aufgebauten Unternehmen durch den Gang zum Insolvenzgericht „den Todesstoß zu versetzen". Die Tätigkeit der Rechtsanwälte ist in solchen Fällen nicht auf bloße Rechtsauskunft beschränkt, sondern sie werden meist rechtsgestaltend tätig.

Gegenstand der vorliegenden Arbeit soll in erster Linie derjenige Fall sein, in dem der das Unternehmen vertretende Rechtsanwalt im Auftrag seines Mandanten die Eröffnung eines gerichtlichen Insolvenzverfahrens *zu vermeiden* sucht. Dies kann in der Praxis zum einen dadurch geschehen, dass der Anwalt (hier im Beispielsfall einer GmbH) seinem Mandanten dahingehend Rat erteilt, entweder die Gesellschafter zur Zuführung neuen Eigenkapitals zu veranlassen oder mit der Gesellschaft einen Rangrücktritt zu vereinbaren und auf diese Weise die Zahlungsunfähigkeit bzw. Überschuldung und damit eine Insolvenzantragspflicht zu beseitigen. In der Praxis häufig anzutreffen ist jedoch auch der Fall, dass der Rechtsanwalt im Auftrage seines Mandanten (der überschuldeten bzw. zahlungsunfähigen GmbH) ein Rundschreiben an sämtliche Gläubiger des Unternehmens verfasst, in dem diese zur Vermeidung des gerichtlichen Insolvenzverfahrens um Mitteilung binnen einer bestimmten Frist aufgefordert werden, ob sie auf einen jeweils quotal gleichen Teil ihrer Forderungen gegen das Unternehmen zu verzichten bereit sind. Durch diesen teilweisen Forderungsverzicht der Gläubiger soll ebenfalls eine Beseitigung der Insolvenz und damit eine Abwendung der Pflicht zur Beantragung des gerichtlichen Insolvenzverfahrens herbeigeführt werden. „Schmackhaft“ wird den Gläubigern in einem solchen Rundschreiben die Annahme des (Teil-) Forderungsverzichts insbesondere mit dem (in der Tat meist zutreffenden) Hinweis darauf gemacht, dass die ihnen nach Wirksamwerden des Verzichts verbleibende Quote ihrer (unstreitigen) Forderungen jedenfalls über der nach Abschluss eines gerichtlichen Insolvenzverfahrens zu erwartenden Insolvenzquote liegt und damit die vorgeschlagene Vorgehensweise im Interesse aller liege: Das Unternehmen bleibe erhalten und die Gläubiger erhalten mehr, als sie im Falle der Durchführung des gerichtlichen Insolvenzverfahrens zu erwarten hätten. Dies gilt insbesondere deshalb, weil Kosten des Insolvenzgerichts und vor allem des Insolvenzverwalters in einem solchen Falle nicht entstehen. Der Antrag des Unternehmens als Schuldner auf einen teilweisen Forderungsverzicht wird daher sicher in der Mehrzahl der Fälle von allen Gläubigern akzeptiert. Die Durchführung der zuvor beschriebenen Vorgehensweise eines zwischen den Gläubigern eines Unternehmens und diesem abgeschlossenen Teilforderungsverzichtvertrages zur Abwendung einer bestehenden Insolvenzsituation soll im Rahmen der vorliegenden Arbeit untechnisch als „privates Insolvenzverfahren“ bezeichnet werden.

Auch wenn unterstellt werden kann, dass bei einem Einverständnis aller Gläubiger – vorausgesetzt die ausgeschüttete Quote liegt tatsächlich über derjenigen, die im Falle der Durchführung des gerichtlichen Insolvenzverfahrens bezahlt würde (was hier ebenfalls unterstellt werden soll) – alle beteiligten Parteien tatsächlich profitieren, besteht gleichwohl die Problematik, dass bei einem solchen „privaten Insolvenzverfahren“ oftmals die für die Praxis äußerst knapp bemessene Drei-Wochen-Frist zur Stellung des Insolvenzantrages (vgl. z.B. § 64 Abs. 1 GmbHG) überschritten wird. Dies deshalb, weil das zur Vertretung der Gesellschaft berufene Organ nach Feststellung der Zahlungsunfähigkeit bzw. Überschuldung zunächst selbst die weitere Vorgehensweise überdenken und erst dann (nach Ablauf einer gewissen Zeit) einen Rechtsanwalt mandatieren wird. Sodann dürfte der Rechtsanwalt (zusammen mit seinem Mandanten) in die rechtliche Prüfung einsteigen und das Für und Wider der Durchführung eines privaten Insolvenzverfahrens erörtern. Mögleicherweise werden zunächst andere, für vielversprechend gehaltene Wege eingeschlagen (Rangrücktritt), um das Unternehmen zu sanieren und die Insolvenzantragspflicht zu beseitigen. Ist einmal die Entscheidung für die Durchführung eines privaten Insolvenzverfahrens gefallen, hat der Unternehmensvertreter eine Aufstellung sämtlicher Gläubiger nebst Forderungsbetrag zu fertigen und dem Rechtsanwalt zu übergeben. Weiterhin ist anhand einer Ermittlung der zur Ausschüttung zur Verfügung stehenden und gegebenenfalls noch zu erlangenden finanziellen Mittel diejenige Quote zu berechnen, die vernünftiger Weise den Gläubigern angeboten werden kann. Danach muss der Rechtsanwalt ein entsprechendes Rundschreiben an die Gläubiger entwerfen, mit seinem Mandanten abstimmen und schließlich an die Gläubiger versenden. Freilich ist auch den Gläubigern eine angemessene Frist einzuräumen, innerhalb derer sie sich zu entscheiden haben, ob sie dem ihnen unterbreiteten Vorschlag eines Teilforderungsverzichts zustimmen oder nicht. Schließlich ist zu berücksichtigen, dass in der Praxis regelmäßig ein kleiner Teil der angeschriebenen Gläubiger nicht innerhalb der ihnen gesetzten Frist, sondern verspätet sein Einverständnis erteilt (derjenige Fall, dass einer oder mehrere Gläubiger *nicht* einverstanden sind, soll hier außer Betracht bleiben, da dann zwingend die Eröffnung des gerichtlichen Insolvenzverfahrens zu beantragen ist und sich hierin die Tätigkeit des Rechtsanwaltes vorerst erschöpft hat, sofern nicht andere Wege gefunden werden, das Unternehmen aus der Insolvenz zu führen). Dies alles zeigt, dass die gesetzlich vorgesehene Dreiwochenfrist äußerst knapp bemessen ist und in der Praxis vielfach überschritten wird. Bleibt sie eingehalten, entstehen keinerlei rechtliche, insbesondere strafrechtliche Probleme. Kommt es jedoch trotz Fristüberschreitung gleichwohl zum Abschluss eines Teilforderungsverzichts mit allen Gläubigern und wird die zugesagte Quote vom Unternehmen auch ausgeschüttet, bleibt diese Fristüberschreitung praktisch wohl meist (wenn auch nicht immer) folgenlos, und zwar aus dem einfachen Grund, weil alle beteiligten Parteien regelmäßig zufriedengestellt wurden und sich somit niemand gezwungen sieht, Gerichte oder Strafverfolgungsbehörden mit dem Vorgang zu befassen. Gleichwohl hat die zuvor beschriebene Fristüberschreitung strafrechtliche Relevanz unter dem Gesichtspunkt der Insolvenzverschleppung für das zur Vertretung des Unternehmens berufene Organ. Bereits an dieser Stelle sei darauf hingewiesen, dass jegliche außergerichtlichen Vergleichsversuche mit den Gläubigern, insbesondere die Unternehmung von etwaigen Sanierungsversuchen einschließlich des Versuchs der Herbeiführung eines teilweisen Forderungsverzichts mit sämtlichen Gläubigern innerhalb der Dreiwochenfrist keine Hemmung dieser Frist zur Folge hat[1]. Solche Versuche können lediglich dazu führen, dass Zahlungsunfähigkeit oder Überschuldung beseitigt wird, wodurch Insolvenzgrund und damit Antragspflicht entfällt. Er-

---

[1] Vgl. BGHZ 75, 96, 108; *Schulze-Osterloh* in *Baumbach/Hueck*, GmbHG, 17. Aufl. 2000, § 64 Rz. 44 mit umfangreichen weiteren Literaturnachweisen

folgversprechende Sanierungsversuche schieben die Antragspflicht jedoch nicht hinaus[2]. Als Ergebnis bleibt, dass das zur Vertretung des Unternehmens gesetzlich berufene Organ - auch wenn es erfolgreiche Einigungsversuche unternimmt – bei Überschreiten der Dreiwochenfrist einem Strafbarkeitsrisiko ausgesetzt ist.

Diese Strafbarkeit des Vertretungsorgans (Geschäftsführer, Vorstand, etc.) soll allerdings *nicht* primär Gegenstand der vorliegenden Untersuchung sein. Denn zunehmend ins Blickfeld der Strafverfolgungsorgane geraten in der jüngeren Vergangenheit[3] vielmehr die das insolvente Unternehmen beratenden und vertretenden Rechtsanwälte – und zwar insbesondere unter dem Gesichtspunkt der *Beihilfe* zur Insolvenzverschleppung. Gleichwohl liegen – soweit ersichtlich – noch keine veröffentlichten obergerichtlichen Entscheidungen zu diesem speziellen Problemkreis vor. Allerdings sind die Probleme, die dabei entstehen, vor dem Hintergrund zu betrachten, dass die Strafrechtspflege allgemein zunehmend durch die Frage vor Schwierigkeiten gestellt wird, unter welchen Voraussetzungen die Unterstützung fremder Straftaten durch alltägliches Verhalten nach den Teilnahmeregeln zu bestrafen ist[4].

Die zunehmende strafrechtliche Verfolgung der Unternehmensrechtsbeistände verwundert insofern, als zumindest in einer Vielzahl von Fallkonstellationen und insbesondere dann, wenn tatsächlich sämtliche Gläubiger mit der ihnen vorgeschlagenen Vorgehensweise einverstanden waren und sie zudem einen über der theoretischen „gerichtlichen" Quote liegenden Teil ihrer Forderung erhalten haben, das Rechtsgefühl in Ermangelung jeglicher Schädigung der Gläubiger eindeutig zur Straflosigkeit des Rechtsanwaltes tendiert. Die mögliche Beihilfestrafbarkeit der zuvor genannten Rechtsanwälte und insbesondere die Frage, ob eine Einschränkung ihrer Strafbarkeit (etwa aus berufsspezifischen Gründen) dogmatisch begründet werden kann, soll vorliegend untersucht werden.

II. Gang der Darstellung

Im Rahmen der Darstellung sollen zunächst die möglichen und zu untersuchenden Fallkonstellationen allgemein beschrieben bzw. herausgearbeitet und die in Frage kommenden Straftatbestände der Insolvenzverschleppung kurz erläutert

---

[2] Vgl. *Schulze-Osterloh* in *Baumbach/Hueck,* a.a.O. m.w.N.
[3] *Volk*, BB 1987, S. 139, 140
[4] *Tag*, JR 1997, S. 49

werden (Teil 1). Sodann werden die in Literatur und Rechtsprechung allgemein entwickelten Theorien zur Erfassung neutraler bzw. berufsspezifischer Handlungen dargestellt und im Hinblick auf ihre Anwendbarkeit auf die hier beschriebenen Fälle der Beihilfestrafbarkeit von Rechtsanwälten in privaten Insolvenzverfahren untersucht (Teil 2). Anschließend soll geprüft werden, ob sich Einschränkungen der Beihilfestrafbarkeit des Rechtsanwaltes aus seiner berufsrechtlichen Stellung (Teil 3) oder aber seiner verfassungsrechtlichen Stellung (Teil 4) ableiten lassen. Schließlich soll versucht werden, eine eigene Lösungsgrundlage für eine befriedigende und treffsichere Lösung der hier behandelten Fälle auf der Basis der zuvor erörterten Modelle zu entwerfen.

TEIL 1 : FALLKONSTELLATIONEN UND IN BETRACHT KOMMENDE STRAFTATBESTÄNDE

Sowohl bei der Prüfung der Strafbarkeit einer bestimmten, von dem beratenden bzw. vertretenden Rechtsanwalt ausgeübten Tätigkeit oder vorgenommenen Handlung, als auch im Rahmen der Erarbeitung eines Konzepts zur treffsicheren und befriedigenden strafrechtlichen Wertung solchen Handelns wird es auf einzelne Nuancen des zu beurteilenden Sachverhaltes ankommen. Einzelheiten können den Ausschlag dafür geben, ob ein bestimmtes Verhalten als strafrechtlich relevant oder nicht zu beurteilen ist. Es erscheint daher sinnvoll, die verschiedenen in Betracht kommenden Fallkonstellationen vorab darzustellen. Dabei soll gewissermaßen als Musterfall die sich in der Krise bzw. Insolvenz befindende GmbH herangezogen werden; im Anschluss daran werden die bei der Prüfung der zuvor beschriebenen Sachverhaltsvarianten möglicherweise einschlägigen Tatbestände des materiellen Strafrechts (im Rahmen der Beihilfe) kurz erläutert bzw. angerissen, wobei den Gegenstand der Arbeit jedoch ausschließlich die Delikte der Insolvenzverschleppung bei der GmbH bilden sollen. An dieser Stelle wird auch auf die anderen Gesellschaftsformen kurz eingegangen.

1. Kapitel : Fallkonstellationen

Wie in der Einleitung bereits ausgeführt wurde, soll Gegenstand der vorliegenden Ausführungen in erster Linie derjenige Fall sein, in dem der ein Unternehmen vertretende Rechtsanwalt im Auftrag seines Mandanten die Eröffnung eines gerichtlichen Insolvenzverfahrens (bzw. die Pflicht des zur Vertretung des Unternehmens berufenen Organs zur Stellung eines entsprechenden Antrags) zu vermeiden sucht, und zwar durch Betreiben eines „privaten Insolvenzverfahrens“[5]. Im Umfeld dieser Tätigkeit – also von der Kontaktaufnahme zwischen Mandant und Rechtsanwalt bis hin zur tatsächlichen Durchführung eines „privaten Insolvenzverfahrens“ für den Mandanten sind verschiedene Fallkonstellationen denkbar. Der Einfachheit halber soll bei der Schilderung dieser Sachverhaltskonstellationen auf den Fall der GmbH zurückgegriffen werden.

---

[5] Zu der in dieser Arbeitet verwendeten begrifflichen Umschreibung eines „privates Insolvenzverfahrens“ vgl. Einleitung, Ziff. I

Im Hinblick auf die Tätigkeiten des Rechtsanwaltes wird begrifflich eine Dreiteilung vorgenommen: Beschränkt sich seine Arbeit darauf, nach der ihm gegebenen Schilderung des Sachverhaltes lediglich Ausführungen zur bestehenden Rechtslage zu machen bzw. die nach geltendem Recht bestehenden Lösungswege aufzuzeigen und enthält er sich dabei einer Einschätzung dahingehend, was in dem ihm vorgetragenen Fall wohl die sinnvollste und zweckmäßigste Lösungsvariante sei, so wird dies im Folgenden als *Rechtsauskunft* bezeichnet. Kommt eine Empfehlung des Rechtsanwaltes hinzu, so wird hier von *Rechtsrat* gesprochen. Entschließt sich der Mandant schließlich dazu, einen bestimmten, ihm von seinem Rechtsanwalt vorgeschlagenen Weg einzuschlagen und übernimmt der Rechtsanwalt sodann einzelne, dafür notwendige Tätigkeiten (etwa den Entwurf von Verträgen oder die Abgabe von Vergleichsangeboten im Namen des Mandanten), so wird er schließlich im Wege der *Rechtsgestaltung* tätig.

In sämtlichen im Folgenden geschilderten Fallvarianten ist davon auszugehen, dass der Kreis der Gläubiger der Gesellschaft nicht nur überschaubar ist, sondern dass darüber hinaus auch sämtliche Gläubiger nach Forderungsart und -höhe bekannt sind.

I. Bloße Aufklärung über die Rechtslage (Rechtsauskunft)

In der Praxis sucht der Geschäftsführer einer GmbH in der Regel spätestens dann einen Rechtsanwalt auf, wenn „seine“ Gesellschaft bereits zahlungsunfähig oder überschuldet ist bzw. genauer, wenn der Geschäftsführer diesen Zustand den Büchern der Gesellschaft subjektiv entnehmen kann oder sein Bestehen zumindest für sicher hält. Wendet sich der Geschäftsführer in diesem Stadium an den Rechtsanwalt, indem er diesem mitteilt, dass die Gesellschaft überschuldet oder zahlungsunfähig sei, besteht in einer der denkbaren Fallkonstellationen die Möglichkeit, dass der Rechtsanwalt ihn im Rahmen des dann stattfindenden Beratungsgespräches lediglich über die bestehende Rechtslage *aufklärt* (Feststellung von Überschuldung und Zahlungsunfähigkeit, Darlegung der Insolvenzantragspflicht, Hinweis auf die Dreiwochenfrist des § 64 Abs.1 GmbHG, etc.), ihm verschiedene Möglichkeiten zur Beseitigung der Krise nach geltendem Recht (Sanierung, „privates Insolvenzverfahren“ etc.) oder aber zur Liquidation der Gesellschaft mittels gerichtlichem Insolvenzverfahren und die Vor- oder Nachteile der einzelnen Möglichkeiten aufzeigt, jedoch keinerlei Rat bzw. Empfehlung abgibt, was nach seiner Auffassung der sinnvollste Weg ist, sondern die

Entscheidung vollständig dem Geschäftsführer überlässt. Der Rechtsanwalt zeigt in diesem Fall also lediglich die bestehende Rechtslage auf und gibt insoweit eine *bloße Rechtsauskunft*. Er gibt hingegen *keinen Rechtsrat* und wird im folgenden auch *nicht rechtsgestaltend* für die Gesellschaft als Mandantin tätig.

Dieser Fall dürfte in der Praxis äußerst selten vorkommen, da es grundsätzlich Zweck der Mandatierung eines Rechtsanwaltes ist, von diesem zumindest einen Rechtsrat, wenn nicht gar eine weitergehende, rechtsgestaltende Tätigkeit zu erhalten. Er soll deshalb im Rahmen der vorliegenden Arbeit nur der Vollständigkeit halber erwähnt und lediglich am Rande behandelt werden.

II. Rechtsauskunft ohne Rechtsrat mit Rechtsgestaltung in Kenntnis der sicheren Verletzung des § 64 Abs.1 GmbHG

In einer weiteren Konstellation ist die Situation zunächst dieselbe wie in dem zuvor unter Ziff.1 geschilderten Fall. Der Geschäftsführer sucht den Rechtsanwalt auf und teilt ihm mit, dass die Gesellschaft insolvent sei. Beide, also sowohl der Geschäftsführer der GmbH als auch der Rechtsanwalt wissen somit auch hier um die Zahlungsunfähigkeit oder Überschuldung der Gesellschaft. Der Rechtsanwalt zeigt dem Geschäftsführer während des Beratungsgespräches wiederum zunächst die Rechtslage auf (Rechtsauskunft), gibt jedoch erneut keine Empfehlung für das weitere Vorgehen (Rechtsrat) ab, sondern überlässt diese Entscheidung vollständig seinem Mandanten. Dieser entscheidet sich daraufhin dafür, die Gesellschaft mittels Durchführung eines „privaten Insolvenzverfahrens“ zu sanieren und beauftragt insoweit seinen Rechtsanwalt. Der Rechtsanwalt führt dieses Verfahren durch, indem er sämtliche Gläubiger anschreibt und diese darin auffordert, binnen einer bestimmten Frist ihre Zustimmung zu einem (Teil-) Forderungsverzicht zu erteilen um auf diese Weise Zahlungsunfähigkeit und/oder Überschuldung und damit die Pflicht zur Stellung eines Insolvenzantrages zu beseitigen.

Sowohl der Rechtsanwalt als auch der Geschäftsführer der GmbH (bzw. zumindest der Rechtsanwalt, um dessen Beihilfestrafbarkeit es im Rahmen dieser Arbeit ja geht) wissen dabei schon zum Zeitpunkt der Versendung des Rundschreibens an die Gläubiger, dass das von ihnen geplante Verfahren mit Sicherheit nicht innerhalb der Dreiwochenfrist des § 64 Abs.1 GmbHG abgeschlossen werden wird, d.h. die Gläubiger bis zum Ende dieser Frist also nicht ihre Zustimmung zu einem Teilforderungsverzicht erklären werden (mit der Folge der Beseitigung von Zahlungsunfähigkeit und/oder Überschuldung), und dass somit die Pflicht zur Stellung des Antrags auf Eröffnung des Insolvenzverfahrens durch den Geschäftsführer nicht entfallen wird. Dies hat zur Folge, dass der Geschäftsführer also den objektiven Tatbestand des § 84 Abs.1 Nr.2 GmbHG erfüllen wird. Dazu kommt es dann auch.

III. Rechtsauskunft ohne Rechtsrat mit Rechtsgestaltung unter Beachtung von § 64 Abs.1 GmbHG

Der Sachverhalt entspricht zunächst dem unter Ziffer 2 geschilderten. Geschäftsführer und Rechtsanwalt (bzw. wiederum zumindest der Rechtsanwalt, um dessen Beihilfestrafbarkeit es hier geht) sind sich diesmal allerdings zwar nicht sicher, halten es jedoch für durchaus möglich und realistisch, dass die Überschuldung und/oder Zahlungsunfähigkeit innerhalb der Dreiwochenfrist des § 64 Abs.1 GmbHG durch Abschluss von (Teil-) Forderungsverzichtsverträgen mit sämtlichen Gläubigern der Gesellschaft beseitigt werden kann und somit die Pflicht des Geschäftsführers zur Stellung eines Antrags auf Eröffnung des Insolvenzverfahrens entfällt. Ob dieses Vorhaben tatsächlich gelingen wird, hängt jedoch nach Einschätzung des Rechtsanwaltes davon ab, dass alle Gläubiger rechtzeitig, d.h. binnen der im Rundschreiben genannten und mit § 64 Abs.1 GmbHG in Einklang stehenden Frist zustimmen. Ein Insolvenzantrag soll jedoch in jedem Falle zunächst nicht gestellt werden. Sollte sich im Laufe des Verfahrens herausstellen, dass die Dreiwochenfrist nicht einzuhalten sein wird oder läuft die Frist ab, ohne dass alle Gläubiger tatsächlich einem Teilforderungsverzicht zugestimmt haben (die Zahlungsunfähigkeit und/oder Überschuldung also fortbesteht), so beabsichtigt der Geschäftsführer der Gesellschaft, unverzüglich die Eröffnung des Insolvenzverfahrens zu beantragen. Hiervon hat der Rechtsanwalt Kenntnis. Nachdem sich letzteres tatsächlich ergeben hat, stellt der Geschäftsführer entgegen der ursprünglich erklärten Absicht gleichwohl den Antrag nicht.

IV. Rechtsauskunft ohne Rechtsrat mit Rechtsgestaltung unter möglicher Nichtbeachtung von § 64 Abs.1 GmbHG

Der Sachverhalt entspricht zunächst dem unter Ziffer 3 geschilderten. In dem vom Rechtsanwalt verfassten Rundschreiben werden sämtliche Gläubiger der Gesellschaft aufgefordert, dem Angebot auf Abschluss eines (Teil-) Verzichtsvertrages binnen einer § 64 Abs.1 GmbHG nicht verletzenden Frist zuzustimmen, um eine bestehende Überschuldung und/oder Zahlungsunfähigkeit und damit die Pflicht des Geschäftsführers zur Beantragung des gerichtlichen Insolvenzverfahrens zu beseitigen. Sollte im Laufe des Verfahrens absehbar werden, dass die Dreiwochenfrist sicher nicht einzuhalten sein wird oder sollte die Zahlungsunfähigkeit bzw. Überschuldung durch Zustimmung sämtlicher Gläubiger tatsächlich nicht innerhalb dieser Frist beseitigt sein, so beabsichtigt der Geschäftsführer der GmbH gleichwohl, nicht unverzüglich Antrag auf Eröffnung des gerichtlichen Insolvenzverfahrens zu stellen, sondern zunächst abzuwarten, ob eine Einigung mit sämtlichen Gläubigern noch nach Fristablauf erreicht werden kann. Hiervon hat der Rechtsanwalt zwar Kenntnis, gleichwohl hat er den Geschäftsführer vorab bereits darauf hingewiesen, dass auf diese Weise der Tatbestand des § 84 Abs.1 Nr.2 GmbHG erfüllt wird und ihm deshalb von einem entsprechenden Verhalten abgeraten.

In Abweichung hiervon besteht als weitere Fallkonstellation die Möglichkeit, dass der Rechtsanwalt Kenntnis von dem Vorhaben des Geschäftsführers hat, ihn jedoch vorher weder darauf hingewiesen hat, dass jener auf diese Weise den Tatbestand des § 84 Abs.1 Nr.2 GmbHG erfüllt, noch ihn von einem solchen Verhalten abgeraten hat.

V. Zusätzlich erteilter Rechtsrat des Anwalts zur Durchführung eines privaten Insolvenzverfahrens

Eine weitere Fallvariante kann sich daraus ergeben, dass der Rechtsanwalt sich nicht wie in dem unter Ziffer 2 geschilderten Fall zunächst neutral verhält und keinen Rechtsrat für das weitere Vorgehen abgibt, sondern dem Geschäftsführer im Anschluss an die Schilderung der bestehenden Rechtslage ausdrücklich empfiehlt, einen Sanierungsversuch mittels eines „privaten Insolvenzverfahrens“ zu unternehmen. Der Geschäftsführer der GmbH folgt dieser Empfehlung und beauftragt seinen Rechtsanwalt mit der Durchführung der entsprechenden Schritte.

Im folgenden ergeben sich sodann wiederum die unter den Ziffern 3 und 4 geschilderten Möglichkeiten.

VI. Durchführung eines privaten Insolvenzverfahrens nach Ablauf der Dreiwochenfrist

Schließlich besteht noch die Möglichkeit, dass der Geschäftsführer der GmbH den Rechtsanwalt erst aufsucht, nachdem die Dreiwochenfrist bereits abgelaufen ist, wovon der Rechtsanwalt im Rahmen des Beratungsgespräches auch erfährt. Gleichwohl führt er auf Bitten seines Mandanten ein „privates Insolvenzverfahren" durch.

2. Kapitel : Die Straftatbestände der Insolvenzverschleppung

Wie in der Einleitung bereits dargelegt, sollen sich die vorliegenden Untersuchungen auf den Fall der Beihilfe des für ein Unternehmen tätigen Rechtsanwaltes zu den Straftatbeständen der Insolvenzverschleppung beschränken. Andere möglicherweise in Betracht kommende Delikte (insbesondere die Insolvenzstraftaten der §§ 283 ff. StGB) bzw. die Beihilfe des Rechtsanwaltes hierzu sollen außer Betracht bleiben. Es werden daher im folgenden die bei den einzelnen Gesellschaftsformen des deutschen Rechts im Bereich der Insolvenzverschleppung einschlägigen Straftatbestände zunächst genannt und kurz beschrieben. Da sich die Darstellung im weiteren beispielhaft und wegen weitgehender struktureller Übertragbarkeit sowie größerer Praxisrelevanz auf den Fall der Beihilfe zur Insolvenzverschleppung bei einer Gesellschaft mit beschränkter Haftung beschränkt, werden sodann die insoweit einschlägigen Bestimmungen der §§ 64 Abs.1 Satz 1, 84 Abs.1 Nr.2 GmbHG näher beleuchtet.

I. Der Tatbestand der Insolvenzverschleppung bei den einzelnen Gesellschaftsformen im Allgemeinen

Nahezu sämtliche Kodifikationen sowohl des Personen- als auch des Kapitalgesellschaftsrechts enthalten Bestimmungen über die Strafbarkeit fehlender oder verspäteter Stellung des Antrages auf Eröffnung eines Insolvenzverfahrens.

1. Gesellschaft mit beschränkter Haftung

Gemäß § 64 Abs.1 Satz 1 GmbHG haben die Geschäftsführer einer Gesellschaft mit beschränkter Haftung im Falle der Zahlungsunfähigkeit der Gesellschaft ohne schuldhaftes Zögern, spätestens aber drei Wochen nach Eintritt der Zahlungsunfähigkeit, die Eröffnung des Insolvenzverfahrens zu beantragen. Gleiches gilt gemäß Satz 2 derselben Vorschrift, wenn sich eine Überschuldung der Gesellschaft ergibt. Zuwiderhandlungen gegen die Pflicht der Geschäftsführer einer GmbH zur Stellung des Insolvenzantrages werden von § 84 Abs.1 Nr.2 GmbHG sanktioniert; mit Freiheitsstrafe bis zu drei Jahren oder mit Geldstrafe wir daher bestraft, wer es als Geschäftsführer einer GmbH entgegen § 64 Abs. 1 GmbHG unterlässt, bei Zahlungsunfähigkeit oder Überschuldung die Eröffnung des Insolvenzverfahrens zu beantragen. Strafbar ist gemäß § 84 Abs.2 GmbH nicht nur die vorsätzliche, sondern auch die fahrlässige Begehung der Tat, und zwar mit Freiheitsstrafe bis zu einem Jahr oder mit Geldstrafe.

2. Aktiengesellschaft

Entsprechendes gilt für die Aktiengesellschaft: Nach § 92 Abs.2 Satz 1 AktG hat der Vorstand einer Aktiengesellschaft bei Zahlungsunfähigkeit der Gesellschaft ohne schuldhaftes Zögern, spätestens aber drei Wochen nach ihrem Eintritt die Eröffnung des Insolvenzverfahrens zu beantragen; nach Satz 2 derselben Vorschrift gilt das gleiche wiederum sinngemäß, wenn sich eine Überschuldung der Gesellschaft ergibt. Strafbewehrt werden die zuvor genannten Bestimmungen durch § 401 Abs.1 Nr.2 AktG, demzufolge ein Mitglied des Vorstandes ebenfalls mit Freiheitsstrafe bis zu drei Jahren oder mit Geldstrafe bestraft wird, sofern es entgegen § 92 Abs.2 AktG bei Zahlungsunfähigkeit oder Überschuldung die Stellung des Insolvenzantrages unterlässt. Strafbar ist gemäß § 401 Abs.2 AktG wiederum nicht nur die vorsätzliche, sondern auch die fahrlässige Begehung der Tat, und zwar wie bei der GmbH mit Freiheitsstrafe bis zu einem Jahr oder mit Geldstrafe. Wegen der Übertragbarkeit des Regelungsinhaltes und aufgrund der Tatsache, dass sich die vorliegenden Ausführungen – wie bereits erwähnt – auf den Fall der GmbH konzentrieren sollen, wird im übrigen auf die folgenden Ausführungen verwiesen.

3. Kommanditgesellschaft auf Aktien

Gemäß § 278 Abs. 3 AktG gelten die oben unter Ziff. 2 genannten Vorschriften sinngemäß auch für die Rechtsform der Kommanditgesellschaft auf Aktien, wobei sich jedoch eine Besonderheit aus dem Fehlen eines Vorstandes bei der KGaA ergibt. § 283 Nr. 14 AktG bestimmt deshalb, dass für die persönlich haftenden Gesellschafter der KgaA sinngemäß die für den Vorstand der AG geltenden Vorschriften über den Antrag auf Eröffnung des Insolvenzverfahrens Anwendung finden.

4. Offene Handelsgesellschaft

Für die Offene Handelsgesellschaft hält das HGB in § 130a eine entsprechende durch § 130b HGB strafbewehrte Vorschrift bereit, wobei jedoch zu beachten ist, dass gemäß § 130a Abs.1 Satz 1 HGB eine Pflicht, im Falle der Überschuldung oder Zahlungsunfähigkeit die Eröffnung des Insolvenzverfahrens zu beantragen, nur für solche Offenen Handelsgesellschaften besteht, bei denen kein Gesellschafter eine natürliche Person ist. Dies gilt jedoch dann nicht, d.h. es besteht auch dann grundsätzliche keine Insolvenzantragspflicht, wenn zwar keiner der Gesellschafter eine natürliche Person, wohl aber eine andere Offene Handelsgesellschaft oder Kommanditgesellschaft, bei der wiederum mindestens ein persönlich haftender Gesellschafter eine natürliche Person ist, zu den Gesellschaftern zählt. Der Grund für diese Einschränkung dahingehend, dass nicht sämtliche offenen Handelsgesellschaften im Falle der Zahlungsunfähigkeit oder Überschuldung insolvenzantragspflichtig sind, liegt darin, dass den Gesellschaftsgläubigern letztlich eine unbeschränkt haftende natürliche Person zur Verfügung steht, und zwar entweder unmittelbar, falls diese Gesellschafterin ist, oder aber zumindest mittelbar, wenn die natürliche Person Gesellschafterin der Mitglieds-OHG oder persönlich haftende Gesellschafterin der Mitglieds-KG ist[6]. Bei derartigen offenen Handelsgesellschaften sollen Zahlungsunfähigkeit oder Überschuldung unter dem Gesichtspunkt des Gläubigerschutzes nicht schon zur Stellung eines Insolvenzantrages verpflichten, weil sie nicht wie Kapitalgesellschaften nur über eine beschränkte Haftungsmasse verfügen.

Antragspflichtig sind gemäß § 130a Abs.1 Satz 2 HGB grundsätzlich die organschaftlichen Vertreter der zur Vertretung der Gesellschaft ermächtigten Gesell-

---

[6] *Baumbach/Hopt*, HGB, 31. Aufl. 2003, § 130a Rz. 2

schafter, beispielsweise also der Geschäftsführer derjenigen GmbH, die vertretender Gesellschafter der OHG ist; falls eine Aktiengesellschaft oder rechtsfähige Stiftung zur Vertretung ermächtigt ist, dann deren Vorstandsmitglieder. Ist eine OHG oder KG vertretender Gesellschafter der zahlungsunfähigen bzw. überschuldeten Gesellschaft, sind wiederum die vertretenden Gesellschafter dieser OHG oder KG antragspflichtig. Bei weiterer Verschachtelung (also etwa wenn etwa eine OHG vertretender Gesellschafter ist, deren Gesellschafter ihrerseits aber keine natürlichen Personen sind, sondern etwa Personenhandelsgesellschaften) dann gilt gemäß § 134a Abs.4 HGB die zuvor beschriebene Regelung entsprechend. Die Antragspflicht trifft jeden Vertreter einzeln und persönlich, auch bei bloßer Gesamtvertretung[7]. Wie bei GmbH und AG ist der Antrag auf Eröffnung des Insolvenzverfahrens nach § 130a Abs.1 Satz 3 HGB auch bei der OHG ohne schuldhaftes Zögern, spätestens aber drei Wochen nach Eintritt der Zahlungsunfähigkeit oder Überschuldung zu stellen.

5. Kommanditgesellschaft

Auf die Kommanditgesellschaft finden nach § 161 Abs.2 HGB dem Grundsatz nach die für die Offene Handelsgesellschaft geltenden Vorschriften entsprechende Anwendung, mithin auch die §§ 130a und 130b HGB. Gemäß § 177a Satz 1 HGB gelten die Vorschriften der §§ 130a und 130b HGB überdies auch für diejenige Kommanditgesellschaft, bei der ein Kommanditist eine natürliche Person ist. Dies stellt insoweit eine Abweichung von § 130a Abs.1 Satz1 HGB dar, als dort zur Begründung der Insolvenzantragspflicht *kein* Gesellschafter eine natürliche Person sein darf. Im Falle der Überschuldung oder Zahlungsunfähigkeit ist die KG also auch dann antragspflichtig, wenn sie natürliche Personen als Gesellschafter hat, wenn auch diese nur Kommanditisten und keine Komplementäre sein dürfen. Hintergrund ist – wie bei der OHG – der Zweck des Gesetzes, den Gesellschaftsgläubigern letztlich wenigstens eine unbeschränkt haftende natürliche Person zur Verfügung zu stellen[8]; ein Kommanditist als natürliche Person nützt dem Gläubigerschutz wegen § 171 HGB deshalb wenig. In Entsprechung der Regelung des § 130a Abs.1 Satz1 2. Halbsatz HGB entfällt die Insolvenzantragspflicht jedoch nach § 177a Satz 1 in Verbindung mit § 172 Abs.6 Satz 2 HGB, sofern zu den persönlich haftenden Gesellschaftern der betroffenen Gesellschaft eine OHG oder KG gehört, bei der ein persönlich haften-

[7] *Baumbach/Hopt*, HGB, 31. Aufl. 2003, § 130a Rz. 7
[8] vgl. oben Ziff. 4

der Gesellschafter eine natürliche Person ist. Im Hinblick auf die antragspflichtigen Personen gilt das zur OHG Gesagte entsprechend.

6. Eingetragene Genossenschaft

Der Vollständigkeit halber sei erwähnt, dass schließlich auch den Vorstand bzw. den Liquidator der eingetragenen Genossenschaft (eG) eine strafbewehrte Insolvenzantragspflicht trifft (vgl. §§ 98f., 148 Abs.1 Nr.2 GenG). Eine Besonderheit liegt hierbei darin, dass nach § 98 GenG die Überschuldung in Abweichung von § 19 Abs.1 InsO lediglich dann einen Grund für die Eröffnung des Insolvenzverfahrens abgibt, wenn entweder die Genossen Nachschüsse bis zu einer Haftsumme zu leisten haben und die Überschuldung ein Viertel des Gesamtbetrages der Haftsummen aller Genossen übersteigt, oder die Genossen keine Nachschüsse zu leisten haben oder aber die Genossenschaft aufgelöst ist[9].

7. Verein, Gesellschaft bürgerlichen Rechts, Stiftung und Partnerschaftsgesellschaft

Gemäß § 42 Abs. 2 Satz 1 BGB hat der Vorstand eines Vereins im Falle der Zahlungsunfähigkeit oder der Überschuldung die Eröffnung des Insolvenzverfahrens zu beantragen. Diese Vorschrift ist jedoch nicht strafbewehrt, sondern löst allenfalls zivilrechtliche Schadensersatzansprüche aus (§ 42 Abs. 2 Satz 2); auf den Verein als Rechtsform ist folglich vorliegend nicht weiter einzugehen. Entsprechendes gilt für die Stiftung (vgl. §§ 86, 89 Abs. 2 BGB), die Gesellschaft bürgerlichen Rechts (vgl. § 728 BGB) sowie für die Partnerschaftsgesellschaft (vgl. § 1 Abs.4 PartGG). Eine entsprechende Anwendung anderer Strafrechtsnormen lässt das Analogieverbot nicht zu[10].

---

[9] Auf eine weitere Auseinandersetzung mit den die eingetragene Genossenschaft betreffenden Vorschriften wird hier verzichtet, da dies den Rahmen der vorliegenden Arbeit sprengen würde und aus Gründen der Praxisrelevanz auch nicht angezeigt ist; dies gilt auch für die unter lit. g genannten Gesellschaftsformen.

[10] *Baumbach/Hueck*, GmbHG, 17. Aufl. 2000, § 84 Rz. 19 für die Vorgesellschaft einer GmbH

II. Insbesondere: Die Gesellschaft mit beschränkter Haftung und der Straftatbestand der §§ 64 Abs.1 Satz1, 84 Abs.1 Nr.2 GmbHG

Nachdem der Straftatbestand der Insolvenzverschleppung bei den einzelnen Gesellschaftsformen soeben kurz umrissen wurde, soll im Folgenden besonderes Augenmerk auf die GmbH gelegt werden. Dies geschieht – wie oben bereits angedeutet wurde – zum einen aus Gründen größerer Praxisrelevanz; denn die Insolvenzgerichte befassen sich in der weitaus überwiegenden Zahl mit dieser Gesellschaftsform, die ja auch im übrigen die zahlenmäßig am stärksten vertretene ist. Zum anderen aber ist - und auch das hat die oben erfolgte kurze Darstellung ergeben – der Straftatbestand der Insolvenzverschleppung bei sämtlichen Gesellschaftsformen strukturell gleich aufgebaut. Dies hat zur Folge, dass sich die Ergebnisse jedenfalls für den hier interessierenden Problemkreis weitestgehend übertragen lassen.

1. Allgemeines

a) Entstehungsgeschichte

Das Unterlassen der Stellung eines Antrags auf Konkurseröffnung ist seit der Einführung des GmbH-Gesetzes im Jahr 1892 unter Strafandrohung gestellt[11], wobei die Aufnahme in das Gesetz in Anlehnung an Art. 240 Abs.2, 241 ADHGB (Fassung 1884) und an § 92 Abs.2 GenG 1889 erfolgte[12]. Interessant ist, dass die ursprüngliche Fassung des § 64 GmbHG keine Frist zur Antragstellung enthielt, sondern dass der Antrag vielmehr unverzüglich nach Kenntnis des Konkursgrundes zu stellen war. Erst durch Gesetz vom 25. 3. 1930[13] wurde eine zunächst zweiwöchige Frist eingeführt. Zugleich konnte der Konkurs nunmehr auch durch Beantragung des Vergleichsverfahrens abgewendet werden. Die Verordnung des Reichspräsidenten vom 6. 8. 1931[14] verlängerte sodann die Frist zur Antragsstellung auf drei Wochen. Bis zum Inkrafttreten des Zweiten Gesetzes zur Bekämpfung der Wirtschaftskriminalität vom 15. 5. 1986[15] bestand eine Pflicht zur Antragsstellung wegen Überschuldung nur dann, „wenn sich bei der Aufstellung der Jahresbilanz oder einer Zwischenbilanz ergibt, dass das Vermö-

---

[11] Vgl. *Michalski/Dannecker*, GmbHG, 1. Aufl. 2002, § 84 Rz.6
[12] Vgl. *Scholz/K.Schmidt*, GmbHG, 9. Aufl. 2002, § 64 Rz. 3
[13] RGBl. 1930 I, S. 93
[14] RGBl. 1931 I, S. 433
[15] BGBl. 1986 I, S. 721

gen nicht mehr die Schulden deckt“. Auf einen solchen bilanziellen Ausweis der Überschuldung kommt es inzwischen nicht mehr an. Durch Art. 48 Nr.10 EGInsO[16] ist mit Wirkung ab dem 1. 1. 1999 (Art. 110 Abs.1 EGInsO) in § 84 Abs.1 Nr.2 GmbHG an die Stelle des Konkurs- oder Vergleichsverfahrens das Insolvenzverfahren der Insolvenzordnung getreten.

b) Normzweck bzw. geschützte Rechtsgüter

Schutzgut von § 84 Abs.1 Nr.2 GmbHG ist in erster Linie das Vermögensinteresse der gegenwärtigen Gläubiger der GmbH, zu denen auch deren Arbeitnehmer zählen[17]. Diese primäre Zweckrichtung ergibt sich daraus, dass die GmbH mit ihrer Haftungsbeschränkung auf das Gesellschaftsvermögen zu typischen Gefahren für die Gläubiger führt; diesen Gefahren soll durch spezielle gesetzliche Vorschriften entgegengewirkt werden[18]. Denn erfahrungsgemäß führt ein rechtzeitiger Insolvenzantrag zu einer besseren Erhaltung der jedenfalls noch vorhandenen Haftungsmasse und damit zu einer quotenmäßig höheren Befriedigung aller Gläubiger[19]. Der Schutzzweck der Norm ist jedoch nicht auf diejenigen Gläubiger beschränkt, deren Forderungen bereits in dem Zeitpunkt bestanden, in dem der Antrag auf Eröffnung des Insolvenzverfahrens hätte gestellt werden müssen; vielmehr sollen auch alle Neugläubiger geschützt werden, deren Forderungen erst nach diesem Zeitpunkt begründet werden[20]. Dies ergibt sich zum einen daraus, dass die Pflicht zur Stellung des Insolvenzantrages über den Ablauf der Dreiwochenfrist hinaus solange fortbesteht, wie die Gesellschaft zahlungsunfähig oder überschuldet bleibt[21]. Zum anderen ist es aber auch offensichtlich, dass die meisten Neugläubiger von einem Geschäft mit einer insolventen Gesellschaft Abstand genommen hätten, wäre ihnen nur dieser Umstand bekannt gewesen. Die Wahrscheinlichkeit einer solchen Kenntnis ist jedoch im Falle eines bereits gestellten Insolvenzantrages um ein Vielfaches höher.

---

[16] Insolvenzordnung (InsO) und Einführungsgesetz (EGInsO) v. 5. 10. 1994, BGBl. 1994 I, S. 2866, 2911

[17] *Michalski/Dannecker*, GmbHG, 1. Aufl. 2002, § 84 Rz.10; *Scholz/Tiedemann*, GmbHG, 9. Aufl. 2002, § 84 Rz. 8

[18] *Scholz/Tiedemann*, GmbHG, 9. Aufl. 2002, § 84 Rz. 7; siehe auch *Altmeppen*, ZIP 2001, S. 2201

[19] *Scholz/Tiedemann*, GmbHG, 9. Aufl. 2002, § 84 Rz. 13

[20] *Michalski/Dannecker*, 1. Aufl. 2002, GmbHG, § 84 Rz.10

[21] *Scholz/Tiedemann*, GmbHG, 9. Aufl. 2002, § 84 Rz. 9

Wie an anderer Stelle noch erörtert wird, sind Versuche zur Sanierung der GmbH innerhalb der Dreiwochenfrist zulässig. Im Falle ihres Erfolges, nämlich dann, wenn sie zu einem Wegfall von Zahlungsfähigkeit bzw. Überschuldung führen, beseitigen sie die Voraussetzungen der strafbewehrten Antragspflicht. Hieraus ergibt sich, dass von § 84 Abs.1 Nr.2 sekundär auch die Gesellschaft und, da die Gesellschaft im Interesse der Gesellschafter besteht, mittelbar auch letztere geschützt werden[22]. Der Schutz von Gesellschaft bzw. Gesellschaftern ist aber insofern ein sekundärer, als bei einer Kollision dieser Schutzinteressen mit den Gläubigerinteressen letztere vorgehen, soweit nicht die Dreiwochenfrist eine – vorübergehende – Bevorzugung der Gesellschaftsinteressen zulässt[23].

c) Rechtsnatur

aa) Echtes Unterlassungsdelikt

Bei dem Straftatbestand der §§ 64 Abs.1 Satz 1, 84 Abs.1 Nr.2 GmbHG handelt es sich um ein echtes Unterlassungsdelikt, da sich das strafbare Verhalten im bloßen Unterlassen der Insolvenzantragsstellung erschöpft und das Gesetz nicht etwa an einen bestimmten Erfolg anknüpft[24]. Dementsprechend erfordert der Tatbestand auch keine Garantenstellung im Sinne von § 13 StGB, um die Strafbarkeit zu begründen[25]. Umgekehrt ergibt sich hieraus aber grundsätzlich auch keine Garantenstellung des Täters gegenüber den Vermögensinteressen der Gläubiger der Gesellschaft, denn die von einem echten Unterlassungsdelikt vorausgesetzte schlichte Handlungspflicht bildet keine Grundlage einer Erfolgsabwendungspflicht im Sinne von § 13 StGB[26]. § 84 Abs.1 GmbHG kann also nicht zur Strafbarkeit wegen Untreue oder Betrug durch Unterlassen führen[27].

---

[22] *Michalski/Dannecker*, GmbHG, 1. Aufl. 2002, § 84 Rz.9; *Scholz/Tiedemann*, GmbHG, 9. Aufl. 2002, § 84 Rz. 7

[23] *Scholz/Tiedemann*, GmbHG, 9. Aufl. 2002, § 84 Rz. 10

[24] *Michalski/Dannecker*, GmbHG, 1. Aufl. 2002, § 84 Rz.13; *Scholz/Tiedemann*, GmbHG, 9. Aufl. 2002, § 84 Rz. 13

[25] *Michalski/Dannecker*, GmbHG, 1. Aufl. 2002, § 84 Rz.13

[26] *Michalski/Dannecker*, GmbHG, 1. Aufl. 2002, § 84 Rz.14; *Scholz/Tiedemann*, GmbHG, 9. Aufl. 2002, § 84 Rz. 14

[27] *Michalski/Dannecker*, GmbHG, 1. Aufl. 2002, § 84 Rz.14. Umstritten ist dies allerdings für den Tatbestand der Gläubigerbegünstigung nach § 283c StGB; insoweit wird im Schrifttum teilweise aus dem Unterlassen oder der Verspätung der Insolvenzantragstellung eine Garantenpflicht abgeleitet, einzelne Pfändungen der Gläubiger zu verhindern, vgl. dazu näher *Scholz/Tiedemann*, GmbHG, 9. Aufl. 2002, § 84 Rz. 14

bb) Abstraktes Gefährdungsdelikt

Des weiteren handelt es sich bei dem Vergehen nach den §§ 64 Abs.1 Satz 1, 84 Abs.1 Nr.2 GmbHG um ein abstraktes Gefährdungsdelikt. Wie oben bereits ausgeführt wurde, will § 84 Abs.1 GmbHG Gefahren entgegentreten, die aus der Unternehmenskrise erwachsen und durch die beschränkte Haftung der GmbH eine besondere Dimension gewinnen *können*. Denn die Nichtstellung des Insolvenzantrages muss nicht zwangsweise zu einem Vermögensschaden führen. Vielmehr gefährdet sie die Interessen der Gesellschafter und der Gläubiger der Gesellschaft, ohne dass der Eintritt eines schädigenden Erfolges zum Tatbestandsmerkmal erhoben wäre[28]. Er braucht deshalb vom Strafrichter auch nicht gesondert geprüft zu werden[29].

Die damit verbundene Vorverlagerung des strafrechtlichen Schutzes, die sich aus der Haftungsbeschränkung der GmbH, der Anonymität der Gesellschafter und der sich hieraus ergebenden besonderen Insolvenzanfälligkeit dieser Gesellschaftsform ergibt, ist sehr weitreichend, zumal nach § 84 Abs.2 GmbHG auch die fahrlässige Begehung bis hin zur leichten Fahrlässigkeit mit Strafe bedroht ist[30]. In der Literatur[31] wird deshalb die Auffassung vertreten, dass dieser Umstand bei der Auslegung von § 84 Abs.1 GmbHG zu berücksichtigen ist.

Die hiermit verbundene Frage, ob in Fällen des Fehlens einer Gefährdung von Gläubiger- oder Gesellschafterinteressen die Strafbarkeit entfällt, wenn der Gegenbeweis der Ungefährlichkeit geführt werden kann, soll später genauer untersucht werden.

cc) Blankettnorm

§ 84 Abs.1 Nr.2 GmbHG stellt eine sogenannte Blankettnorm dar, und zwar eine unechte, weil die mit Strafe bedrohte Handlung durch Verweisung auf die im selben Gesetz geregelten §§ 64 Abs.1, 71 Abs.4 bestimmt wird[32]. Die Strafvor-

---

[28] *Scholz/Tiedemann*, GmbHG, 9. Aufl. 2002, § 84 Rz. 15
[29] *Scholz/Tiedemann*, GmbHG, 9. Aufl. 2002, § 84 Rz. 15
[30] so auch *Michalski/Dannecker*, GmbHG, 1. Aufl. 2002, § 84 Rz.16; *Scholz/Tiedemann*, GmbHG, 9. Aufl. 2002, § 84 Rz. 16
[31] *Michalski/Dannecker*, GmbHG, 1. Aufl. 2002, § 84 Rz.16; *Scholz/Tiedemann*, GmbHG, 9. Aufl. 2002, § 84 Rz. 16
[32] *Michalski/Dannecker*, GmbHG, 1. Aufl. 2002, § 84 Rz.19

schrift ist deshalb mit den in Bezug genommenen außerstrafrechtlichen Bestimmungen zusammen zu lesen.

dd) Echtes Sonderdelikt

Der Kreis der tauglichen Täter des Delikts der §§ 64 Abs.1 Satz 1, 84 Abs.1 Nr.2 GmbHG ist gesetzlich begrenzt; es handelt sich daher um ein echtes Sonderdelikt[33]. Die damit zusammenhängenden Fragen werden wegen ihres Umfanges und ihrer Bedeutung jedoch im Folgenden gesondert behandelt.

2. Tauglicher Täter- bzw. Teilnehmerkreis

a) Täterschaft

Als Täter bezeichnet § 84 Abs.1 Nr.2 GmbHG ausschließlich Geschäftsführer und Liquidatoren[34]. Täter können aber darüber hinaus nach § 44 GmbHG auch deren Stellvertreter sein, sofern sie vertretungsweise tätig geworden sind[35], beispielsweise, wenn der Geschäftsführer bzw. Liquidator vorübergehend an der Geschäftsführung verhindert ist[36]. Andere Personen kommen als Täter (Alleintäter, Mittäter oder mittelbarer Täter) nicht in Betracht[37], auch nicht Aufsichtsratsmitglieder[38] oder nicht-geschäftsführende Gesellschafter der GmbH[39]. Einer Einbeziehung dieses Personenkreises steht schon das Analogieverbot entgegen[40].

---

[33] *Michalski/Dannecker*, GmbHG, 1. Aufl. 2002, § 84 Rz.17; *Scholz/Tiedemann*, GmbHG, 9. Aufl. 2002, § 84 Rz. 18

[34] Auf die Liquidatoren einer abzuwickelnden GmbH soll an dieser Stelle aus Platzgründen nicht näher eingegangen werden; für sie gilt jedoch im Wesentlichen das hier Gesagte entsprechend.

[35] BGHSt 6, 314, 315, allerdings betreffend den Fall der Untreue gem. § 81a GmbHG a.F.

[36] BGH BB 1958, S. 930

[37] Es sei denn, dass Liquidator eine juristische Person ist und für diese eine der in § 14 StGB genannten natürlichen Personen handelt, vgl. *Scholz/Tiedemann*, GmbHG, 9. Aufl. 2002, § 84 Rz. 19.

[38] *Rowedder/Schmidt-Leithoff/Schaal*, GmbHG, 4. Aufl. 2002, § 84 Rz. 9

[39] BGH BB 1958, S. 930

[40] *Michalski/Dannecker*, GmbHG, 1. Aufl. 2002, § 84 Rz. 30

Umstritten ist, ob auch der faktische Geschäftsführer tauglicher Täter des § 84 Abs.1 Nr.2 GmbHG ist. Dabei handelt es sich um Personen, die nicht rechtswirksam zu ihrem Amt bestellt worden sind, die aber tatsächlich die mit diesem Amt verbundenen Aufgaben wahrnehmen[41]. Wegen der für die vorliegende Arbeit mangelnden Relevanz soll auf diesen Problemkreis hier jedoch nicht eingegangen werden[42].

Bei einer Mehrheit von bestellten Geschäftsführern ist jeder von ihnen selbständig und unabhängig von einer etwaigen Ressortverteilung strafrechtlich verantwortlich[43], und zwar einerlei, ob Einzel- oder Gesamtvertretung besteht[44]. Denn auch im Strafrecht greift dann, wenn aus besonderem Anlass (wenn, wie etwa in Krisen- und Ausnahmesituationen oder eben hier im Falle der Handlungspflichten nach § 84 GmbHG, das Unternehmen als Ganzes betroffen ist) der Grundsatz der Generalverantwortung und Allzuständigkeit der Geschäftsleitung ein[45]. Die Pflicht jedes Geschäftsführers entfällt auch nicht dadurch, dass er sein Amt vor Ablauf der Dreiwochenfrist des § 64 Abs. 1 GmbHG niederlegt[46]. Keine Handlungspflicht besteht indes mehr, wenn bereits ein anderer Geschäftsführer den Antrag auf Eröffnung des Insolvenzverfahrens frist- und ordnungsgemäß gestellt hat[47]. In diesem Falle ist der Antrag allerdings nach § 15 Abs.2 Satz 1 InsO nur zulässig, wenn der Eröffnungsgrund glaubhaft gemacht wird; außerdem hat das Insolvenzgericht dann die übrigen Mitglieder der Geschäftsleitung zu hören (§ 15 Abs. 2 Satz 2 InsO).

---

[41] *Rowedder/Schmidt-Leithoff/Schaal*, GmbHG, 4. Aufl. 2002, § 84 Rz. 10

[42] vgl. dazu die umfangreichen Ausführungen bei *Scholz/Tiedemann*, GmbHG, 9. Aufl. 2002, § 84 Rz. 27 ff.; *Rowedder/Schmidt-Leithoff/Schaal*, GmbHG, 4. Aufl. 2002, § 84 Rz. 10; *Michalski/Dannecker*, GmbHG, 1. Aufl. 2002, § 82 Rz.40; *Lutter/Hommelhoff*, GmbHG, 15. Aufl.2000, § 84 Rz. 3; *Roth/Altmeppen*, GmbHG, 4. Aufl. 2003, § 84 Rz.4 jeweils mit weiteren Nachweisen

[43] *Rowedder/Schmidt-Leithoff/Schaal*, GmbHG, 4. Aufl. 2002, § 84 Rz. 12; *Scholz/Tiedemann*, GmbHG, 9. Aufl. 2002, § 84 Rz. 24; *Michalski/Dannecker*, GmbHG, 1. Aufl. 2002, § 84 Rz.31

[44] *Rowedder/Schmidt-Leithoff/Schaal*, GmbHG, 4. Aufl. 2002, § 84 Rz. 12; *Scholz/Tiedemann*, GmbHG, 9. Aufl. 2002, § 84 Rz. 24; *Michalski/Dannecker*, GmbHG, 1. Aufl. 2002, § 84 Rz.31

[45] BGHSt 37, 106, 124

[46] *Rowedder/Schmidt-Leithoff/Schaal*, GmbHG, 4.Aufl. 2002, § 84 Rz. 12, 49

[47] *Scholz/Tiedemann*, GmbHG, 9. Aufl. 2002, § 84 Rz. 25

b) Teilnahme

Teilnahme (Anstiftung, Beihilfe) ist gem. §§ 26, 27 StGB bei Vorliegen einer tatbestandsmäßig-rechtswidrigen und vorsätzlich begangenen Haupttat uneingeschränkt für jedermann möglich[48][49]. Dies bringt zunächst den praktisch besonders bedeutsamen Fall einer Strafbarkeit von Gesellschaftern mit sich, etwa dann, wenn sie den Geschäftsführer zur Unterlassung der Antragstellung drängen oder anweisen oder ihn in seinem Entschluss zur Unterlassung bestärken[50]. Für die vorliegende Arbeit noch entscheidender aber ist, dass auf diese Weise auch externe Berater, und hierzu zählt ja die Rechtsanwaltschaft, zum tauglichen Teilnehmerkreis gehören. Von der Literatur wird diese Problematik auch erkannt[51], dabei allerdings oftmals übersehen, dass die Strafwürdigkeit in vielen Fällen zu verneinen ist. Die zentrale Aufgabe dieser Arbeit wird es sein, hierfür einen zufriedenstellenden Lösungsweg aufzuzeigen.

3. Tathandlung

Die Tathandlung der Insolvenzverschleppung besteht im Unterlassen der Stellung des Insolvenzantrages trotz Zahlungsunfähigkeit oder Überschuldung. Auf den Eintritt eines Erfolges kommt es, wie bereits ausgeführt[52], nicht an.

---

[48] Unstr., vgl. nur BGHSt 14, 282 m.w.N. sowie *Rowedder/Schmidt-Leithoff/Schaal*, GmbHG, 4.Aufl. 2002, § 84 Rz. 9; *Scholz/Tiedemann*, GmbHG, 9. Aufl. 2002, § 84 Rz. 19

[49] Dabei ist zu berücksichtigen, dass die Geschäftsführer- bzw. Liquidatoreigenschaft ein besonderes persönliches Merkmal darstellt, so dass §§ 28, 49 Abs.1 StGB Anwendung finden, vgl. *Rowedder/Schmidt-Leithoff/Schaal*, GmbHG, 4.Aufl. 2002, § 84 Rz. 10; Michalski/Dannecker, GmbHG, 1. Aufl. 2002, § 84 Rz.30

[50] *Scholz/Tiedemann*, GmbHG, 9. Aufl. 2002, § 84 Rz. 20

[51] vgl. nur beispielhaft *Scholz/Tiedemann*, GmbHG, 9. Aufl. 2002, § 84 Rz. 22, der ausdrücklich den Fall nennt, dass den Gläubigern unter Hinweis auf die schlechte wirtschaftliche Situation der Gesellschaft ein Sanierungsplan übersandt wird; *Baumgarte*, wistra 1992, S. 41 ff.; *Häcker*, in: *Müller-Gugenberger/Bieneck*, Wirtschaftsstrafrecht, § 95 Rz. 13 ff.; *Michalski/Dannecker*, GmbHG, 1. Aufl. 2002, § 84 Rz.34; *Richter*, wistra 1984, S. 97, 98

[52] s.o. Ziff. 1 c) bb)

a) Zahlungsunfähigkeit[53]

Nach der Legaldefinition des § 17 Abs. 2 InsO liegt Zahlungsunfähigkeit vor, wenn der Schuldner nicht in der Lage ist, seine fälligen Zahlungspflichten zu erfüllen; dies ist in der Regel der Fall, wenn er seine Zahlungen eingestellt hat, § 17 Abs.2 Satz 2 InsO. Eine solche Zahlungseinstellung ist ihrerseits dann gegeben, wenn die Gesellschaft ihre fälligen Zahlungsverpflichtungen nicht mehr erfüllt, wobei die Erfüllung bloß einzelner Verbindlichkeiten das Vorliegen einer Zahlungseinstellung nicht ausschließt[54]. Bei dieser gesetzlich aufgestellten Regel, der zufolge von einer Zahlungseinstellung regelmäßig auf Zahlungsunfähigkeit zu schließen ist, handelt es sich allerdings lediglich um eine für das Zivilrecht bedeutsame widerlegliche Vermutung[55]; auf sie braucht an dieser Stelle deshalb nicht weiter eingegangen zu werden.

Fällige Zahlungspflichten sind die sofort zu erfüllenden Geldschulden der Gesellschaft[56]. Bei der Feststellung der Zahlungsunfähigkeit sind *sämtliche* fälligen Geldverbindlichkeiten[57] der Gesellschaft zu berücksichtigen, und zwar unabhängig davon, ob der jeweilige Gläubiger tatsächlich die Zahlung verlangt oder nicht; nur tatsächlich erfolgte (ausdrückliche oder konkludente) Stundungen beseitigen die Fälligkeit der Forderung[58]. Auf das früher bestehende Erfordernis der Dauerhaftigkeit der Unfähigkeit der Gesellschaft zur Erfüllung ihrer fälligen Geldverbindlichkeiten wurde mit Einführung der Insolvenzordnung ausdrücklich verzichtet, um zu verhindern, dass eine längere Zeit bestehende Illiquidität als bloße (keine Zahlungsunfähigkeit darstellende) Zahlungsstockung angesehen

---

[53] Im Folgenden wird aus praktischen Erwägungen und Platzgründen ausschließlich auf die Rechtslage seit Inkrafttreten der Insolvenzordnung am 1. Januar 1999 eingegangen; zur alten Rechtslage vgl. beispielsweise *Michalski/Dannecker*, GmbHG, 1. Aufl. 2002, § 84 Rz.62 ff. und 73 ff. m.w.N.

[54] Vgl. *Kübler/Prütting/Pape*, InsO, § 17 Rz. 18

[55] *Rowedder/Schmidt-Leithoff/Schaal*, GmbHG, 4.Aufl. 2002, § 84 Rz. 31; *Scholz/Tiedemann*, GmbHG, 9. Aufl. 2002, § 84 Rz. 44a; *Uhlenbruck* wistra 1996, S. 1, 5

[56] *Michalski/Dannecker*, GmbHG, 1. Aufl. 2002, § 84 Rz.69; *Rowedder/Schmidt-Leithoff/Schaal*, GmbHG, 4.Aufl. 2002, § 84 Rz. 32; *Scholz/Tiedemann*, GmbHG, 9. Aufl. 2002, § 84 Rz. 44b

[57] Die Unfähigkeit, Lieferverpflichtungen zu erfüllen, begründet nach h.M. hingegen keine Zahlungsunfähigkeit (vgl. *Lutter/Hommelhoff*, GmbHG, 15. Aufl, § 64 Rz. 5; a.A. – m.E. unzutreffend – *Rowedder/Schmidt-Leithoff*, 4. Aufl. 2002, § 64 Rz. 4, weil eine nicht erfüllte Lieferverpflichtung in eine Zahlungsverpflichtung übergehen könne)

[58] Vgl. *Baumbach/Hueck*, 17. Aufl. 2000, § 64 Rz. 5 m.w.N.; *Scholz/Tiedemann*, GmbHG, 9. Aufl. 2002, § 84 Rz. 44b

wird[59]. Gleichwohl liegt auf der Hand, dass der für die Feststellung der Zahlungsunfähigkeit maßgebliche Zeitpunkt bzw. Zeitraum nicht auf einen einzigen Tag beschränkt sein kann; denn eine an einem Tag bestehende Zahlungsunfähigkeit, die am nächsten Tag schon wieder beseitigt ist, bietet keinen ausreichenden Grund für die Eröffnung eines Insolvenzverfahrens[60]. Es gilt daher der Begriff der so genannten „Zeitraum-Illiquidität", wonach die Zahlungsunfähigkeit der Gesellschaft für einen eng begrenzten Zeitraum festzustellen ist[61]. Wie lang dieser Zeitraum zu bemessen ist, wird unterschiedlich beantwortet, wobei die Auffassungen von zwei Wochen bis zu zwei Monaten reichen[62]. Auf eine eingehende Untersuchung der Frage, welcher Zeitraum zweckmäßiger Weise als am angemessensten anzusehen ist, wird im Rahmen der vorliegenden Arbeit verzichtet, zumal das Ergebnis einer solchen Untersuchung auf den weiteren Gang der Darstellung keinerlei Auswirkung hat. Sinnvoll erscheint es in diesem Zusammenhang aber jedenfalls für die GmbH, die gesetzgeberische Wertung des § 64 Abs.1 GmbHG in die Betrachtung mit einzubeziehen[63]. Denn die Vorschrift zeigt, dass das Gesetz die Ungewissheit über die Fortführung der Gesellschaft längstens für drei Wochen hinnimmt, da spätestens nach Ablauf dieser Frist ein Antrag auf Eröffnung des Insolvenzverfahrens zu stellen ist. Dementsprechend ist eine Zahlungsunfähigkeit, die sich über einen Zeitraum von *mehr* als zwei Wochen[64] hinzieht, als eine solche im Sinne vom § 17 InsO anzusehen. Kann die Gesellschaft sich nicht innerhalb eines solchen Zeitraums Liquidität beschaffen, so ist sie zahlungsunfähig, wobei dies bereits dann gilt, wenn sich beispielsweise durch Aufstellung eines entsprechenden Finanzplans herausstellt, dass eine entsprechende Liquidität auch nach Ablauf von zwei Wochen nicht herzustellen sein wird. Kein Erfordernis der Zahlungsunfähigkeit im Sinne von § 17 InsO ist des weiteren nunmehr – insoweit ebenfalls abweichend vom Zustand bis zum Inkrafttreten der Insolvenzordnung –, dass sich diese auf einen *wesentlichen* Teil der fälligen Zahlungsverbindlichkeiten erstreckt. Auch die Unfähigkeit der Gesellschaft, einen kleineren Teil der Verbindlichkeiten über den oben beschriebenen Zeitraum hinweg zu erfüllen, stellt einen Grund für die Eröffnung des Insolvenzverfahrens dar. Äußerst geringfügige Liquiditätslücken

---

[59] Vgl. die Begründung zum Regierungsentwurf, BT-Drucks 12/2443, S. 114
[60] Vgl. *Baumbach/Hueck*, 17. Aufl. 2000, § 64 Rz. 5
[61] Vgl. *Uhlenbruck*, GmbHR 1999, S. 313, 319
[62] Vgl. die Nachweise bei *Baumbach/Hueck*, 17. Aufl. 2000, § 64 Rz. 5
[63] so auch *Baumbach/Hueck*, 17. Aufl. 2000, § 64 Rz. 5
[64] vgl. auch *Michalski/Dannecker*, GmbHG, 1. Aufl. 2002, § 84 Rz.68; *Scholz/Tiedemann*, GmbHG, 9. Aufl. 2002, § 84 Rz. 19, hält einen Zeitraum von drei Wochen noch für zulässig.

haben jedoch außer Betracht zu bleiben[65]. Der Schuldner muss also nicht in der Lage sein, seine Verbindlichkeiten vollständig, d.h. zu 100% zu erfüllen. Die Unterdeckung darf allerdings 5-10% nicht überschreiten[66].

Die Feststellung der Zahlungsunfähigkeit kann betriebswirtschaftlich durch Errichtung eines Liquiditätsstatus' – möglichst kombiniert mit einem Finanzplan – erfolgen, was mit größerer Sicherheit die Abgrenzung zur vorübergehenden Zahlungsstockung erlaubt. Die Feststellung kann andererseits aber auch wirtschaftskriminalistisch aus der Häufung von Krisenwarnzeichen wie erfolglosen Pfändungsaufträgen, Ausschöpfung des Kreditrahmens etc. geschlossen werden; diese Methode ist insbesondere für den Nachweis der inneren Tatseite wichtig.

b) Überschuldung

Gemäß § 19 Abs. 2 InsO liegt eine Überschuldung der Gesellschaft dann vor, wenn ihr Vermögen die bestehenden Verbindlichkeiten nicht mehr deckt. Nach bisherigem Recht (§ 63 GmbHG a.F.) und der dazu ergangenen Rechtsprechung des BGH[67] erfolgte die Feststellung der Überschuldung im Rahmen einer zweistufigen Prüfung. Zunächst wurde eine Überschuldungsbilanz aufgestellt. Ergab sich aus dieser rechnerisch, dass die Passiva der Gesellschaft durch ihre Aktiva nicht mehr gedeckt waren, so konnte die insofern an und für sich bestehende Überschuldung in der zweiten Prüfungsstufe durch eine positive Prognose hinsichtlich des Fortbestehens der Gesellschaft überwunden werden. Durch die Einführung der Insolvenzordnung zum 1. Januar 1999 ist diese Zweistufigkeit der Prüfung eingeschränkt worden[68]. Denn nunmehr kommt es allein auf das Ergebnis der Überschuldungsbilanz an. Die früher selbständige zweite Stufe – Ermittlung einer Fortführungsprognose – ist nur noch insofern von Bedeutung, als je nach Wahrscheinlichkeit der Unternehmensfortführung die Aufstellung der Überschuldungsbilanz auf unterschiedliche Weise erfolgt. Die Aktiva der Gesell-

---

[65] Vgl. die Begründung zum Regierungsentwurf, BT-Drucks 12/2443, S. 114 sowie *Michalski/Dannecker*, GmbHG, 1. Aufl. 2002, § 84 Rz.71; *Scholz/Tiedemann*, GmbHG, 9. Aufl. 2002, § 84 Rz. 44b

[66] *Michalski/Dannecker*, GmbHG, 1. Aufl. 2002, § 84 Rz.71; a.A. *Bittmann*, wistra 1998, S. 321, 323, der eine Deckungslücke von 25% noch für zulässig hält, was m.E. zu weitgehend ist.

[67] Vgl. beispielhaft BGHZ 119, 201, 213ff.

[68] Vgl. hierzu und im Folgenden *Baumbach/Hueck*, GmbHG, 17. Aufl., § 64 Rz. 12

schaft sind dabei grundsätzlich zu Liquidationswerten anzusetzen[69]; lediglich dann, wenn eine Fortführung des Unternehmens überwiegend wahrscheinlich ist, sind bei der Bewertung der Aktivposten gemäß § 19 Abs.2 S.2 InsO deren Fortführungswerte maßgeblich.

Ob eine Insolvenzantragspflicht besteht, ist immer auf der Grundlage einer so aufgestellten Überschuldungsbilanz zu ermitteln[70]. Dies ist folgerichtig auch dann der Fall, wenn sich trotz Ansetzung der Aktiva zu Fortführungswerten rechnerisch eine Überschuldung der Gesellschaft ergibt. Freilich ist dieser Fall eher unwahrscheinlich, denn regelmäßig dürfte die aufgrund einer positiven Fortbestehensprognose aufgestellte Überschuldungsbilanz zu einem positiven Ergebnis führen, was allerdings nicht zwingend ist[71].

Wie nun die Fortbestehensprognose im einzelnen zu erstellen und die Überschuldungsbilanz aufzustellen ist (eingeschlossen die dabei in großem Maße auftretenden Bewertungsprobleme), kann und soll nicht Gegenstand der vorliegenden Untersuchung sein. Es sollte hier lediglich der Begriff der Überschuldung und ihre Ermittlung kurz umrissen werden, da jener – wie auch derjenige der Zahlungsunfähigkeit – im Folgenden häufig verwendet wird.

c) Antragspflicht („entgegen § 64 Abs.1 GmbHG")

Gemäß § 64 Abs.1 GmbHG hat der Geschäftsführer im Falle des Eintritts der Zahlungsunfähigkeit oder Überschuldung ohne schuldhaftes Zögern, spätestens aber binnen drei Wochen die Eröffnung des Insolvenzverfahrens zu beantragen. Der Antrag ist also nicht sofort, sondern lediglich *ohne schuldhaftes Zögern* zu stellen. Hierdurch erhält der Geschäftsführer die Möglichkeit eingeräumt, mit der Sorgfalt eines ordentlichen Geschäftsmannes (§ 43 Abs.1 GmbHG) zu prüfen und zu entscheiden, ob andere, weniger einschneidende Maßnahmen besser als ein Insolvenzverfahren geeignet sind, Schaden von der Gesellschaft und ihren Gläubigern abzuwenden[72]. Bestehen derartige sinnvolle Möglichkeiten, so

---

[69] Vgl. *Kübler/Prütting-Pape*, InsO, § 19 Rz.7

[70] vgl. nur *Michalski/Dannecker*, GmbHG, 1. Aufl. 2002,§ 84 Rz.78

[71] Vgl die Nachweise bei *Baumbach/Hueck*, GmbHG, 17. Aufl., § 64 Rz. 12

[72] BGHZ 75, 96, 108; *Michalski/Dannecker*, GmbHG, 1. Aufl. 2002,§ 84 Rz.82; *Rowedder/Schmidt-Leithoff/Schaal*, GmbHG, 4.Aufl. 2002, § 84 Rz. 31; enger war noch die Auffassung des Reichsgerichts, das Sanierungsversuche z.T. auch innerhalb der Frist nicht zulassen wollte, vgl. RGSt 37, 25, 26; 37, 324, 325; 61, 291, 292

können sie innerhalb der Dreiwochenfrist auch durchgeführt werden. Die Frist darf allerdings nur dann ausgeschöpft werden, wenn der Geschäftsführer nach pflichtgemäßem Ermessen mit erfolgreichen und rechtzeitigen Sanierungsmaßnahmen innerhalb der Frist auch tatsächlich rechnen kann, mithin, wenn hierfür triftige Gründe vorliegen; ansonsten ist unverzüglich und ohne Ausschöpfung der Frist der Insolvenzantrag zu stellen, denn die Möglichkeit, Sanierungsmaßnahmen zu ergreifen, räumt der Gesetzgeber wie gesagt nur während dieser drei Wochen ein[73]. Nur dann, wenn innerhalb dieses Zeitraums die Zahlungsunfähigkeit oder Überschuldung beseitigt wird, kommt die Antragspflicht in Wegfall[74]. Das Tatbestandsmerkmal „ohne schuldhaftes Zögern" erlangt auf diese Weise nicht erst Bedeutung für die Schuld des Täters, sondern es begrenzt bereits die Antragspflicht. Solange das Zögern des Täters mit der Antragstellung nicht pflichtwidrig ist, fehlt es an einem Verstoß gegen eine ihn treffende Handlungspflicht und es liegt noch kein tatbestandsmäßiges Unterlassen vor[75].

Umstritten ist, wann die Dreiwochenfrist des § 64 Abs.1 GmbHG zu laufen beginnt. Von Teilen der Literatur[76] wird vertreten, dass dies bereits mit dem (objektiven) Eintritt der Zahlungsunfähigkeit bzw. Überschuldung der Fall sei und es für das Entstehen der Antragspflicht nicht darauf ankomme, wann der Geschäftsführer subjektiv von dem Eintritt des Insolvenzgrundes erfährt. Andere[77] sind der Auffassung, der Fristbeginn hänge von der positiven Kenntnis des Geschäftsführers von der Insolvenzlage ab. Die Rechtsprechung differenziert danach, ob der Insolvenzgrund der Überschuldung oder derjenige der Zahlungsunfähigkeit gegeben ist. Im ersten Fall soll für die Frist die positive Kenntnis des Täters relevant sein[78]; hingegen soll bei der Zahlungsunfähigkeit fahrlässiges Nichterkennen genügen, um die Frist in Gang zu setzen[79]. Diese Differenzierung entsprich allerdings nicht mehr der Gesetzeslage, seitdem sich die Überschuldung nach dem Wortlaut des Gesetzes nicht mehr aus einer Bilanz ergeben muss[80]. Vorzugswürdig ist es deshalb, in beiden Fällen, also bei Zahlungsunfä-

---

[73] *Michalski/Dannecker*, GmbHG, 1. Aufl. 2002,§ 84 Rz.83; *Scholz/Tiedemann*, GmbHG, 9. Aufl. 2002, § 84 Rz.81
[74] *Scholz/Tiedemann*, GmbHG, 9. Aufl. 2002, § 84 Rz. 81
[75] *Michalski/Dannecker*, GmbHG, 1. Aufl. 2002, 84 Rz.82; *Scholz/Tiedemann*, GmbHG, 9. Aufl. 2002, § 84 Rz.83
[76] *Scholz/Tiedemann*, GmbHG, 9. Aufl. 2002, § 84 Rz. 80
[77] *Michalski/Dannecker*, GmbHG, 1. Aufl. 2002, § 84 Rz.84; *Roth/Altmeppen*, GmbHG, 4. Aufl. 2003, § 64 Rz.6 *Rowedder/Schmidt-Leithoff/Schaal*, GmbHG, 4.Aufl. 2002, § 84 Rz. 45
[78] BGHSt 15, 306, 310; BGHZ 75, 96, 110 f.
[79] BGH bei *Herlan*, GA 1958, S. 46
[80] *Michalski/Dannecker*, GmbHG, 1. Aufl. 2002, § 84 Rz.84

higkeit und Überschuldung für den Beginn der Dreiwochenfrist auf die positive Kenntnis des Geschäftsführers vom Insolvenzgrund abzustellen. Dies insbesondere auch deshalb, weil die Frist in der Regel abgelaufen wäre, bevor die Überschuldung überhaupt zur Kenntnis genommen wurde; auf diese Weise würde dem Geschäftsführer jede Chance zu Sanierungsmaßnahmen genommen[81]. Auch die zivilrechtliche Rechtsprechung[82] hält aus diesem Grund die subjektive Kenntnis für maßgebend, indem sie das Argument ins Feld führt, dass es bei der Dreiwochenfrist allein darum gehe, Sanierungsmaßnahmen in dieser Situation zu *begrenzen*. Da das Insolvenzrecht nicht mehr vorrangig auf Liquidation gerichtet ist, sondern der Gedanke der Sanierung oder Reorganisation des Unternehmens durch die Insolvenzrechtsreform in den Vordergrund getreten ist[83], ist deshalb auch für das Strafrecht auf die Kenntnis von der Insolvenzreife abzustellen[84].

Die Handlungspflicht des Geschäftsführers endet grundsätzlich erst mit Stellung des Insolvenzantrages – sofern nicht erfolgreiche Sanierungsversuche innerhalb der Dreiwochenfrist zu einem Wegfall von Zahlungsunfähigkeit bzw. Überschuldung geführt haben[85]. Sie entfällt allerdings seit Inkrafttreten der Insolvenzordnung dadurch, dass ein nach § 14 InsO berechtigter Gläubiger den Antrag stellt[86]. Die Antragspflicht besteht als sogenannte Nachholungspflicht über den Ablauf der Dreiwochenfrist hinaus fort[87]. Noch bedeutender für die vorliegenden Ausführungen ist aber, dass selbst die Zustimmung sämtlicher Gläubiger, den Antrag nicht zu stellen, unerheblich ist[88]; begründet wird dies damit, dass die Pflicht zur Stellung des Antrages auch öffentlichen Interessen diene[89] bzw. § 84 GmbHG auch dem Schutz künftiger Gläubiger diene[90]. Ob dies tatsächlich in allen Fällen sachgerecht ist, soll an dieser Stelle dahinstehen.

---

[81] *Michalski/Dannecker*, GmbHG, 1. Aufl. 2002, § 84 Rz.84
[82] BGHZ 126, 181, 199
[83] LK-*Tiedemann*, StGB, § 283 Rz.3 m.w.N.
[84] *Michalski/Dannecker*, GmbHG, 1. Aufl. 2002, § 84 Rz.84
[85] *Rowedder/Schmidt-Leithoff/Schaal*, GmbHG, 4.Aufl. 2002, § 84 Rz. 46
[86] *Michalski/Dannecker*, GmbHG, 1. Aufl. 2002, § 84 Rz.90; *Scholz/Tiedemann*, GmbHG, 9. Aufl. 2002, § 84 Rz. 91
[87] *Scholz/Tiedemann*, GmbHG, 9. Aufl. 2002, § 84 Rz. 85
[88] Dabei ist freilich zu berücksichtigen, dass die Vornahme bestimmter Maßnahmen der Gläubiger, wie etwa Stundung oder Erlass, zum Wegfall von Zahlungsunfähigkeit bzw. Überschuldung innerhalb der Dreiwochenfrist führen können mit der Folge, dass dann natürlich auch die Antragspflicht des Geschäftsführers entfällt; siehe auch *Scholz/Tiedemann*, GmbHG, 9. Aufl. 2002, § 84 Rz. 93
[89] *Rowedder/Schmidt-Leithoff/Schaal*, GmbHG, 4.Aufl. 2002, § 84 Rz. 47
[90] *Scholz/Tiedemann*, GmbHG, 9. Aufl. 2002, § 84 Rz. 93

4. Subjektiver Tatbestand

Der Tatbestand des § 84 Abs.1 Nr.2 GmbHG kann vorsätzlich und fahrlässig (Abs.2) begangen werden. Vorsätzlich handelt der Täter bei einem Unterlassungsdelikt grundsätzlich, wenn er die Tatumstände kennt, die ihn zum Handeln verpflichten, und gleichwohl davon absieht, dem vom Gesetz bestimmten Gebot nachzukommen[91]. Der Vorsatz muss sich dabei auf sämtliche objektiven Merkmale des § 84 Abs.1 Nr.2 GmbHG beziehen, d.h. der Täter muss wissen, dass er Geschäftsführer bzw. Liquidator ist und er muss die Umstände kennen, aus denen sich die Pflicht zur Stellung des Insolvenzantrages ergibt, insbesondere auch den Fristbeginn für das unverzügliche (d.h. nicht schuldhaft zögernde) Handeln[92]. *Bedingter* Vorsatz ist allerdings ausreichend; er liegt vor, wenn der Täter es für möglich hält, dass das Gesetz ihn zur Insolvenzantragstellung verpflichtet, er jedoch unter billigender Inkaufnahme davon absieht, die von ihm verlangte Handlung vorzunehmen[93]. Nach der hier vertretenen Auffassung[94] ist allerdings positive Kenntnis von Zahlungsunfähigkeit bzw. Überschuldung erforderlich, so dass diesbezüglich *dolus eventualis* nicht ausreichend ist, wohl aber eine fahrlässige Begehung der Tat in Betracht kommt. Ein solches fahrlässiges Handeln liegt vor, wenn der Täter entweder unter Verletzung seiner Sorgfaltspflicht nicht erkennt oder voraussieht, dass er in der gebotenen Art und Weise zu handeln hat (unbewusste Fahrlässigkeit) oder zwar mit dieser Möglichkeit rechnet, entgegen dieser Einsicht aber pflichtwidrig davon ausgeht, dass er nicht handeln muss[95]. Da sich die vorliegende Arbeit jedoch insbesondere mit der Beihilfe zum Vergehen der Insolvenzverschleppung befassen soll und Beihilfe zu einer Fahrlässigkeitstat ausscheidet, kann auf weitere Ausführungen hierzu an dieser Stelle verzichtet werden.

---

[91] BGHSt 19, 295, 298; *Schönke/Schröder-Cramer*, StGB, 26. Aufl. 2001, § 15 Rz. 94

[92] *Michalski/Dannecker*, GmbHG, 1. Aufl. 2002, § 84 Rz.92; *Rowedder/Schmidt-Leithoff/Schaal*, GmbHG, 4.Aufl. 2002, § 84 Rz. 51

[93] *Michalski/Dannecker*, GmbHG, 1. Aufl. 2002, § 84 Rz.92; *Rowedder/Schmidt-Leithoff/Schaal*, GmbHG, 4.Aufl. 2002, § 84 Rz. 51

[94] siehe oben Ziff. 3. lit. c)

[95] *Rowedder/Schmidt-Leithoff/Schaal*, GmbHG, 4.Aufl. 2002, § 84 Rz. 51

5. Vollendung und Beendigung

Da es sich bei dem Tatbestand des § 84 Abs.1 Nr.2 GmbHG um ein echtes Unterlassungsdelikt handelt[96], ist die Tat in dem Zeitpunkt vollendet, bis zu dem die gebotene Handlung (Antragstellung) hätte vorgenommen werden müssen, mithin also dann, wenn der Geschäftsführer schuldhaft mit der Antragstellung zögert, spätestens aber mit Ablauf der Dreiwochenfrist[97] (nach der hier vertretenen Auffassung also drei Wochen nach positiver Kenntnis vom Insolvenzgrund). Die Pflicht zur Antragstellung kann, wie bereits ausgeführt wurde, im Einzelfall *vor* Ablauf der Dreiwochenfrist eintreten, weil § 64 Abs.1 GmbHG neben der zeitlichen Höchstgrenze eben eine Antragstellung ohne schuldhaftes Zögern verlangt. Die Frist zur Antragstellung ist deshalb kürzer und führt zu einer früheren Vollendung, wenn beispielsweise von Anfang an feststeht oder sich vor Ablauf der Dreiwochenfrist herausstellt, dass eine rechtzeitige Sanierung durch Beseitigung von Zahlungsunfähigkeit und/oder Überschuldung nicht ernsthaft zu erwarten ist. Hat der Täter nach der hier vertretenen Auffassung, die grundsätzlich positive Kenntnis vom Insolvenzgrund verlangt, zunächst fahrlässig den Eintritt der Insolvenzlage nicht erkannt, so wird das bereits vollendete Unterlassungsdauerdelikt unterbrochen, sobald er positive Kenntnis erlangt und ihm wegen aussichtsreicher Sanierungsmöglichkeiten dann noch die volle Dreiwochenfrist zur Verfügung steht[98].

Beendet ist die Tat erst, wenn die Pflicht zur Stellung des Insolvenzantrages entfallen ist; dies ist entweder dann der Fall, wenn ein anderer Geschäftsführer[99] oder ein Gläubiger den Antrag gestellt hat und aufgrund dieses Gläubigerantrages das Insolvenzverfahren eröffnet wurde[100]. Erst dadurch wird die Insolvenzantragspflicht für die Zukunft beseitigt. Die Antragspflicht erlischt hingegen nicht nach Ablauf der Dreiwochenfrist, sondern besteht vielmehr solange fort, wie die Gesellschaft zahlungsunfähig oder überschuldet ist[101]. Es handelt sich deshalb um ein Unterlassungsdauerdelikt.

---

[96] siehe oben Ziff. 1 lit. c) aa)
[97] BGHSt 14, 280, 281; 28, 371, 379; *Michalski/Dannecker*, GmbHG, 1. Aufl. 2002, § 84 Rz.98; *Rowedder/Schmidt-Leithoff/Schaal*, GmbHG, 4.Aufl. 2002, § 84 Rz. 56, 58
[98] *Rowedder/Schmidt-Leithoff/Schaal*, GmbHG, 4.Aufl. 2002, § 84 Rz. 58
[99] BGHSt 28, 371, 379
[100] *Michalski/Dannecker*, GmbHG, 1. Aufl. 2002, § 84 Rz.99
[101] *Michalski/Dannecker*, GmbHG, 1. Aufl. 2002, § 84 Rz.99

Von großer Bedeutung für die vorliegenden Ausführungen ist, dass zwar die Beseitigung der Zahlungsunfähigkeit oder Überschuldung die Pflicht des Geschäftsführers zur Stellung des Insolvenzantrages entfallen lässt, dass aber eine bereits eingetretene Strafbarkeit etwa durch Sanierung nach Ablauf der Dreiwochenfrist hiervon gänzlich unberührt bleibt[102]. Erstreckt sich also die Tätigkeit des Rechtsanwaltes für seinen Mandanten darauf, mit den Gläubigern der Gesellschaft einen Teilforderungsverzicht zu vereinbaren und sind die Erfolgsaussichten hierfür auch noch so gut, kommt eine Beihilfestrafbarkeit gleichwohl dann schon in Betracht, wenn der letzte Gläubiger sein Einverständnis erst einen Tag nach Fristablauf erteilt. Dieses Ergebnis ist unbefriedigend, insbesondere dann, wenn keinem der beteiligten und auch zukünftigen Gläubigern ein Schaden droht. Dies gilt für den Rechtsanwalt umso mehr, wenn er den Geschäftsführer ordnungsgemäß beraten hat und in jeder Hinsicht seinen beruflichen Pflichten nachgekommen ist. Die weiteren Ausführungen sollen deshalb versuchen, ein befriedigendes Konzept zur sachgemäßen Begrenzung der Beihilfestrafbarkeit des Rechtsanwaltes zu entwickeln.

3. Kapitel : Strafbarkeit von Rechtsanwälten durch Beihilfe zur Insolvenzverschleppung

Nachdem nunmehr die zu untersuchenden Fallgestaltungen einerseits und der Tatbestand der Insolvenzverschleppung unter besonderer Berücksichtigung der GmbH andererseits erläutert wurden, soll dargestellt werden, welchem Strafbarkeitsrisiko der Rechtsanwalt bei der Durchführung der beschriebenen Tätigkeiten dem Grundsatz nach ausgesetzt ist.

I. Allgemeine Voraussetzungen der Beihilfe

Dazu ist es erforderlich, die allgemeinen Voraussetzungen der Beihilfe zunächst kurz aufzuzeigen[103]. Gemäß § 27 Abs. 1 StGB wird als Gehilfe bestraft, wer

---

[102] *Michalski/Dannecker*, GmbHG, 1. Aufl. 2002, § 84 Rz.99

[103] Die vorliegende Arbeit beschäftigt sich nicht schwerpunktmäßig mit dem Problemkreis der Beihilfe als solchem, sondern vielmehr zum einen mit den Möglichkeiten einer Strafbarkeits*einschränkung* im Falle berufsspezifischer Handlungen und zum anderen mit den Besonderheiten des Deliktes der Insolvenzverschleppung (insbesondere in Teil 5 der Arbeit). Die nachfolgenden Ausführungen zu den allgemeinen Voraussetzungen der Beihilfe erheben daher

vorsätzlich einem anderen zu dessen vorsätzlich begangener rechtswidriger Tat Hilfe geleistet hat.

1. Objektiver Tatbestand

Der objektive Tatbestand des § 27 StGB besteht im Hilfeleisten zu einer vorsätzlich begangenen rechtswidrigen Haupttat.

a) Haupttat

Dem Grundsatz der Akzessorietät folgend[104] verlangt der Beihilfetatbestand zunächst das Vorliegen einer vorsätzlichen und rechtswidrigen Haupttat. Für die vorliegende Arbeit bedeutet dies, dass der Tatbestand der Insolvenzverschleppung nach den §§ 64 Abs.1, 84 Abs.1 Nr.2 GmbHG vorsätzlich und rechtswidrig begangen worden sein muss. Die fahrlässige Begehungsform des § 84 Abs.2 GmbHG kann somit von vornherein außer Betracht bleiben; Beihilfe zum Fahrlässigkeitsdelikt ist nach dem Wortlaut des § 27 StGB bereits begrifflich ausgeschlossen. Fehlt es an der Voraussetzung einer vorsätzlichen und rechtswidrigen Tatbestandsverwirklichung durch den Haupttäter, kommt strafrechtssystematisch lediglich ein Versuch der Beihilfe durch den Gehilfen in Betracht; dieser ist jedoch ebenfalls nicht strafbar (vgl. § 30 StGB).

Von Bedeutung ist des weiteren, dass Beihilfe auch im Zeitraum zwischen formeller Vollendung der Haupttat und ihrer materiellen Beendigung möglich ist (sog. sukzessive Beihilfe)[105]. Da es sich bei dem Tatbestand der Insolvenzverschleppung gemäß §§ 64, 84 GmbHG um ein Dauerdelikt handelt und die Antragspflicht nicht schon nach Ablauf der Dreiwochenfrist erlischt, bleibt Beihilfe also auch nach bereits erfolgter Tatbestandsverwirklichung durch den Geschäftsführer solange möglich, wie die Gesellschaft weiterhin zahlungsunfähig oder überschuldet ist[106]. Nach Beendigung, hier also nach Entfallen der Pflicht zur

---

keinen Anspruch auf Vollständigkeit; sie sollen lediglich aufzeigen, welchem Beihilfestrafbarkeitsrisiko der Rechtsanwalt dem Grundsatz nach ausgesetzt ist und somit die Notwendigkeit begründen, nach einem Korrektiv zu suchen.

[104] Vgl. nur *Tröndle/Fischer*, StGB, 52. Aufl. 2004, § 27 Rz.3

[105] st. Rspr., vgl. nur RGSt 71, 194; BGHSt 3, 40, 44; 6, 250, 251; 19, 323, 325

[106] vgl. oben 2. Kapitel, Ziff. 2 Lit. b)

Stellung des Insolvenzantrages, ist Beihilfe ausgeschlossen[107] und nur noch Begünstigung möglich[108].

Schließlich ist anzumerken, dass – wie hier im Falle der Insolvenzverschleppung nach §§ 64, 84 GmbHG – die Haupttat auch ein Sonderdelikt sein kann[109].

b) Hilfeleisten

Als Gehilfenbeitrag kommt grundsätzlich jedes Verhalten einer Person im strafrechtlichen Sinne, also Tun und Unterlassen, in Betracht. Die Strafrechtsdogmatik unterscheidet dabei zwischen physischer und psychischer Beihilfe.

aa) Psychische Beihilfe

Unter dem Begriff psychischer Beihilfe fasst man solche Fälle zusammen, in denen der Gehilfe lediglich auf die Psyche des Haupttäters einwirkt und auf diese Weise die Haupttat fördert, also jede geistige Unterstützung[110]. Dies kann etwa durch die Bestärkung eines schon vorhandenen Tatentschlusses[111] durch Zureden[112] oder Beseitigen letzter Hemmungen[113] geschehen. Genügen kann unter Umständen auch bloßes Dabeistehen oder Dabeisein, sofern hierdurch bewusst die Tat gefördert oder erleichtert und dem Täter ein erhöhtes Gefühl an Sicherheit vermittelt wird[114], oder die bloße Anwesenheit bei der Tatausführung nach gemeinsam entwickeltem Tatplan[115].

Unterschieden wird systematisch im Wesentlichen zwischen der so genannten technischen Rathilfe und der Bestärkung des Tatentschlusses[116]. In der ersten

[107] *Schönke/Schröder-Heine*, StGB, 26. Aufl. 2001, § 27 Rz. 17
[108] LK-*Roxin*, StGB, 11. Aufl. 2003, § 27 Rz. 32
[109] *Tröndle/Fischer*, StGB, 52. Aufl. 2004, § 27 Rz. 10
[110] *Schönke/Schröder-Heine*, StGB, 26. Aufl. 2001, § 27 Rz. 12; *Wessels/Beulke*, AT, 34. Aufl. 2004, § 13 IV 5, Rz. 581
[111] *Schönke/Schröder-Heine*, StGB, 26. Aufl. 2001, § 27 Rz. 12; *Wessels/Beulke*, AT, 34. Aufl. 2004, § 13 IV 5, Rz. 581 (insbesondere FN 153)
[112] RGSt 73, 53; OLG Stuttgart, NJW 1950, S. 118
[113] BGH, Urt. v. 16.6.1954, 4 StR 721/53; hier ist freilich die Grenze zur Anstiftung fließend.
[114] BGH NJW 1975, S. 49, 51; BGH NStZ-RR 1996, S. 290
[115] BGH NStE § 27 Nr.3
[116] LK-*Roxin*, StGB, 11. Aufl. 2003, § 27 Rz. 11, 13

Fallgruppe gibt der Gehilfe praktische Hinweise, die dem Haupttäter bei der Begehung seiner Tat nützlich sind. Dies kann etwa durch Schilderung der örtlichen Gegebenheiten des Tatortes erfolgen, so dass sich der Täter bei der Ausführung dort besser zurecht findet. Die zweite Fallgruppe wird dadurch charakterisiert, dass der Gehilfe dem Täter – wie oben bereits angedeutet – Bedenken ausredet, ihm das Gefühl von Sicherheit vermittelt oder ihn sonst wie in seinem Vorhaben bestärkt.

bb) Physische Beihilfe

Mit physischer Beihilfe sind alle sonstigen Formen des Hilfeleistens gemeint. Sie wurden früher in § 49 StGB a.F. durch die gesetzliche Definition „durch Tat“ (in Abgrenzung zum „Rat“, der die psychische Beihilfe meinte), umschrieben[117].

c) Kausalität

Eine weitere begriffliche Eingrenzung des Tatbestandsmerkmals der Hilfeleistung im Sinne von § 27 StGB ist angesichts seiner Weite aus sich selbst heraus nicht möglich. Hierzu dienen Rechtsprechung und Lehre vielmehr Kausalitätserwägungen bzw. die Grundsätze der objektiven Zurechnung. Da letztere ein Mittel zur Begrenzung der ihrer Natur und gesetzlichen Definition nach sehr weit gefassten Beihilfestrafbarkeit darstellen, soll auf sie an anderer Stelle im Rahmen der zum Problemkreis der alltäglichen, neutralen bzw. berufsspezifischen Handlungen entwickelten Theorien ausführlich eingegangen werden. Umstritten ist aber in Literatur und Rechtsprechung zunächst, ob eine Kausalitätsbeziehung (im engeren Sinne) zwischen Gehilfenbeitrag einerseits und Tatbestandsverwirklichung durch den Haupttäter andererseits erforderlich ist.

---

[117] *Schönke/Schröder-Heine*, StGB, 26. Aufl. 2001, § 27 Rz. 12

aa) Auffassung der Rechtsprechung

Reichsgericht und Bundesgerichtshof sind in ständiger Rechtsprechung[118] der Auffassung, dass das Verhalten des Gehilfen für den Erfolg der Haupttat nicht ursächlich gewesen sein muss. Die Hilfeleistung braucht also nicht *conditio sine qua non* für die Tatbestandsverwirklichung durch den Haupttäter zu sein; es genügt vielmehr, dass sie – wenn auch ohne eigenes Tatinteresse des Gehilfen[119] – die den Tatbestand verwirklichende Handlung des Täters erleichtert oder gefördert hat[120]. Letzteres ist dann der Fall, wenn bei Tätigkeitsdelikten die Tathandlung erleichtert und bei Erfolgsdelikten zur Erreichung des Erfolges beigetragen wird[121]. Die Beihilfe braucht dabei nicht zur Ausführung der Tat selbst geleistet zu werden, ausreichend ist schon die Hilfe bei einer vorbereitenden Handlung[122] oder zu einer Zeit, zu der der Täter noch nicht zur Tat entschlossen ist[123].

bb) Weit verbreitete Meinung in der Literatur

Nach einer in der Literatur weit verbreiteten Lehre liegt nur dann ein Hilfeleisten im Sinne von § 27 StGB vor, wenn der Beitrag des Gehilfen nach den allgemeinen Kausalitätsregeln ursächlich, d.h. conditio sine qua non für den tatbestandsmäßigen Erfolg der Haupttat war[124]. Begründet wird dies zum einen damit, dass die Kausalität schlechthin die notwendige – wenn auch (wie hier) nicht immer hinreichende – Bedingung für die Zurechnung zur Begehungstat sei[125]. Zum anderen ge-statte der Strafgrund der Teilnahme kein Absehen von der Ursächlichkeit des Gehilfenbeitrages: Denn wenn man die Teilnahme als „akzessorischen Rechtsgutsangriff" verstehe, so könne man, wie bei allen Varianten der Verursachungstheorie, von einem gelungenen Angriff und damit von einer vollendeten Teilnahme nicht sprechen, wenn der Beitrag des Gehilfen sich bei der Tatbestandsverwirklichung nicht ausgewirkt habe[126]. Schließlich verwischte

---

118 RGSt 13, 265; 58, 113; BGH NStZ 1985, S. 318; BGH MDR 1985, S. 284 bei *Holtz*; BGHZ 63, 124

119 BGH, Urt. v. 8.7.1992, 2 StR 260/92

120 BGH NStZ 1983, S. 462; NStZ 1985, S. 318; StV 1995, S. 524; FamRZ 1975, S. 488

121 *Tröndle/Fischer*, StGB, 52. Aufl. 2004, § 27 Rz. 2c

122 BGHSt 28, 346, 348

123 BGHSt 2, 146, 148

124 vgl. etwa *Jakobs*, AT, 2. Aufl. 1991, 22/34; *Jescheck/Weigend*, AT, 5. Aufl. 1996, § 64 III 2c, S. 694; LK-*Roxin*, StGB, 11. Aufl. 2003, § 27 Rz. 2

125 LK-*Roxin*, StGB, 11. Aufl. 2003, § 27 Rz. 2

126 LK-*Roxin*, StGB, 11. Aufl. 2003, § 27 Rz. 2

man die Grenzen zwischen der straflosen versuchten und der strafbaren vollendeten Beihilfe, wenn man Förderungs- und Gefährdungshandlungen, die auf das Tatbestandsgeschehen ohne Einfluss geblieben sind, als vollendete Beihilfe bestrafte[127].

cc) Stellungnahme

Der Auffassung der Rechtsprechung ist im Ergebnis zuzustimmen, und zwar aus folgendem Grund[128]: § 27 StGB stellt seinem Wortlaut nach bereits das Hilfeleisten zur Haupttat als solches unter Strafe; zudem wird der vom Haupttäter verursachte Erfolg dem Gehilfen nicht als sein Werk zugerechnet. Folglich hängt auch die Strafbarkeit der Beihilfe nicht unbedingt von den im Täterschaftsbereich vorausgesetzten Kausalitätsbeziehungen ab. Es bleibt also daran festzuhalten, dass das Verhalten des Gehilfen die den Tatbestand verwirklichende Handlung des Haupttäters erleichtert oder gefördert hat, ohne hierfür *conditio sine qua non* zu sein[129].

2. Subjektiver Tatbestand

Der subjektive Beihilfetatbestand erfordert Vorsatz in zweifacher Hinsicht, und zwar zum einen hinsichtlich der Gehilfenhandlung an sich, zum anderen in Bezug auf die dadurch geförderte Haupttat. Der Gehilfe muss also die Handlung des Täters fördern (Hilfeleisten) und damit zur Tatbestandsverwirklichung beitragen wollen[130]. Dabei müssen Täter und Tat, deren Unterstützung der Gehilfe anstrebt, zumindest in gewissen Umrissen („in seinen wesentlichen Merkmalen") bestimmt sein[131]. Der Hilfeleistende muss also die wesentlichen Merkmale der Haupttat (also Unrechts- und Angriffsrichtung) erkennen, braucht von deren

---

[127] LK-*Roxin*, StGB, 11. Aufl. 2003, § 27 Rz. 2 mit Hinweis auf *Rudolphi*, Anmerkung zu BGH 2 StR 201/82 v. 17.5.1982 und BGH 3 StR 398/81 v. 10.2.1982, in: StV 1982, S. 518 sowie *Ranft*, ZStW 97(1985), S. 268, 287

[128] vgl. *Wessels/Beulke*, AT, 34. Aufl. 2004, § 13 IV 5, Rz. 582

[129] Eine eingehendere Auseinandersetzung mit diesem Themenbereich soll an dieser Stelle aus Platzgründen unterbleiben. Die Entscheidung zugunsten der Auffassung der Rechtsprechung erfolgte zudem nicht nur aus systematischen Gründen, sondern darüber hinaus auch aus Praktikabilitätsgesichtspunkten, zumal die vorliegende Arbeit den Anspruch erhebt, Ergebnisse zu erarbeiten, die auch für die Strafrechts*praxis* von Interesse sind.

[130] RGSt 60, 23, 24; BGHSt 3, 65, 66

[131] BGHSt 11, 66

Einzelheiten aber keine bestimmte Vorstellung zu haben[132]. *Bedingter* Vorsatz im Hinblick auf die Haupttat ist nicht schon deswegen ausgeschlossen weil sich der Gehilfe von ihr bewusst distanziert hat; es reicht aus, wenn er den als möglich erkannten Eintritt des Erfolges der Haupttat, etwa aus Solidarität mit dem Haupttäter, in Kauf nimmt[133].

II. Beihilfestrafbarkeit des Rechtsanwaltes in den Beispielsfällen

Die vorstehenden grundlegenden Ausführungen zur Beihilfestrafbarkeit im Allgemeinen haben gezeigt, dass der Bereich strafbarer Beihilfe sehr weit gefasst ist. Im Folgenden wird im Rahmen einer vorläufigen Prüfung untersucht, ob in diesen Bereich auch die oben dargestellten Tätigkeiten bzw. Verhaltensweisen des Rechtsanwaltes dem Grundsatz nach fallen.

1. Rechtsauskunft ohne Rechtsrat mit Rechtsgestaltung in Kenntnis der sicheren Verletzung von § 64 Abs.1 GmbHG

In dem eingangs im ersten Kapitel unter Ziff. II geschilderten Fall ist der objektive Beihilfetatbestand zu bejahen. Eine tatbestandsmäßige und rechtswidrige Haupttat liegt vor, da der Geschäftsführer der GmbH nach Ablauf der Dreiwochenfrist des § 64 Abs.1 GmbHG bzw. in jedem Falle schuldhaft zögernd vorsätzlich keinen Antrag auf Eröffnung des Insolvenzverfahrens gestellt hat. Zu dieser Tat hat der ihn beratende und vertretende Rechtsanwalt im Sinne von § 27 StGB auch (objektiv) Hilfe geleistet, und zwar in physischer Form durch die Abfassung und Versendung des Rundschreibens an die Gläubiger der Gesellschaft. Denn diese Tätigkeit hat die den Tatbestand verwirklichende Handlung des Haupttäters dadurch erleichtert bzw. gefördert, dass sie letzterem gewissermaßen die Entscheidung darüber, nicht doch noch rechtzeitig vor Ablauf der Dreiwochenfrist den Insolvenzantrag zu stellen, aus der Hand genommen hat. Nachdem der Geschäftsführer in sicherer Kenntnis der Fristüberschreitung die Entscheidung getroffen hatte, ein privates Insolvenzverfahren durchführen zu lassen, war die Entscheidung über das „Ob“ der Tat zwar grundsätzlich gefallen. Die Tatbestandsverwirklichung wurde aber durch die Tätigkeit des Rechtsan-

---

[132] BGHR § 27 I Vors. 6; BGH NJW 1996, S. 2517; *Tröndle/Fischer*, StGB, 52. Aufl. 2004, § 27 Rz. 8, 9; *Wessels/Beulke*, AT, 34. Aufl. 2004, § 13 IV 5, Rz. 584

[133] vgl. *Tröndle/Fischer*, StGB, 52. Aufl. 2004, § 27 Rz. 8 m.w. Nachw. zur Rspr.

waltes perpetuiert bzw. die Wahrscheinlichkeit ihres Eintritts vergrößert, indem der Geschäftsführer sich auf dessen Tun nunmehr verlassen hat und damit die Chancen, von seinem Tatentschluss letztlich noch abzuweichen, entscheidend gesunken sind. Im Regelfall begibt sich nämlich der Mandant zumindest subjektiv ab dem Zeitpunkt eines gewissen Teils seiner Verantwortung, ab dem er einen anwaltlichen Vertreter mit seiner Beratung und Vertretung beauftragt hat; dadurch wurde die Tatbestandsverwirklichung objektiv gefördert und erleichtert. Bei alledem hat der Rechtsanwalt auch offensichtlich vorsätzlich gehandelt, denn auch er hatte Kenntnis von der zukünftigen Tatbestandsverwirklichung durch den Haupttäter, hat gleichwohl gehandelt und damit vorsätzlich die Handlung des Haupttäters gefördert sowie vorsätzlich zur Tatbestandsverwirklichung beigetragen. Ob ihm der Eintritt des tatbestandlichen Erfolges dabei letztlich unerwünscht war und er sich gegenüber seinem Mandanten insoweit auch davon distanziert hat, ist – wie oben erläutert – unerheblich. Nach alledem ist deshalb der Bereich der Beihilfestrafbarkeit des Rechtsanwaltes eröffnet, und zwar selbst dann, wenn das private Insolvenzverfahren letztlich zur Zufriedenheit aller Beteiligten, also der Gläubiger und der Gesellschaft bzw. der Gesellschafter abgeschlossen wurde und insbesondere die Gläubiger somit besser gestellt sind als bei Durchführung eines gerichtlichen Insolvenzverfahrens.

2. Rechtsauskunft ohne Rechtsrat mit Rechtsgestaltung unter Beachtung von § 64 Abs.1 GmbHG

In dem weiteren im ersten Kapitel unter Ziff. III geschilderten Fall ist danach zu differenzieren, wie sich der Rechtsanwalt in dem Moment verhält, in dem er davon erfährt, dass sein Mandant trotz Ablaufes der Dreiwochenfrist und Nichterzielung einer Einigung mit den Gläubigern der Gesellschaft gleichwohl keinen Antrag stellt. Entsprechendes gilt für den Fall, in dem sich noch während des Fristlaufes herausstellt, dass eine Einigung tatsächlich nicht erzielt werden kann und der Rechtsanwalt erfährt, dass der Geschäftsführer trotzdem den Antrag auf Eröffnung des Insolvenzverfahrens nicht stellt, also schuldhaft zögert im Sinne von § 64 Abs.1 GmbHG. Sobald der Rechtsanwalt in diesem Moment seine Tätigkeit fortsetzt und das private Insolvenzverfahren weiter betreibt, gilt das oben unter Ziff. 1 Gesagte mit der Folge, dass wiederum der Bereich der Beihilfestrafbarkeit eröffnet ist.

3. Weitere Fallkonstellationen

Entsprechendes gilt auch für die im ersten Kapitel unter Ziff. IV und V geschilderten Fallkonstellationen. Auch dort kommt es bei weiterem Tätigwerden des Rechtsanwaltes zu einer grundsätzlichen Strafbarkeit wegen Beihilfe zur Insolvenzverschleppung.

Teil 2 : Lösungsansätze zur Ausgrenzung alltäglicher, neutraler, berufsspezifischer oder berufsadäquater Verhaltensweisen aus dem Bereich strafbarer Beihilfe

Wie bereits zu Beginn der Ausführungen angeklungen ist, neigt das Rechtsgefühl zumindest in einem Teil der möglichen und bereits beschriebenen Fallkonstellationen[134] und der damit betroffenen Tätigkeitsfelder des Rechtsanwaltes eindeutig dazu, zumindest unter Strafwürdigkeitsgesichtspunkten die Straflosigkeit des handelnden Rechtsanwaltes (wenn auch nicht notwendiger Weise zugleich auch des Haupttäters, in unserem Falle beispielsweise des Geschäftsführers der zahlungsunfähigen oder überschuldeten GmbH) zu befürworten. Dies gilt insbesondere deshalb, weil dann, wenn sämtliche Gläubiger der Gesellschaft mit dem ihnen angebotenen (Teil-)Forderungsverzicht einverstanden sind, ihnen die zugesagte Quote auch tatsächlich ausbezahlt wird und diese Quote über derjenigen oder zumindest genauso hoch wie diejenige liegt, die im Falle eines gerichtlichen Insolvenzverfahrens ausbezahlt werden würde, eine Gläubigerschädigung ausgeschlossen werden kann. In vielen Fällen werden sich die Gesellschaftsgläubiger sogar besser stehen als bei Durchführung eines gerichtlichen Insolvenzverfahrens.

Bloße Gerechtigkeitserwägungen allein können jedoch kein juristisch fundiertes Konzept begründen, um in solchen Fällen treffsicher zu argumentieren und zu überzeugenden, nicht willkürlichen und lediglich ergebnisorientierten Resultaten kommen zu können. Trotzdem bleibt festzuhalten, dass nach allgemeinen Grundsätzen für den subjektiven Beihilfetatbestand *dolus eventualis* genügt[135] und dass deshalb auch durch völlig alltägliche, nach außen hin unscheinbare oder berufsbedingt erfolgende Handlungen eine Beihilfestrafbarkeit in Betracht kommt, wenn nur bei dieser Handlung für möglich gehalten und billigend in Kauf genommen wird, dass ein Dritter den Beitrag ins Deliktische fortführt[136]. Im Folgenden soll daher der Frage nachgegangen werden, ob ein methodologisch sinnvoller Ansatz gefunden werden kann, durch den sich die Grenzen der Strafbarkeit des Rechtsanwaltes bei der Beratung und Vertretung überschuldeter oder zahlungsunfähiger Gesellschaften und dort insbesondere im Rahmen der

---

[134] Vgl. hierzu oben Teil 1, 1. Kapitel
[135] s. o. Teil 1, 3. Kapitel, Ziff. I
[136] *Kudlich*, Anmerkung zu BGHSt 46, 107, in: JZ 2000, S. 1128

Durchführung „privater Insolvenzverfahren" präzise und zufrieden stellend bestimmen lassen.

In der Literatur wurde und wird eine Reihe von Theorien vertreten, die sich mit der Beihilfestrafbarkeit in Fällen „alltäglicher", „neutraler", „sozialadäquater", „berufstypischer" bzw. „berufsspezifischer" Verhaltensweisen beschäftigen und jeweils versuchen, eine Lösung hierfür herzuleiten und zu begründen. Diese Theorien sollen nachstehend zunächst im Einzelnen dargestellt und anschließend daraufhin untersucht werden, ob sie auch für die hier interessierenden Fallgestaltungen brauchbare Ansätze liefern können.

1. Kapitel : Die Lehre von der Sozialadäquanz

I. Grundlagen und Inhalt der Lehre

Bereits in der ersten Hälfte des 20. Jahrhunderts hat sich *Welzel*[137] eingehend mit der Problematik beschäftigt, auf welche Weise bestimmte von vornherein nicht strafwürdig erscheinende, weil *alltägliche Handlungen* aus dem Bereich der Strafbarkeit auszuscheiden sind. Diesem Problem liegt die Einsicht zugrunde, dass bei formell korrekter Anwendung des Gesetzes unter Umständen Verhaltensweisen als tatbestandsmäßig erscheinen, die sinnvoller Weise (materiell) nicht gemeint sein können[138].

1. Notwendigkeit eines Korrektivs

Ein Grund hierfür ist, dass die gesetzlichen Tatbestände abstrakt genug formuliert sein müssen, um das von ihnen gemeinte unrechte Verhalten in allen wesentlichen Spielarten erfassen zu können. Denn anderenfalls müsste jeder einzelne konkrete und als strafwürdig angesehene Fall gesondert gesetzlich normiert werden, was nicht nur zu einer unübersehbaren Flut von Normen sondern auch dazu führen würde, dass bestimmte Sachverhalte mit der Folge entsprechender Strafbarkeitslücken übersehen werden. Dies zöge wiederum die Notwendigkeit nach sich, das Gesetz fortdauernd zu ergänzen und zu korrigieren,

---

137 Vgl. *Welzel*, Das deutsche Strafrecht, 11. Aufl. 1969, S. 55 ff., *ders.*, ZStW 58 (1938), S. 491, 514 ff.

138 vgl. *Welzel*, a.a.O.; *Stratenwerth*, AT I, 3. Aufl. (1981), Rn. 338

eine Verfahrensweise, die der Rechtssicherheit sicher nicht tunlich ist. Mit seiner deshalb zwingend notwendigen Abstraktheit setzt sich der Gesetzeswortlaut jedoch auf der anderen Seite bisweilen zwangsläufig über Nuancen der Tatsituation, des Grades der Verletzung oder der Begehungsweise hinweg, die für die Bewertung an sich wesentlich sind. Der Strafgesetzgeber ist daher auch mit dem Mittel der Abstraktion nicht in der Lage, die soziale Lebenswirklichkeit in seinen Vorschriften vollständig und lückenlos zu erfassen. Das Strafrecht zeichnet daher das Bild der strafrechtsrelevanten Realität mit dem Medium der Normmerkmale abstrahierend, vergröbernd und unvollständig[139]. Es werden deshalb mitunter auch Verhaltensweisen erfasst, die mit der sozialen Ordnung völlig im Einklang stehen und von vornherein nicht als rechtswidrig erscheinen[140], weil sie nicht dem vom Gesetzgeber gemeinten Deliktstyp entsprechen[141] bzw. den darin zum Ausdruck kommenden sachlichen Unrechtsgehalt nicht verwirklichen[142]. Es bedarf also eines Korrektivs für die notwendigerweise unzulängliche Tatbestandstypisierung[143].

Hinzu kommt, dass der Tatbestand eines Strafgesetzes[144] diejenigen Merkmale beschreibt, die dem jeweiligen Delikt das individuelle Gepräge verleihen und seinen typischen Unrechtsgehalt charakterisieren. Der Tatbestand ist also gewissermaßen vertyptes Unrecht. Der „*Vertypung*“ des Unrechts im Rahmen der Schaffung des Tatbestandes während des Gesetzgebungsverfahrens lagen jedoch die zu diesem Zeitpunkt geltenden Wertvorstellungen zugrunde. Was werthaft ist, wird aber in verschiedenen Zeiten unterschiedlich beantwortet, und was einer Generation selbstverständlich war, ist es der anderen nicht mehr und umgekehrt[145]. Soziale Wirklichkeit und formeller Straftatbestand können sich so im Laufe der Zeit auseinander bewegen[146]. Auch hier gilt es, Abhilfe zu schaffen, um die Strafnormen auch ohne Einschreiten des Gesetzgebers in Einklang mit dem sozialen Wandel zu halten[147].

---

[139] vgl. *Baumann/Weber/Mitsch*, Strafrecht AT, 10. Aufl. (1995), § 16 Rn. 33
[140] vgl. auch BGHSt 23, 228; *Stratenwerth*, AT I, 3. Aufl. (1981), Rn. 340
[141] so im Ansatz auch *Roxin*, Klug-FS, S. 303, 305
[142] vgl. *Gallas*, ZStW 67 (1955), S. 1ff., 21
[143] vgl. auch *Maurach/Zipf*, AT, Teilband 1, 8. Aufl. (1992), § 17 Rn 21
[144] Gemeint ist hier der Tatbestand im engeren Sinne, vgl. dazu *Wessels/Beulke*, AT, 34. Aufl. 2004, Rz. 118
[145] Man denke nur an das Züchtigungsrecht des Lehrers.
[146] so auch *Baumann/Weber/Mitsch*, Strafrecht AT, 10. Aufl., 1995, § 16 Rn. 33
[147] vgl. *Maurach/Zipf*, AT, Teilband 1, 8. Aufl. (1992), § 17 Rn 21

2. Beispielsfälle zur Sozialadäquanz

Im Rahmen der Behandlung der Lehre von der Sozialadäquanz werden in der einschlägigen Literatur[148] insbesondere folgende Beispielsfälle genannt:

a. Der Reisende, der versehentlich den falschen Zug besteigt und trotz aller Proteste bis zum nächsten regulären Halt mitfahren muss (Freiheitsberaubung?);
b. der Verkehrssitte entsprechende Geschenke an Beamte, z. B. das Neujahrsgeschenk an den (verbeamteten) Briefträger (Vorteilsannahme?);
c. das Spiel um Gewinne von unbedeutendem Wert (verbotenes Glücksspiel?);
d. der Neffe, der seinen Erbonkel veranlasst, eine Bahnreise zu unternehmen in der Hoffnung, der Zug werde verunglücken und der Onkel dabei ums Leben kommen („Erbonkelfall“);
e. Der Ehemann, der mit seiner lungenkranken Ehefrau den Beischlaf in der Hoffnung vollzieht, diese werde an einer nachfolgenden Schwangerschaft sterben („Schwangerschaftsfall“);
f. der Betrieb von Industrieanlagen, wie beispielsweise Atomreaktoren
g. die Ausübung gefährlicher Sportarten
h. der Betrieb von Schienen-, Schiffs- oder Luftverkehrsunternehmen sowie Bergbahnen;
i. die Teilnahme am Straßenverkehr
j. die Herstellung von Waffen und Explosivstoffen

3. Definition von Sozialadäquanz

Ausgangspunkt der von *Welzel* zur befriedigenden Lösung derartiger Fälle entwickelten Lehre ist die Auffassung, dass die von den Strafgesetzen geschützten Rechtsgüter nicht in einer unlebendigen funktionslosen Welt stehen (gleichsam wie „Museumsstücke, die sorgfältig vor schädlichen Einflüssen in Vitrinen verwahrt werden“), sondern im wirklichen sozialen Lebensraum zu sehen sind[149].

---

[148] vgl. z.B. die Beispielsfälle bei *Welzel,* Das deutsche Strafrecht, 11. Aufl. 1969, S. 55 ff.; *Stratenwerth*, AT I, 3. Aufl. (1981), Rn. 339

[149] Vgl. hierzu und im folgenden *Welzel*, ZStW 58 (1938), S. 491, 514 ff.

Die Meinung, dass das Verbrechen bloße Rechtsgutsverletzung sei, geht nach *Welzel* von der (falschen) Vorstellung aus, dass der ursprüngliche Zustand der Rechtsgüter der der Verletzungslosigkeit und der Freiheit und Sicherheit vor Verletzungen sei und dass erst das Verbrechen an das Rechtsgut die Verletzung heranträgt. Die soziale Wirklichkeit sei jedoch anders: Rechtsgüter gebe es nur, wenn und soweit sie sich in einer Funktion befinden, soweit sie sich also im sozialen Leben wirkend und Wirkungen empfangend entfalteten. Leben, Freiheit, Gesundheit und Eigentum, alle diese Rechtsgüter sind nicht einfach vorhanden, sondern ihr Dasein ist „In-Funktion-Sein", d.h. sie üben in der sozialen Verbundenheit Wirkungen aus und erleiden solche Wirkungen[150]. Diese Wirkungen sind jedoch auch im Idealzustand des Nichtvorkommens deliktischer Handlungen keineswegs lediglich positiver, also steigernder oder verbessernder, sondern ebenso sehr negativer, nämlich beeinträchtigender oder aufzehrender Natur. Denn alles soziale Leben bestehe im Einsatz und im Verbrauch von Rechtsgütern, wie „letztlich alles Leben stets zugleich Verbrauch des Lebens" sei[151].

Beispielsweise – so *Welzel* – ist der „moderne"[152] Massenverkehr ohne erhebliche gegenseitige Freiheitsbeschränkungen und körperliche Beeinträchtigungen nicht denkbar. Auch im durchschnittlichen sozialen Zusammenleben nimmt also jeder Mensch täglich eine ganze Reihe von Beeinträchtigungen, Gefährdungen und Verletzungen von Rechtsgütern hin und übt solche aus. Hinzu kommt, dass das soziale Leben in immer steigendem Maße mit risikobehafteten Tätigkeiten erfüllt ist und dass weiterhin die (menschliche) Tendenz besteht, sich an diese Risiken zu gewöhnen und sie schließlich als alltägliche Bestandteile des sozialen Daseins unbeachtet zu lassen. In einer Definition des Verbrechens als Rechtsgutsverletzung oder Rechtsgutsgefährdung bleibt nach *Welzel* mithin das Entscheidende ungesagt: „Der Sinn des Rechts besteht nicht darin, dass es von unverletzt gedachten Rechtsgütern alle verletzenden Einwirkungen abwehrt, sondern dass es von den unzähligen Funktionen, in denen das Rechtsgut wirkend und leidend darin steht, die für ein sittlich geordnetes Gemeinschaftsdasein unverträglichen auswählt und verbietet. Es verbietet nicht jede Beeinträchtigung von Rechtsgütern (auch ‚grundsätzlich' nicht), sondern es gewährt Schutz stets nur gegen bestimmt geartete Einwirkungen, die das Maß der notwendig vorauszusetzenden Beeinträchtigungen übersteigen, in welchen sich das geordnete

---

[150] Vgl. *Welzel*, ZStW 58 (1938), S. 491, 515
[151] Vgl. *Welzel*, ZStW 58 (1938), S. 491, 515
[152] Wenn dies bereits für den Anfang des 20. Jahrhunderts herrschenden Verkehr galt, dann umso mehr für den heutigen!

Gemeinschaftsleben in lebendig - tätigen Funktionen vollzieht. Rechtsgüterschutz gibt es nur im Hinblick auf bestimmt geartete Rechtsgüterbeeinträchtigungen[153]!". Nach der Lehre *Welzels* scheiden für den Unrechtsbegriff daher alle Handlungen aus, die sich trotz formaler Tatbestandsmäßigkeit funktionell innerhalb der „normalen" geschichtlich gewordenen sozialethischen Ordnung des Gemeinschaftslebens eines Volkes bewegen. Solche Handlungen sind *sozialadäquat*[154][155].

Diese Handlungen dienen nach der Sozialadäquanzlehre einem bestimmten, als nützlich anerkannten Zweck und werden deshalb von den Mitgliedern der Gemeinschaft allgemein akzeptiert und nicht als verbots- und strafwürdige Störung des Zusammenlebens missbilligt[156]. Es sind also Handlungen darunter zu verstehen, die wegen ihrer Konformität mit den Wertvorstellungen des Soziallebens trotz ihrer Subsumierbarkeit unter den Wortlaut eines Tatbestandes nicht vom Sinn dieses Tatbestandes erfasst werden[157].

Allerdings ist bereits dem von *Welzel* verwandten Begriff der „Sozialethik" zu entnehmen, dass für die Qualifizierung eines Verhaltens als „sozialadäquat" die bloße Üblichkeit dieses Verhaltens in der Gesellschaft nicht genügt. Hinzukommen muss vielmehr, dass das geübte Verhalten im Interesse des sozialen Zusammenlebens notwendig und richtig ist, dass es also ein anerkanntes Verhaltensmodell darstellt[158]. Dies ist durchaus sinnvoll und einleuchtend, will man doch verhindern, dass gewissermaßen über den Umweg der Sozialadäquanz auch solche Verhaltensweisen den „Stempel der Legalität" erhalten, die sich als bloße Unsitten in das Gemeinschaftsleben eingeschlichen haben.

---

[153] Vgl. *Welzel*, ZStW 58 (1938), S. 491, 516

[154] Vgl. *Welzel*, ZStW 58 (1938), S. 491, 516, 517

[155] Im Grundsatz (als Auslegungskriterium) befürwortend, wenn auch z.T. mit Einschränkungen, *Jescheck*, AT, 4. Aufl. (1988), S. 226 ff.; *Ebert/Kühl*, Jura 1981, 225, 226; *Herzberg*, Die Unterlassung im Strafrecht und das Garantenprinzip, 1972, S. 123; *Klug*, Eb. Schmidt-FS, S. 249 ff.; *Maurach/Zipf*, AT, Teilbd. 1, 8. Aufl. (1992), § 17 Rn. 14 ff.; *Peters*, Welzel-FS, S. 415, 427; *Schönke/Schröder-Lenckner*, 26. Aufl. (2001), vor §§ 32 ff. Rz. 107a; *Stratenwerth*, AT I, 3. Aufl. (1981), Rn. 337 ff.; *Zipf*, ZStW 82 (1970), S. 633 ff.; vgl. auch *Maiwald*, Jescheck-FS, S. 405, 407 ff.

[156] vgl. *Baumann/Weber/Mitsch*, Strafrecht AT, 10 Aufl. (1995), § 16 Rz. 34

[157] vgl. *Ebert/Kühl*, JURA 1981, S. 225, 226

[158] vgl. *Zipf*, ZStW 82 (1970), S. 633; *Maurach/Zipf*, AT, Teilbd. 1, 8. Aufl. (1992), § 17 Rz. 17 führt insoweit aus, dass es sich bei der Sozialadäquanz um keinen empirischen, sondern einen normativen Begriff handelt, der nur insoweit eine empirische Komponente aufweise, als eine tatsächliche Übung festgestellt werden müsse, zu der aber immer die normative Komponente der Bewertung hinzukommen müsse.

Des Weiteren ist einleuchtend und im Grunde selbstverständlich, dass der Rahmen der sozialen Handlungsfreiheit jedenfalls dann überschritten ist, wenn eine Rechtsgutsverletzung vom Täter gewollt (im Sinne einer Absicht) ist[159]. Das bewusste Ausnutzen von an sich sozialadäquatem Geschehen zu deliktischen Zwecken lässt also die Strafhaftung unberührt[160]. Problematisch aber ist auf der anderen Seite wiederum, ob noch von einer alltäglichen, üblichen Verhaltensweise gesprochen werden kann, wenn die schädlichen Folgen zwar nicht beabsichtigt und somit auch nicht bewusst ausgenutzt werden, wohl aber nicht nur abstrakt vorhersehbar, sondern sogar bekannt sind.

Festzuhalten ist ferner, dass das Prinzip der Sozialadäquanz dem Grundsatz nach in seiner Anwendung nicht auf Fahrlässigkeitstaten beschränkt ist[161], sondern auch bei vorsätzlicher Begehung eine Rolle spielen kann[162].

II. Systematische Einordnung in den Verbrechensaufbau

Heftig umstritten unter den grundsätzlichen Befürwortern[163] der Lehre von der Sozialadäquanz ist ihre Einordnung in den strafrechtlichen Deliktsaufbau. Selbst

---

[159] vgl. *Zipf*, ZStW 82 (1970), S. 633 f., der einen von *Welzel* (Das Deutsche Strafrecht, 11. Aufl. 1969, S. 56 gebildeten Fall übernimmt: Ein Mann vollzieht mit seiner lungenkranken Frau den Beischlaf in der Absicht, sie möge an der gesundheitlichen Belastung der nachfolgenden Schwangerschaft sterben. Zwar liege der Vollzug des Beischlafes unter Eheleuten vollkommen innerhalb der anerkannten Sozialordnung, ist mithin sozialadäquat; diese Beurteilung – so *Zipf* – ändere sich jedoch, wenn der Täter durch sein an sich erlaubtes und sozialadäquates Verhalten einen missbilligten Zweck *erstrebt.*

[160] Vgl. *Zipf*, a.a.O., S. 634: Dies gelte jedoch nicht uneingeschränkt. In dem von *Welzel* gebildeten Erbonkelfall beispielsweise mache sich der Neffe *nicht* strafbar, obwohl er die dem modernen Massenverkehr inhärenten, sozialadäquaten Gefahren für seinen Deliktsplan gleichsam bewusst ausnutzt. Allein die Tatsache, dass er ein Tatmittel wählt, dessen Kausalwirkung nicht von seinen Entscheidungsmöglichkeiten abhängt, er den Geschehensablauf also nicht beherrschen kann, schließe seine Strafhaftung aus.

[161] So *Roeder*, Die Einhaltung des sozialadäquaten Risikos, 1969, S. 34 ff., nach dessen Auffassung sich die Sozialadäquanz auf Fahrlässigkeitstaten beschränke und dort als die Einhaltung des sozialadäquaten Risikos erscheine; vgl. auch *Zipf*, ZStW 82 (1970), S. 635

[162] vgl. hierzu *Jescheck*, AT, 4. Aufl. (1988), S. 227; *Maurach/Zipf*, AT, Teilbd. 1, 8. Aufl. (1992), § 17 Rz. 22; sowie *Zipf*, ZStW 82 (1970), S. 635 f., der jedoch einschränkend annimmt, dass dies nur dann gelte, wenn die Rechtsgutsverletzung selbst als sozialadäquat angesehen wird. Bei absichtlicher Rechtsgutsverletzung im Gewande vorgeblicher Sozialadäquanz hingegen handele der Täter in jedem Falle sozialinadäquat. Dies ist m.E. jedoch davon abhängig, worauf sich das Werturteil bei der Abgrenzung *sozialadäquater von sozial* inadäquaten Handlungen bezieht, d.h. stets auf das Geschehen in seiner Gesamtheit oder nur auf einen bestimmten äußeren Sachteil.

der Begründer der Lehre *Welzel* hat insofern im Laufe der Jahre seine Auffassung gleich zweimal geändert[164].

1. Meinungsstand

Von der heute wohl herrschenden Meinung[165] wird vertreten, dass eine Korrektur grundsätzlich bereits auf Tatbestandsebene zu erfolgen habe, dass also sozialadäquate Handlungen schon den betreffenden Straftatbestand nicht erfüllen[166]. Die Gegenauffassung[167] ordnet das Problem der Rechtswidrigkeit zu, nimmt also an, dass sozialadäquate Handlungen zwar den Tatbestand eines Strafgesetzes erfüllen, jedoch gerechtfertigt sind. Eine Mindermeinung schließlich sieht in der

---

[163] vgl. oben FN 160

[164] Von der ersten bis zur dritten Auflage seines Lehrbuches (Das Deutsche Strafrecht) ging *Welzel* von der Definition des Tatbestandes als dem nach typischen Merkmalen umschriebenen strafrechtlichen Unrecht aus, das durch sein Herausfallen aus den sittlichen Ordnungen des tätigen Gemeinschaftslebens gekennzeichnet wird (1. Aufl., S. 33). Diesen unrechten Handlungen werden Betätigungen, die sich innerhalb des Rahmens der geschichtlich gewordenen sozialethischen Ordnungen des Gemeinschaftslebens bewegen, gegenübergestellt und als sozialadäquat bezeichnet. Wegen ihres besonderen Charakters sollen sie niemals Deliktstatbeständen unterfallen, auch wenn man sie dem Wortlaut nach darunter subsumieren könnte. Sozialadäquate Handlungen sind danach bereits nicht tatbestandsmäßig. Ab der vierten Auflage (1956, S. 69) macht *Welzel* eine Kehrtwendung und bezeichnet die Sozialadäquanz als in der sozialethischen Ordnung wurzelnden gewohnheitsrechtlichen Rechtfertigungsgrund. Von der 9. Auflage ab kehrt *Welzel* wieder zu seiner ursprünglichen Annahme eines Tatbestandsausschlusses zurück. Vgl. insoweit auch die Zusammenfassung bei *Peters*, Welzel-FS, S. 415, 419.

[165] vgl. *Ebert/Kühl*, Jura 1981, S. 225, 226; *Jescheck*, AT I, 4. Aufl. (1988), S. 227; *Krauß*, ZStW 76 (1964), S. 19, 48 (FN 13); *Otto*, Grundkurs Strafrecht, 6. Aufl. (2000), § 6 Rz. 71, der die Sozialadäquanz jedoch nicht als Tatbestandsausschließungsgrund betrachtet, sondern als restriktives *Auslegungs*prinzip des Tatbestandes; *Roxin*, AT I, 2. Aufl. (1994), § 10 Rz 36; *Schönke/Schröder-Lenckner*, 26. Aufl. (2001), vor §§ 32 ff. Rz 107a; *Tröndle/Fischer*, 51. Aufl. (2003), vor § 32 Rz. 12; *Schaffstein*, ZStW 72 (1960), S. 369; *Wolter*, GA-Festschrift, S. 269, 285; *Zipf* ZStW 82 (1970), S. 633, 650; *Maurach/Zipf*, AT, Teilbd. 1, 8. Aufl. (1992), § 17 Rz. 14 ff., 21; *Haft*, AT, 7. Aufl. (1996), S. 54

[166] Ob der Lehre von der Sozialadäquanz dabei lediglich die Funktion eines Auslegungskriteriums für einzelne Tatbestandsmerkmale zukommt (so in etwa *Roxin*, AT I, 2. Aufl. (1994), § 10 Rz. 37, der die Tatbestände so interpretieren will, dass ihnen nur sozial inadäquate Verhaltensweisen unterfallen, oder ob es sich um ein selbständiges Institut mit dogmatischem Eigenwert handelt, kann an dieser Stelle dahingestellt bleiben; vgl. dazu *Ebert/Kühl*, JURA 1981, S. 227; *Peters*, Welzel-FS, S. 415, 420

[167] *Schmidhäuser*, AT – Lehrbuch, 2. Aufl. (1975), Anm. 9/26 ff.; *ders.*, in: AT – Studienbuch, 2. Aufl. (1984), Anm. 6/102 ff.

Sozialadäquanz einen Schuldausschließungsgrund[168]. Darüber hinaus werden auch „Mischmodelle" vertreten[169].

2. Stellungnahme

Eine eingehende Auseinandersetzung mit den von den Befürwortern der jeweiligen unter Ziffer 1 genannten Auffassungen vorgetragenen Argumenten würde den Rahmen der vorliegenden Arbeit überdehnen. Insofern wird auf die in den Fußnoten enthaltenen Nachweise verwiesen. Sofern man die Lehre von der Sozialadäquanz grundsätzlich anerkennt[170], spricht jedoch aus folgenden Gründen vieles dafür, bei den einschlägigen Fällen bereits den Tatbestand des in Frage kommenden Delikts zu verneinen:

Gegen eine Einordnung des Prinzips der Sozialadäquanz als Schuldausschließungsgrund spricht zunächst, dass unter „Schuld" nach heute weit überwiegender Meinung die *persönliche Vorwerfbarkeit* eines Verhaltens zu verstehen ist[171]. Die Feststellung der Schuld verlangt somit ein individuelles Eingehen auf den konkreten Täter und die konkrete Tatsituation[172]. Sozialadäquanz auf der anderen Seite ist kein individuelles Problem des Täters; vielmehr handelt es sich

---

[168] *Roeder*, Die Einhaltung des sozialadäquaten Risikos, 1969, S. 65 ff.

[169] vgl. *Klug*, Eb. Schmidt-FS, S. 249 ff., der zwischen tatbestandsausschließender Sozialkongruenz und rechtfertigender Sozialadäquanz unterscheidet. Sozialkongruent ist nach dieser Auffassung ein Verhalten, das sozialethisch geboten oder wegen sozialer Irrelevanz sozialethisch erlaubt ist. Sozialadäquat hingegen sind Verhaltensweisen, die nicht nur wegen sozialethischer Irrelevanz sozialethisch erlaubt sind, ohne zugleich sozialethisch geboten zu sein (vgl. *Klug*, a.a.O., S. 262). Auch *Stratenwerth*, AT I, 3. Aufl. (1981), Rz. 338 ff., führt aus, dass es „der Sache nach im allgemeinen um eine Korrektur der Tatbestandsfassung geht". Gleichwohl würden mit der Sozialadäquanz immer auch Fälle erörtert, bei denen es nicht um eine „Typenkorrektur" beim einzelnen Tatbestand, sondern um eine allgemeinere Begrenzung der strafrechtlichen Haftung geht und bei denen der Täter im Rahmen eines sozialadäquaten Risikos handelt. Auf welcher Ebene des strafrechtlichen Deliktsaufbaus die Strafbarkeit in solchen Fällen entfällt, ist den Ausführungen *Stratenwerths* nicht eindeutig zu entnehmen. Immerhin gibt er zu bedenken (a.a.O., Rz. 343), dass die Grenze zwischen sozialer Adäquanz und einer Rechtfertigung durch besondere Unrechtsausschließungsgründe fließend sei. Ob daraus folgt, dass im Rahmen der Geltung des Prinzips der Sozialadäquanz zwingend der Tatbestand zu verneinen ist oder der Täter bisweilen auch bloß gerechtfertigt handelt, wird nicht ausdrücklich gesagt.

[170] Zur Kritik an der Lehre von der Sozialadäquanz vgl. u. Ziff. V

[171] vgl. nur *Tröndle/Fischer*, 51. Aufl. (2003), vor § 13 Rz. 28; *Wessels/Beulke*, AT, 34. Aufl. 2004, § 10 I 1, Rz. 394

[172] vgl. *Zipf*, ZStW 82 (1970), S. 640

um ein sozialtypisches Verhaltensmodell, dem eine *generalisierende* Betrachtung zugrunde liegt. Das Prinzip der Sozialadäquanz kann folglich nicht auf einer Verbrechensstufe anzusiedeln sein, die ganz auf die persönliche Vorwerfbarkeit bezogen ist[173]. Darüber hinaus würde die Einordnung als Schuldausschließungsgrund zur Einräumung des Notwehrrechts gegenüber sozialadäquatem Verhalten führen. Dann aber wäre die Verletzung dessen rechtmäßig, der sich selbst richtig (weil sozialadäquat) verhalten hat; dies ist jedoch mit dem Gerechtigkeitsempfinden unvereinbar[174]. Zwar brauchen Schäden, die einem als Auswirkung eines sozialadäquaten Verhaltens drohen, nicht notwendig hingenommen zu werden, doch ist ihre Abwehr nicht ein Problem der Notwehr, sondern des rechtfertigenden Notstandes[175].

Weiterhin verträgt sich eine Sicht der Sozialadäquanz als Rechtfertigungsgrund auch nicht mit dem Wesen der Rechtfertigungsgründe: diese sind Erlaubnistatbestände, die das rechtsgutsverletzende Verhalten *ausnahmsweise* gestatten, indem sie die aus der Tatbestandserfüllung resultierende Unrechtsindizierung positiv entkräften und so verhindern, dass das generelle Verbot sich im Einzelfall zur Rechtspflicht konkretisiert[176]. Dem Rechtswidrigkeitsurteil liegt dabei eine konkrete Auswertung des Einzelfalles zugrunde[177]. Ein von der Sozialordnung gebotenes, also sozialadäquates Verhalten hingegen entspricht von vornherein dem Recht; eine *ausnahmsweise* Gestattung hat gar keinen Ansatzpunkt. Ein Rechtfertigungsgrund begründet ein Dürfen im Einzelfall; die Sozialadäquanz schafft eine *generelle* Handlungspflicht bzw. –befugnis, die von der konkreten Tatsituation gelöst ist[178].

Die Lösung ist also auf der Tatbestandsebene zu suchen und kann aus folgenden Gründen auch dort gefunden werden: Die Erfüllung des Tatbestandes eines Strafgesetzes indiziert die Rechtswidrigkeit der Handlung des Täters[179]. Dies rechtfertigt sich daraus, dass in den Straftatbeständen das Erfahrungswissen um die Sozialschädlichkeit bestimmter Verhaltensweisen niedergelegt ist[180]. Wie

---

[173] vgl. *Zipf*, ZStW 82 (1970), S. 640 ff.
[174] vgl. *Zipf*, ZStW 82 (1970), S. 641 ff.
[175] vgl. *Roxin*, AT I, 2. Aufl. (1994), § 10 Rz. 36; *ders.*, in: Klug-FS, S. 303, 309 f.
[176] vgl. *Wessels/Beulke*, AT, 34. Aufl. (2004), § 8 I 1, Rz. 271
[177] vgl. *Zipf*, ZStW 82 (1970), S. 645
[178] vgl. *Zipf*, ZStW 82 (1970), S. 646
[179] vgl. nur *Tröndle/Fischer*, 51. Aufl. (2003), vor § 13 Rz. 8
[180] vgl. hierzu und im folgenden *Zipf*, ZStW 82 (1970), S. 648 ff.

oben[181] bereits geschildert bringt jedoch die Vertypung von Unrecht notwendigerweise Ungenauigkeiten mit sich, d.h. es werden mitunter auch atypische Fälle erfasst, die zwar unter den Wortlaut der Norm subsumierbar sind, aber materiell nicht an der der Unrechtstypisierung zugrundeliegenden Sozialschädlichkeit teilhaben. Darüber hinaus besteht die Gefahr, dass sich ein Straftatbestand im Laufe der Zeit immer weiter von der sich stets dynamisch weiterentwickelnden Gesellschaftsstruktur und den in der Gesellschaft herrschenden sozialerheblichen Wertbegriffen entfernt. Diese Kluft zwischen formellem Tatbestand und gesellschaftlicher Realität zu überbrücken ist somit Hauptaufgabe der Lehre von der Sozialadäquanz, die gewissermaßen ein Korrektiv für die unzulängliche Tatbestandstypisierung ist und so die Strafnormen im Einklang mit der sozialen Wirklichkeit hält. Sozialadäquanz schließt also die Indizfunktion des Tatbestandes von vornherein aus bzw. lässt sie gar nicht erst entstehen, während Rechtfertigungsgründe eine an sich gegebene Indizfunktion positiv entkräften[182]. Greift die Lehre von der Sozialadäquanz somit ein, ist bereits der Tatbestand des Delikts nicht erfüllt. Jedes unrechtstatbestandsmäßige Verhalten setzt also eine sozial *in*adäquate Handlung voraus[183]. Sozialadäquanz ist somit ein tatbestandausschließendes Prinzip[184], das im Rahmen der materiellen Rechtsfindung einer bloß formellen Auslegung der Tatbestände gegenübersteht[185].

III. Abgrenzung zur Rechtsfigur des erlaubten Risikos

Überschneidungen und Abgrenzungsprobleme ergeben sich zwischen der Lehre von der Sozialadäquanz und der Rechtsfigur des erlaubten Risikos. Beide Institute werden von der Literatur oftmals miteinander in Verbindung gebracht, wenn nicht sogar identifiziert[186]. Und in der Tat ist es denkbar, die Gestattung,

---

[181] Ziff. I, 1.

[182] vgl. *Schönke/Schröder-Lenckner*, 26. Aufl. (2001), vor § 32 Rz. 107a; *Zipf*, ZStW 82 (1970), S. 648 f.; *Ebert/Kühl*, JURA 1981, S. 227; *Maurach/Zipf*, AT, Teilbd. 1, 8. Aufl. (1992), § 17 Rz. 21

[183] vgl. *Wolter*, GA-FS, S. 269, 285

[184] Dieser Auffassung hat sich auch das OLG München in NStZ 1985, S. 549, 550 angeschlossen.

[185] vgl. die Formulierung bei *Klug*, Eb. Schmidt-FS, S. 249, 254

[186] *Tröndle/Fischer*, 52. Aufl. (2004), vor § 32 Rz. 13 etwa bezeichnet den Gedanken der sozialen Adäquanz als verwandt mit dem des erlaubten Risikos; auch *Roxin*, Klug-FS a.a.O. (ebenso *Roxin*, AT I, 2. Aufl. (1994), § 10 Rz. 38)und, fasst eine Fallgruppe der sozialen Adäquanz unter den Begriff des erlaubten Risikos; *Schmidhäuser*, AT - Studienbuch, 2. Aufl. (1984), Anm. 6/107 ff., betrachtet die Sozialadäquanz als einen Fall des erlaubten Risikos auf der Ebene der Rechtfertigung

sich unter bestimmten Voraussetzungen riskant zu verhalten, in Einzelfällen gleichzusetzen mit der aus der hier behandelten Lehre fließenden Erlaubnis, sozialadäquat zu handeln, obwohl formell dadurch der Tatbestand eines Strafgesetzes erfüllt wird. Dies wäre dann der Fall, wenn eben das erlaubte riskante Verhalten gerade sozialadäquat ist.

Bei genauerer Betrachtung bestehen jedoch durchaus *systematische Unterschiede*: Beide Begriffe, Sozialadäquanz und erlaubtes Risiko, haben ihren Platz auf verschiedenen gedanklichen Ebenen. Während der Begriff der Sozialadäquanz den sachlichen Grund bezeichnet, *warum* eine bestimmte Handlung zulässig ist (und dabei auf die geschichtlich gewachsene Ordnung des Soziallebens verweist), besagt der Begriff des erlaubten Risikos lediglich, *dass* eine riskante Handlung (aus welchen Gründen auch immer) vorgenommen werden darf[187]. Das erlaubte Risiko erschöpft sich also im Hinweis auf das Erlaubtsein bestimmter riskanter Handlungen und stellt somit einen Formalbegriff dar, der erst noch seinen Inhalt bekommen muss durch die Gründe, die zur Erlaubnis des Risikos führen; der Begriff der Sozialadäquanz hingegen bringt solche Sachgründe für das Erlaubtsein bestimmter Handlungen selbst hervor[188]. Beide Institute erfüllen also unterschiedliche Aufgaben. Das darf allerdings nicht darüber hinwegtäuschen, dass zwischen ihnen gleichwohl eine enge Verbindung besteht, mehr noch, dass sie sich gegenseitig ergänzen können. Denn wenn die Lehre von der Sozialadäquanz, wie oben beschrieben, Sachgründe für das Erlaubtsein bestimmter riskanter Verhaltensweisen liefert, dann ergänzt sie auf diese Weise das Institut des erlaubten Risikos und füllt es mit Leben[189].

---

[187] vgl. *Maiwald*, Jescheck-FS, S. 405, 408 f.

[188] vgl. *Maiwald*, Jescheck-FS, a.a.O.

[189] Dabei darf jedoch, wie *Maiwald* (Jescheck-FS, S. 405, 407 ff.) zutreffend ausführt, nicht übersehen werden, dass auch der Begriff der Sozialadäquanz als solcher unbestimmt und „formal" ist und bereits eine Wertung voraussetzt, *welche* Handlungen im Sozialleben allgemein akzeptiert werden und aus welchen Gründen dies so ist. Dies ist jedoch ein allgemeines Problem, das immer dann auftritt, wenn bestimmte Gruppen von Verhaltensweisen aus dem Bereich der Strafbarkeit auf abstrakte Weise ausgeschieden werden sollen. Denn an irgendeiner Stelle hat eine Wertung letztlich doch stattzufinden. Immerhin enthält der Begriff der Sozialadäquanz an dieser Stelle aber mehr sachlichen Gehalt als der bloße Hinweis des erlaubten Risikos, *dass* eine riskante Handlung erlaubt sei.

IV. Sozialadäquanz in der Rechtsprechung

Auch in der Rechtsprechung hat die Lehre von der Sozialadäquanz – wenn auch in bescheidenem Maße – ihre Spuren hinterlassen. Der Begriff wird jedoch nur zurückhaltend verwendet und ohne dass dabei seine systematische Stellung im Verbrechensaufbau geklärt worden wäre[190]. Auch wird er, wenn überhaupt, lediglich in anderen Zusammenhängen und nicht in Verbindung mit der Art von Fällen gebraucht, die Gegenstand der vorliegenden Arbeit sind. Gleichwohl sollen die wenigen Beispiele der Verwendung des Begriffes hier nicht unerwähnt bleiben.

1. BGHSt 23, 226

In einer Entscheidung des BGH vom 18. Februar 1970[191] ging es um die Auslegung von § 86 Abs.3 StGB (Verbreitung von Propagandamitteln verfassungswidriger Organisationen) und insbesondere darum, ob die Herstellung und Verbreitung propagandistischer Schriften im Rahmen der staatsbürgerlichen Aufklärung liege. Bei der Auslegung der Vorschrift betont der BGH[192] zunächst, dass die in § 86 Abs.3 StGB getroffene Regelung sicherstellen solle, dass die Vorschrift nicht bei sozialadäquater Benutzung der betreffenden Publikationen, zum Beispiel zu wissenschaftlichen oder künstlerischen Zwecken Anwendung finde[193]. In diesem Zusammenhang führt der BGH wörtlich aus:

> *Nach der Lehre von der „Sozialadäquanz" können übliche, von der Allgemeinheit gebilligte und daher in strafrechtlicher Hinsicht im sozialen Leben gänzlich unverdächtige, weil im Rahmen der sozialen Handlungsfreiheit liegende Handlungen nicht tatbestandsmäßig oder zumindest nicht rechtswidrig sein. Darin liegt ein allgemeines Prinzip, dessen Bedeutung sich nicht auf das Strafrecht beschränkt, sondern die ganze Rechtsordnung erfasst.*

---

[190] Vgl. *Roxin*, AT I, 2. Aufl. (1994), § 10 Rz. 35; *ders.*, in: Klug-FS, S. 303, 304

[191] BGHSt 23, 226

[192] BGHSt 23, 226, 228

[193] Der BGH nimmt insoweit Bezug auf den schriftlichen Bericht des Sonderausschusses für die Strafrechtsreform, Deutscher Bundestag, 5. Wahlperiode, BT-Drucksache V/2860, S. 9 zu § 86 StGB

Festzuhalten bleibt danach, dass der BGH dem Grundsatz nach also die mögliche tatbestandseinschränkende Funktion und Wirkung der Lehre von der Sozialadäquanz anerkennt und diese auf die gesamte Rechtsordnung erstreckt. Welche systematische Stellung die Lehre einnehmen soll, dazu hingegen wird keine Stellung bezogen.

2. BGHSt 19, 152

Auf den Begriff der „Sozialen Üblichkeit" hatte sich der BGH bereits zuvor in einer anderen Entscheidung[194] aus dem Jahre 1963 berufen. Dort ging es um das Ausschenken von Alkohol durch einen Gastwirt an einen Kraftfahrer und die Frage, ob, in welchen Fällen und unter welchen Voraussetzungen der Gastwirt verpflichtet ist, das Wegfahren des fahruntüchtigen Kraftfahrers zu verhindern. Dazu führt der BGH folgendes aus:

> *An dem allgemein anerkannten Rechtsgedanken, dass derjenige, der schuldhaft oder schuldlos durch sein Verhalten die Gefahr geschaffen oder mitgeschaffen hat, rechtlich verpflichtet sei, den Schaden nach Kräften abzuwenden, ist im Grundsatz festzuhalten. Das kann jedoch nicht bedeuten, dass dies auch für jedes sozial übliche und von der Allgemeinheit gebilligte Verhalten zu gelten hätte. Zu den allgemein als sozial üblich anerkannten Verhaltensweisen gehört das Ausschenken und der Genuss alkoholischer Getränke in Gastwirtschaften. ... Wäre der Gastwirt, dessen Gewerbe im Ausschenken geistiger Getränke besteht, für die Folgen, zu denen übermäßiger Alkoholgenuss seiner Gäste führen kann, allgemein strafrechtlich verantwortlich zu machen, so würde er in den meisten Fällen auf dem Wege über die strafrechtliche Garantenpflicht gleichsam zum Vormund oder Hüter seiner Gäste bestellt.*
>
> ...
>
> *Soweit aus dem Ausschenken von Alkohol an Gäste, auch an Kraftfahrzeugführer, die ihr Fahrzeug bei sich haben, Gefahren erwachsen, nimmt sie die Gesellschaft, was die Rechtspflichten des Gastwirts angeht, in erträglichen Grenzen in Kauf.*

---

[194] BGHSt 19, 152

Auch hier begründet der BGH seine Entscheidung mit der strafbarkeitseinschränkenden Wirkung sozial adäquater Verhaltensmuster und erkennt auf diese Weise die oben beschriebene Lehre von der Sozialadäquanz dem Grundsatz nach an, ohne freilich auf deren systematische Stellung im Verbrechensaufbau oder deren dogmatische Herleitung näher einzugehen.

Anders als der BGH sucht *Roxin*[195] hier die Lösung nicht über die Lehre von der Sozialadäquanz, sondern er zieht vielmehr die Rechtsfigur des erlaubten Risikos heran, indem er das Ausschenken von Alkohol in den durch das Gaststättengesetz gezogenen Grenzen als sich im Rahmen des erlaubten Risikos haltend ansieht, so dass die daraus erwachsende Tatbestandserfolge dem Gastwirt nicht zugerechnet werden können.

3. BGHZ 24, 21

Des weiteren hat der Große Zivilsenat des BGH[196] im Rahmen einer Entscheidung, in der es um den Rechtfertigungsgrund des verkehrsrichtigen Verhaltens ging und dieser Rechtfertigungsgrund ausdrücklich anerkannt wurde, wörtlich bemerkt: „Dahingestellt mag bleiben, ob es sich bei diesem Ergebnis um einen Sonderfall der Anwendung des Rechtsgedankens der sogenannten sozialen Adäquanz handelt."[197]

Eine weitere Auseinandersetzung mit der Theorie von der sozialen Adäquanz, die über den zuvor zitierten Satz hinausgeht, findet sich in dieser Entscheidung jedoch nicht.

4. OLG München NStZ 1985, S. 549

Im Rahmen der Auslegung des § 344 StGB (Verfolgung Unschuldiger) beruft sich auch das OLG München in einer Entscheidung aus dem Jahr 1985 auf die Lehre von der Sozialadäquanz und nimmt insoweit Bezug auf die unter Ziffer 1

---

[195] In: Klug-FS, S. 303, 311
[196] BGHZ 24, 21
[197] BGHZ 24, 21, 26

und 2 genannten Urteile des BGH[198]. Das Gericht gelangt zu dem Ergebnis, dass auf der Grundlage der Sozialadäquanzlehre im Wortlaut zu weit gefasste gesetzliche Tatbestände einzuschränken sind, wenn sie sich auch auf übliche, von der Allgemeinheit gebilligte und in strafrechtlicher Hinsicht im sozialen Leben gänzlich unverdächtige, weil im Rahmen der sozialen Handlungsfreiheit liegende Handlungen erstrecken. Bei aller gebotenen Zurückhaltung in der Anwendung der Lehre von der sozialen Adäquanz gebiete – so das OLG München – in dem ihm unterbreiteten Sachverhalt deren Anwendung.

5. BAGE 1, 291 und weitere Entscheidungen der Recht-sprechung

Schließlich hat auch das Bundesarbeitsgericht in seiner grundlegenden Entscheidung aus dem Jahre 1955[199] im Hinblick auf die Arbeitskampfmittel des Streiks und der Aussperrung hervorgehoben, dass diese zwar im allgemeinen unerwünscht seien, weil sie volkswirtschaftliche Schäden mit sich bringen und den im Interesse der Gesamtheit liegenden sozialen Frieden beeinträchtigen; gleichwohl seien diese Mittel in bestimmten Grenzen erlaubt und in der freiheitlichen, sozialen Grundordnung der Bundesrepublik Deutschland zugelassen. Das Bundesarbeitsgericht hat Streik und Aussperrung deshalb ausdrücklich als *sozialadäquate* Mittel des Arbeitskampfes anerkannt, da die beteiligten Arbeitnehmer und Arbeitgeber mit solchen kampfweisen Störungen von jeher rechnen müssen und die deutsche freiheitliche Rechtsordnung sie als ultima ratio anerkennt.

Zumindest Erwähnung findet der Begriff der Sozialadäquanz auch in einer Reihe weiterer Entscheidungen[200], ohne dass dort jedoch Grundlegendes über die Lehre verloren wird oder gar eine Weiterentwicklung stattfindet.

---

[198] Unter Bezugnahme auf diese beiden Entscheidungen des BGH führt das OLG München (NStZ 1985, S. 549) sogar aus, die Lehre von der Sozialadäquanz sei hierdurch zwischenzeitlich auch in der höchstrichterlichen Rechtsprechung in Strafsachen *anerkannt*.
[199] BAGE 1, 291, 300
[200] Vgl. z.B. BGHSt 37, 226, 231; OLG Düsseldorf NJW 1987, S. 2453; NJW 1991, S. 1625; OLG Hamm, NJW 1980, S. 2537; OLG München NJW 1966, S. 2406, 2407

V. Kritik an der Lehre von der Sozialadäquanz

Der Grundgedanke, vollkommen alltägliche und sozial akzeptierte Verhaltensweisen aus dem Bereich strafbaren Verhaltens auszublenden, ist sicherlich begrüßenswert, dürfte er doch meist auch dem Rechtsempfinden entsprechen. Viel gewonnen ist damit freilich noch nicht, denn die Probleme fangen in der Regel erst an dieser Stelle an: Kann noch von einer alltäglichen, üblichen Verhaltensweise gesprochen werden, wenn die schädlichen Folgen nicht bloß ab-strakt vorhersehbar, sondern dem Täter bekannt sind[201]? Und: was genau ist als sozialadäquat anzusehen bzw. wo sind die Grenzen des sozial Inadäquaten zu ziehen? In der Bestimmung dessen, was als sozialadäquat anzusehen ist, nicht in der Straffreiheit sozial adäquater Verhaltensweisen als solcher liegt also die grundsätzliche Problematik der von *Welzel* begründeten Lehre[202]. Denn mit dem Begriff „sozialadäquat" allein lassen sich bestimmte, strafrechtlich als irrelevant zu kennzeichnende Verhaltensweisen nicht von anderen (strafrechtlich relevanten) Verhaltensweisen abgrenzen, da er bereits eine Wertung voraussetzt, aber nicht deren Kriterien aufdeckt[203]. Der Rückgriff auf das „alltägliche" Geschäft, das „normale", das „übliche" oder das „berufstypische" Verhalten verdeckt dieses Problem, denn derartige Bezüge knüpfen gedanklich an strafrechtlich irrelevante Sachverhalte an, geben aber keinen Anhaltspunkt dafür, wann ein „üblicherweise" strafrechtlich irrelevanter Sachverhalt einmal strafrechtlich relevant sein kann[204]. Bei dem Begriff der Sozialadäquanz – so die Kritiker zu Recht – handelt es sich also um eine vage Generalklausel, durch welche die Untergrenze der Strafbarkeit weithin ins Schwimmen gerät[205]. So richtig daher die Aussage ist, „alltägliches" Verhalten sei als sozialadäquates Verhalten nicht strafbar, so gefährlich ist die Identifizierung der alltäglich erbrachten Handlungen mit Handlungen, von denen der Handelnde weiß, sie fördern, ermöglichen oder erleichtern eine Deliktsbegehung[206]. Kein Verhalten ist rechtlich fassbar, wenn es losgelöst wird vom Wissen und Wollen des Handelnden; erst seine Ziel- und

---

[201] Vgl. *Otto*, Grundkurs Strafrecht, 6. Aufl. (2000), § 6 Rz. 71 (S. 201)

[202] Vgl. *Otto*, a.a.O., S. 201; zur Kritik an der Lehre von der Sozialadäquanz siehe auch *Hirsch*, ZStW 74, S. 134f., der der Sozialadäquanz keinen dogmatischen Eigenwert zuspricht, sie wohl aber als Auslegungskriterium versteht; *Graf zu Dohna*, ZStW 60, S. 292

[203] Vgl. *Otto*, a.a.O., S. 201

[204] Vgl. *Otto*, a.a.O., S. 201 f. mit Beispielsfällen

[205] vgl. *Hirsch*, Uni-Köln-FS, S. 399, 421

[206] Vgl. *Otto*, a.a.O., S. 202

Zwecksetzung geben dem Verhalten einen Sinn, d.h. aber bei äußerlich neutralen Handlungen u.U. auch einen kriminellen Sinnbezug[207].

Andererseits ist die Problematik der Unbestimmtheit des Begriffes der Sozialadäquanz und die damit einhergehende Schwierigkeit der treffsicheren Qualifizierung einer Handlung als sozialadäquat oder sozialinadäquat ein Phänomen, das nicht allein dieser Lehre zueigen ist. Denn ebenso wie gesetzliche Straftatbestände abstrakt genug gefasst sein müssen, um das von ihnen gemeinte unrechte Verhalten in allen wesentlichen Spielarten erfassen zu können[208], ist gleichermaßen das Korrektiv, mit dem solche Sachverhalte vom Tatbestand der Verbotsnorm ausgeschlossen werden sollen, die weithin nicht als strafwürdig angesehen werden, in generalisierender Form aufzustellen. Ansonsten entstehen auch hier dieselben Probleme wie bei der Verbotsnorm selbst. Jedes allgemein gefasste Modell, mit dem der Wortlaut eines Straftatbestandes zum Zwecke des Ausschlusses bestimmter Verhaltensweisen korrigiert werden soll, birgt somit das Risiko in sich, selbst zu vage formuliert zu sein, um unproblematisch zu zutreffenden Ergebnissen zu gelangen. Mit anderen Worten: ein solches Modell enthält zwangsläufig eine Schnittstelle, an der Wertungsgesichtspunkte eine Rolle spielen, die – begriffsnotwendig – von verschiedenen Rechtsanwendern unterschiedlich beurteilt werden. Dieses Phänomen ist jeder allgemein gefassten Theorie immanent. Gleichwohl ist den Kritikern der Lehre von der Sozialadäquanz zuzugeben, dass diese in der Tat einen ausgesprochen weiten Wertungsspielraum zulässt und dem Anwender – außer des Kriteriums der Sozialadäquanz – keinerlei weitere Kriterien zur Behandlung der problematischen Fallgruppe an die Hand gibt.

Darüber hinaus wird von den Kritikern der Lehre von der Sozialadäquanz vorgetragen, es bestehe die Gefahr, dass durch die Qualifizierung bestimmter Verhaltensweisen als sozialadäquat einzelne, in der Gesellschaft zwar üblich gewordene Missstände, aber gleichwohl strafwürdige Handlungen gewissermaßen „reingewaschen" und fälschlicherweise vom strafrechtlichen Vorwurf befreit werden[209]. Dem ist jedoch zu entgegnen, dass aus dem bereits von *Welzel* verwandten Begriff der „Sozialethik" zu entnehmen ist, dass für die Qualifizierung eines Verhaltens als „sozialadäquat" die bloße Üblichkeit dieses Verhaltens in der Gesellschaft *nicht* genügt. Hinzukommen muss vielmehr, dass das geübte Verhal-

---

[207] Vgl. *Otto*, a.a.O., S. 202
[208] Vgl. oben Ziff. I, 1.
[209] vgl. z.B. *Roxin*, AT I, 2. Aufl. (1994), § 10 Rz. 41

ten im Interesse des sozialen Zusammenlebens notwendig und richtig ist, dass es also ein anerkanntes Verhaltensmodell darstellt[210].

Problematisch im Rahmen der Lehre von der Sozialadäquanz ist auch die Beantwortung der Frage, worauf sich bei der Abgrenzung sozialadäquater von sozial inadäquaten Handlungen das Werturteil zu beziehen hat: Ist stets der Gesamtvorgang (unter Beachtung auch innerer Umstände) zum Gegenstand der Betrachtung zu machen oder kann ein bestimmter äußerer Sachteil aus dem Gesamtvorgang herausgenommen werden? In dem von *Welzel* mitgeteilten und oben[211] erwähnten Beispielsfall handelt der Neffe sozialadäquat, der den Onkel in der Hoffnung zum Bahnfahren veranlasst, dieser werde dabei tödlich verunglücken; ebenso der Ehemann, der mit seiner lungenkranken Ehefrau den Beischlaf vollzieht in der Erwartung, sie werde im Falle der Schwangerschaft sterben. Bahnfahren und der Beischlaf zwischen Eheleuten wird als sozialadäquat betrachtet mit der Folge der Straflosigkeit beider Personen. Jedoch: stellt man auf die Gesamthandlung unter Einbeziehung der subjektiven Richtung ab, handeln Neffe und Ehemann wegen ihrer wertwidrigen Einstellung sozial inadäquat[212]. Auch dies deckt die mit der Lehre von der Sozialadäquanz verbundenen Unsicherheiten auf.

Schließlich besteht das Risiko, dass durch gefühlsmäßige, im Namen der Sozialadäquanz gefällte Pauschalurteile die differenzierten, in langer dogmengeschichtlicher Entwicklung mit zunehmender Genauigkeit herausgearbeiteten Voraussetzungen der Rechtfertigungsgründe aufgelöst und unterlaufen werden[213]. Denn der Begriff der Sozialethik ist im Vergleich zu den detaillierten Vorschriften der Rechtfertigungsgründe viel zu grob und vage und versperrt so den Weg zu einer genaueren Untersuchung des Falles[214].

Nach alledem ist die Lehre von der Sozialadäquanz mit ihren Kritikern wegen zu großer Unbestimmtheit jedenfalls als eigenständiges Rechtsinstitut abzuleh-

---

[210] vgl. *Zipf*, ZStW 82 (1970), S. 633; *Maurach/Zipf*, AT, Teilbd. 1, 8. Aufl. (1992), § 17 Rz. 17 führt insoweit aus, dass es sich bei der Sozialadäquanz um keinen empirischen, sondern einen normativen Begriff handelt, der nur insoweit eine empirische Komponente aufweise, als eine tatsächliche Übung festgestellt werden müsse, zu der aber immer die normative Komponente der Bewertung hinzukommen müsse.

[211] Ziff. I, 2.

[212] vgl. *Peters*, Welzel-FS, S. 415, 427

[213] vgl. *Stratenwerth*, AT I, 3. Aufl. (1981), S. 117 Rz. 343

[214] vgl. *Baumann/Weber*, AT, 9. Aufl. (1985), § 15 III b

nen. Gleichwohl kommt ihr aber als Auslegungskriterium für bestimmte Tatbestandsmerkmale weiterhin Bedeutung zu[215].

VI. Zwischenergebnis

Die oben beschriebenen Probleme im Umgang mit der Lehre von der Sozialadäquanz zeigen sich auch, wenn man sie auf die den Gegenstand der vorliegenden Untersuchung bildenden Fälle des Tätigwerden eines Rechtsanwaltes im Rahmen „privater Insolvenzverfahren" anwenden will. Denn in den oben[216] im einzelnen beschriebenen Fallkonstellationen gibt sie keinerlei Anhaltspunkte dafür, wann das Verhalten des beratenden bzw. vertretenden Rechtsanwaltes nun als sozialadäquat und wann als sozial inadäquat anzusehen ist. Eine solche Wertung hätte vielmehr vollständig aus sich selbst heraus zu geschehen, ohne dass irgendeine Hilfestellung geleistet wird.

VII. Die Kritik von *Roxin* an der Sozialadäquanzlehre

Wie oben bereits dargelegt und begründet wurde, ist ein entscheidender Gesichtspunkt, der gegen die Lehre von der Sozialadäquanz spricht, das Problem ihrer Unbestimmtheit und die damit einhergehende Schwierigkeit, zu treffsicheren Ergebnissen zu gelangen. Hinzu kommt nun weiterhin, dass zur Lösung der unter diesem Gesichtspunkt behandelten Fälle präzisere Instrumentarien zur Verfügung stehen, mit denen die oben beschriebenen Unwägbarkeiten vermieden werden und die so den Rückgriff auf die von *Welzel* entwickelte Lehre (zumindest als eigenständiges dogmatisches Konzept, nicht zwangsläufig als zusätzliches [Auslegungs-] Kriterium) überflüssig werden lassen. Im Folgenden soll deshalb das von *Roxin*[217] in diesem Zusammenhang gegen die Sozialadäquanzlehre entwickelte Konzept näher betrachtet werden.

---

[215] so auch *Hirsch*, ZStW 74 (1962), S. 78, 132
[216] Teil 1, 1. Kapitel
[217] vgl. hierzu und im folgenden *Roxin*, AT I, 2. Aufl. (1994), § 10 IV; *ders.*, in: Klug-FS, S. 303 ff., insbesondere S. 310 ff.

1. Gruppenweise Einteilung der relevanten Fälle

Sämtliche Fälle, die im Rahmen der Herleitung und Begründung der Lehre von der Sozialadäquanz herangezogen werden, lassen sich – so *Roxin* – in zwei große Gruppen einteilen, nämlich einmal die Gruppe des rechtlich irrelevanten oder erlaubten Risikos, zum anderen die Gruppe der Fälle, in denen geringfügige, sozial allgemein tolerierte Handlungen aus dem Tatbestand ausgeschieden werden.

a) Rechtlich irrelevantes oder erlaubtes Risiko

Zur ersten Gruppe gehören etwa die Fälle von Tötungen oder Verletzungen durch die ordnungsgemäße Teilnahme am Schienen-, Straßen- oder Flugverkehr, durch den Betrieb von Industrieanlagen oder durch die Teilnahme an Sportwettkämpfen[218]. Gewiss wäre es denkbar, die dabei ausgeübten Tätigkeiten als sozialadäquat zu beschreiben und sie auf diese Weise aus dem Tatbestand des jeweils in Frage kommenden Delikts auszuscheiden. Die Frage aber ist, ob es hierzu des Instrumentariums der Sozialadäquanz überhaupt bedarf oder ob nicht bereits anerkannte dogmatische Modelle ausreichen bzw. sogar besser dazu in der Lage sind, derartige Fälle präzise in den Griff zu bekommen. Genau dies ist aber zu bejahen, und zwar kann eine Lösung mit Hilfe des im Bereich der objektiven Zurechnung anzusiedelnden Instituts des erlaubten Risikos gefunden werden[219].

Die Zurechnung des Erfolges zum objektiven Tatbestand eines Delikts setzt prinzipiell voraus, dass der Erfolg sich als die Verwirklichung eines vom Täter

---

[218] So auch der oben (1. Kapitel, I 2.) genannte Erbonkelfall

[219] Auch *Stratenwerth*, AT I, 3. Aufl. (1981), § 9 Rz. 342, spricht unter Berufung auf *Jakobs* und *Welzel* davon, dass es nicht verboten sein kann, ein allgemeines Lebensrisiko normaler Höhe zu schaffen; es gebe mithin ein sozialadäquates Maß der Gefährdung, ein sozialadäquates Risiko. *Stratenwerth/Kuhlen*, AT I, 5. Aufl. (2004), § 8 Rz. 30 ff. führt ebenfalls aus, dass der Tatbestand in seiner abstrakten Fassung gelegentlich Verhaltensweisen erfassen kann, die mit der sozialen Ordnung völlig in Einklang sind und deshalb vernünftigerweise nicht gemeint sein können; soweit sich die erforderlichen Einschränkungen nicht schon im Wege sinngemäßer Interpretation der einzelnen Tatbestandsmerkmale vornehmen ließen, könne „die Sozialadäquanz hier durchaus die Bedeutung eines selbständigen Korrektivs erlangen". Allerdings wird dort im Übrigen die Auffassung vertreten, dass – soweit es um ein verbleibendes Minimum an Gefährdung im Rahmen des modernen Massenverkehrs bzw. der heutigen Großindustrie u.ä. geht – diese Fälle unter der Rechtsfigur des „erlaubten Risikos" zu behandeln sind.

geschaffenen, allgemein unerlaubten Risikos, oder eines zwar erlaubten, vom Täter aber unerlaubt gesteigerten Risikos darstellt[220]. Halten sich die bei den oben genannten Fällen ausgeübten Tätigkeiten aber innerhalb des verkehrsüblichen und generell gestatteten Risikos, wird also kein rechtlich relevantes Risiko gesetzt bzw. erhöht, dann erfüllen diese Tätigkeiten nach allgemeinen Zurechnungskriterien auch dann nicht den Tatbestand eines Verletzungsdelikts, wenn dennoch einmal ein solcher Erfolg eintritt[221]. Nun könnte man durchaus argumentieren, dass bei der Beantwortung der Frage, ob ein bestimmtes Verhalten sich innerhalb des „verkehrsüblichen und generell gestatteten Risikos" gehalten hat, doch dieselben Schwierigkeiten und Unwägbarkeiten auftreten wie bei der Bestimmung eines Verhaltens als sozialadäquat. Eine nähere Betrachtung von Beispielen zeigt jedoch, dass gleichwohl eine Lösung solcher Fälle mit Hilfe des Instruments des erlaubten Risikos vorzugswürdig ist, weil treffsicherer argumentiert werden kann.

Wie oben[222] bereits angeklungen ist, besteht eine Schwäche der Lehre von der Sozialadäquanz in der Unklarheit, ob sich bei der Abgrenzung sozialadäquater von sozial inadäquaten Handlungen das Werturteil auf den Gesamtvorgang (unter Einbeziehung innerer Umstände) oder auf einzelne äußere Teile des Geschehensablaufes zu beziehen hat. Also: Ist im „Schwangerschaftsfall"[223] die Veranlassung des Ehepartners, den ehelichen Beischlaf auszuüben, Gegenstand der Sozialadäquanzprüfung oder aber spielt hierbei auch die dabei verfolgte Tötungsabsicht eine Rolle? Oder: Ist im „Erbonkelfall"[224] zu prüfen, ob die Veranlassung eines anderen, eine Bahnreise zu unternehmen, sozialadäquat ist, oder sind auch hier die dabei vom Neffen verfolgten Ziele zu berücksichtigen? Wendet man hingegen das Zurechnungskriterium des erlaubten Risikos an, so ergibt sich ein klareres Bild: Zu fragen ist jeweils, ob der Ehemann bzw. der Neffe objektiv eine rechtlich missbilligte Gefahr geschaffen bzw. ein unerlaubtes Risiko gesetzt oder ein erlaubtes Risiko unerlaubt gesteigert haben. Im ersten Fall dürfte dies zu verneinen sein, denn der Handelnde hat keine oder allenfalls eine im Rahmen des erlaubten Risikos liegende Gefahr für das geschützte Rechtsgut ge-

---

220 Auf eine eingehende Auseinandersetzung mit der Lehre vom erlaubten Risiko wird an dieser Stelle aus Platzgründen verzichtet; es wird die Auffassung eines erlaubten Risikos im Sinne von *Roxin* vertreten. Vgl. dazu *Roxin*, AT I, 2. Aufl. (1994), § 10 Rz. 38; *ders.*, in: Klug-FS, S. 303, 310; *ders.*, in: Honig-FS, S.133, 136

221 vgl. *Roxin*, AT I, 2. Aufl. (1994), § 10 Rz. 38; *ders.*, in: Klug-FS, S. 303, 310

222 siehe Ziff. V

223 siehe FN 164

224 siehe oben 1. Kapitel, I 2.

schaffen; der Erfolg kann ihm schon aus diesen Grunde nicht zugerechnet werden[225]. Auch der Neffe hat kein rechtlich missbilligtes Risiko geschaffen bzw. unerlaubt erhöht. Denn auf die Risiken, die der moderne Bahnverkehr mit sich bringt, hat er überhaupt keinen Einfluss, sie sind diesem vielmehr bereits von Natur aus inhärent und darüber hinaus allgemein akzeptiert. Ihm kann also der Unfalltod des Onkels nicht zugerechnet werden, was zeigt, dass die moderne Zurechnungslehre in solchen Fällen sehr viel genauere Regeln für die Haftungsbegrenzung ermöglicht als ein Rückgriff auf die Sozialethik, die die Motivation des Handelnden schwerlich ganz außer Betracht lassen kann und deren Urteil über das Verhalten des Ehemannes und des Neffen durchaus nicht so sicher ist[226].

Freilich ist an dieser Stelle zuzugeben, dass die Lehre von der Sozialadäquanz auch insofern ihren Nutzen hat, als es bei der Bestimmung des „erlaubten" Risikos sorgfältiger Abwägungen über die *soziale* Tragbarkeit eines Verhaltens bedarf[227]. Sozialadäquanz kann somit als eines von mehreren Kriterien bezeichnet werden, die den Begriff des erlaubten Risikos inhaltlich charakterisieren und mit Leben füllen. In diesem Sinne wurde ja auch schon oben[228] bei der Abgrenzung zwischen Sozialadäquanz und erlaubtem Risiko entsprechend der Auffassung Maiwalds argumentiert. Diese sozialen Bewertungen fließen jedoch schon von vornherein in die Erfolgszurechnung ein; es bedarf also nicht des nachträglichen Korrektivs der Sozialadäquanz, um eine Tatbestandserfüllung auszuschließen, die schon nach generellen Zurechnungskriterien entfällt.

b) Geringfügige, sozial allgemein tolerierte Handlungen

Bei der zweiten von *Roxin* behandelten Fallgruppe geht es um die Eliminierung geringfügiger sozial allgemein tolerierter Handlungen aus dem Tatbestand eines Strafgesetzes. Typische Beispielsfälle, bei denen der Tatbestand des jeweiligen Delikts zwar formell und dem Wortlaut nach erfüllt ist, sind etwa das übliche kleine Neujahrsgeschenk an den (verbeamteten) Postboten[229] (§ 331 StGB), Glücksspiele mit sehr kleinen Einsätzen (§ 284 StGB) oder vertrauliche herab-

---

[225] vgl. *Roxin*, in: Klug-FS, S. 303, 311
[226] vgl. *Roxin*, in: Klug-FS, S. 303, 311
[227] vgl. *Roxin*, AT I, 2. Aufl. (1994), § 10 Rz. 39; *ders.*, in: *Klug*-FS, S. 303, 311
[228] Ziff. III
[229] Dieses Beispiel dürfte angesichts der Privatisierung der Post bald anachronistisch sein, wird jedoch aus Gründen der Anschaulichkeit auch hier genannt.

setzende Äußerungen im engsten Familienkreis (§ 185 ff. StGB). Materiell hingegen wird die Tat als nicht gegen das Verbot verstoßend betrachtet. Auch hier ist sicherlich vertretbar, den Tatbestand und damit die Strafbarkeit der zugrundeliegenden Handlungen unter Hinweis auf ihre Sozialadäquanz zu verneinen und die damit erzielten Ergebnisse sind auch sicherlich begrüßenswert[230]. Wiederum aber stellt sich die Frage, ob es hierzu eines eigenständigen Instituts der Sozialadäquanz überhaupt bedarf, oder ob nicht präzisere Instrumentarien zur Verfügung stehen, die dieses überflüssig machen.

Roxin sieht zutreffend die richtige Lösung nicht in der Lehre von der Sozialadäquanz als eigenständiger dogmatischer Konstruktion, sondern *in einer am jeweils geschützten Rechtsgut orientierten, einschränkenden Interpretation der Strafgesetze*. Dabei kommt nach *Roxin* einmal eine bloße Gesetzes*auslegung* in Betracht, sofern dies mit dem Wortlaut des Gesetzes noch zu vereinbaren ist. Sofern letzteres nicht der Fall ist, werde eine über die bloße Auslegung hinausgehende teleologische Reduktion erforderlich[231]. Dahinstehen kann an dieser Stelle, ob es sich bei der teleologischen Reduktion so, wie *Roxin* sie versteht, tatsächlich um ein aliud im Verhältnis zur Auslegung des Strafgesetzes handelt, oder nicht doch bloß um eine bestimmte Auslegungs*methode*, nämlich die subjektiv-teleologische[232]. Denn am Ergebnis ändert diese Einordnung nichts und Art. 103 Abs.2 GG steht einer entsprechenden Vorgehensweise jedenfalls nicht entgegen, da es sich um eine straf*befreiende* teleologische Reduktion handelt[233].

---

[230] so auch *Roxin*, AT I, 2. Aufl. (1994), § 10 Rz. 40

[231] Vgl. *Roxin*, AT I, 2. Aufl. (1994), § 10 Rz. 40 f.; *Maurach/Zipf*, AT, Teilband 1, 8. Aufl. (1992), § 17 Rz. 21, spricht insoweit von einer Doppelfunktion der Sozialadäquanz, einmal als Auslegungshilfe bei der Überprüfung einzelner Merkmale des Tatbestandes, zum anderen als Mittel der Tatbestandskorrektur mit der Folge, dass der Tatbestand formell zwar bejaht, materiell jedoch verneint wird; auch *Stratenwerth*, AT I, 3. Aufl. (1981), § 9 Rz. 340 f., führt aus, bei der Sozialadäquanz gehe es der Sache nach im allgemeinen um eine Korrektur der Tatbestandsfassung, wobei die erforderliche Korrektur im Regelfall schon bei der Auslegung der einzelnen Tatbestandsmerkmale vorgenommen werden sollte; lassen sich Fälle hingegen nicht ohne Gewaltsamkeit ausscheiden (beispielsweise bleibe die Weitergabe von ehrverletzenden Gerüchten auch im engsten Familienkreise eine Behauptung oder Verbreitung ehrenrühriger Tatsachen im Sinne von § 186 StGB), liefere der Gesichtspunkt der sozialen Adäquanz nicht nur eine Richtlinie für die Einzelauslegung der Tatbestände, sondern habe vielfach selbständiges Gewicht.

[232] *Wessels/Beulke*, AT, 34. Aufl. 2004, Rz. 57, spricht deshalb m. E. auch zurecht von der Sozialadäquanz als einer tatbestand*einschränkenden* und am Deliktstyp orientierten Gesetzes*auslegung*.

[233] Vgl. *Roxin*, AT I, 2. Aufl. (1994), § 10 Rz. 41 (FN 77)

Wendet man den Lösungsvorschlag *Roxins* auf die oben geschilderten Beispielsfälle an, so ergibt sich, dass das durch die jeweilige Strafnorm geschützte Rechtsgut in keinem der Fälle verletzt wurde: § 331 StGB schützt nach allgemeiner Auffassung[234] die Lauterkeit des öffentlichen Dienstes und das Vertrauen der Öffentlichkeit in diese Lauterkeit. Das kleine Neujahrsgeschenk an den Postboten gefährdet dieses Rechtsgut jedoch offensichtlich nicht. Schutzzweck von § 284 StGB ist die staatliche Kontrolle des Glücksspiels bzw. – mittelbar auch – der Schutz des Einzelnen vor der Gefahr von Manipulationen beim Glücksspiel zum Schaden seines Vermögens durch die Absicherung eines ordnungsgemäßen Spielbetriebs[235] . Glücksspiele mit sehr kleinen Einsätzen bergen jedoch nicht die Gefahr in sich, diesem Schutzzweck zuwiderzulaufen. Ebenso tun vertrauliche Äußerungen im engsten Familienkreis dem Anspruch des Betroffenen auf Achtung seiner Persönlichkeit und Ehre, den die §§ 185 ff. StGB schützen sollen[236], keinen Abbruch. Aus dieser Erkenntnis, dass das jeweilige Schutzgut also nicht beeinträchtigt wurde, folgt nun die Notwendigkeit einer einschränkenden Interpretation der entsprechenden Strafgesetze. Der Tatbestand des § 331 StGB ist so auszulegen, dass das kleine Neujahrsgeschenk eben nicht hierunter zu subsumieren ist. Entsprechendes gilt für die beiden anderen Fälle.

Diese streng rechtsgutsbezogene, auf den jeweiligen Unrechtstyp abstellende Methode ist deshalb gegenüber der undifferenzierten Berufung auf die Sozialadäquanz der zugrundeliegenden Handlungen vorzugswürdig, weil sie der Gefahr vorbeugt, dass Entscheidungen nach dem bloßen Rechtsgefühl getroffen werden; denn anders als bei der Prüfung, ob ein bestimmten Verhalten sozialadäquat ist oder nicht, steht hier als Anhaltspunkt immer das jeweils geschützte Rechtsgut zur Verfügung. Auch wird dem bereits geschilderten Risiko entgegengewirkt, allgemein verbreitete gesellschaftliche Missstände für tatbestandslos zu erklären[237].

Allerdings ist auch bei der Konzeption *Roxins* nicht von der Hand zu weisen, dass sozialethische Erwägungen insofern eine große Rolle spielen, als sie in vielen Fällen den materiellen Grund für die Vornahme der einschränkenden Interpretation abgeben[238] und deshalb letztlich eine entscheidende Hilfestellung bei

---

[234] vgl. nur *Tröndle/Fischer*, 51. Aufl. (2003), § 331 Rz. 3, m.w.N. auch zur Rspr.
[235] *Schönke/Schröder-Eser/Heine*, 26. Aufl. (2001), § 284 Rz. 1
[236] vgl. dazu *Tröndle/Fischer*, 51. Aufl. (2003), vor §§ 185 ff. Rz. 3 ff.
[237] Vgl. *Roxin*, AT I, 2. Aufl. (1994), § 10 Rz. 41, wobei dieses Risiko unter Berücksichtigung des von *Welzel* gebrauchten Begriffes der Sozial*ethik* m.E. eher gering ist.
[238] so auch *Rogat*, Die Zurechnung bei der Beihilfe, S.63

der Bestimmung dessen leistet, was als vom Schutzgut eines Strafgesetzes erfasst anzusehen ist und was nicht. Es bleibt also festzuhalten, dass die Lehre von der Sozialadäquanz zumindest bei der am Rechtsgut orientierten Auslegung der Straftatbestände eine mitentscheidende Rolle spielt[239].

2. Zwischenergebnis

Die von *Roxin* geäußerte Kritik an der Lehre von der Sozialadäquanz ist nach alledem zutreffend. Die von ihm alternativ vorgeschlagenen Lösungswege vermögen insofern zu überzeugen, als sie treffsicherer sind und mit bewährten dogmatischen Konzepten arbeiten. Aspekte der Sozialadäquanz spielen unter Wertungsgesichtspunkten jedoch auch im Rahmen dieser Konzepte eine wichtige Rolle.

VIII. Ergebnis

Als Ergebnis bleibt festzuhalten, dass im Begriff der Sozialen Adäquanz Gesichtspunkte der modernen Zurechnungslehre (Stichwort „erlaubtes Risiko“) mit den Ergebnissen einer am Schutzbereich der Tatbestände orientierten teleologischen Reduktion (Stichwort „Ausscheidung nicht deliktstypischer Handlungen) „in recht unverbindlicher Weise auf den Nenner einer gemeinsamen Bezeichnung gebracht“ werden[240]. Als *eigenständiges* Kriterium für eine zuverlässige Ausgrenzung bestimmter neutraler, berufsspezifischer Handlungen aus dem Bereich der Strafbarkeit ist die Lehre von der Sozialadäquanz aus den oben dargelegten Gründen deshalb zwar nicht tauglich; wohl aber können ihr wichtige Wertungsgesichtspunkte entnommen werden, und zwar einmal bei der näheren Bestimmung der jeweils geschützten Rechtsgüter und damit bei der im Wege einer einschränkenden Auslegung des Gesetzes erfolgenden Ausgrenzung bestimmter Handlungen aus dem Tatbestand der betreffenden Strafnorm[241]. Zum zweiten kann mit Hilfe des Begriffes der Sozialadäquanz unter dem Gesichtspunkt des erlaubten Risikos eine Einschränkung der objektiven Zurechnung erreicht werden. Das Prinzip der Sozialadäquanz verfolgt also ein richtiges Ziel,

---

[239] Auch *Otto* (Grundkurs Strafrecht, 6. Aufl. [2000], §6 Rz. 71) beispielsweise setzt sich deshalb für eine Interpretation des Gedankens der Sozialadäquanz als restriktives Auslegungsprinzip des Tatbestandes ein.

[240] vgl. *Roxin*, Klug-FS, S. 303, 313

[241] Ähnlich *Baumann/Weber/Mitsch*, Strafrecht AT, 10 Aufl. (1995), § 16 Rz. 35

wenn man es benutzt, um den Tatbestand auf deliktstypisches, generell verbotenes Verhalten einzuschränken; alle Tatbestände sind so zu interpretieren, dass ihnen nur sozial inadäquates Verhalten unterfällt[242]. Gleiches gilt bei der Bestimmung dessen, was sich im Rahmen des „erlaubten Risikos“ hält und was nicht mehr.

IX. Bedeutung der Sozialadäquanz für die vorliegende Arbeit

Es gilt nun, die soeben gewonnenen Erkenntnisse auf die von der vorliegenden Arbeit zentral aufgeworfenen Fragen der Beihilfestrafbarkeit von Rechtsanwälten im Rahmen „privater Insolvenzverfahren“ anzuwenden.

1. Theoretische Bedeutung

Ausgangspunkt der Überlegungen im Hinblick auf den ersten, soeben gewonnenen Aspekt (Stichwort „Ausscheidung nicht deliktstypischer Handlungen) kann dabei aber nicht die Beihilfehandlung des Rechtsanwaltes sein, sondern nur eine am Schutzgut orientierte Interpretation des Delikts der Insolvenzverschleppung selbst. Im vorliegenden Abschnitt geht es jedoch darum, mit Hilfe eines methologischen Ansatzes eine Einschränkung der Beihilfestrafbarkeit selbst herbeizuführen, und nicht den Weg über die teleologische Reduktion des Tatbestandes der Haupttat zu gehen. Im Rahmen der Beihilfe kann jedoch eine am Schutzgut orientierte Interpretation des Tatbestandes nicht erfolgen, denn dieser Tatbestand enthält ja gerade keine deliktstypischen Strafbarkeitsmerkmale; ebenso werden durch ihn keine deliktsspezifischen Rechtsgüter geschützt, sondern er orientiert sich insoweit am Schutzgut der Haupttat. Der Aspekt der schutzgutorientierten Tatbestandsauslegung unter Berücksichtigung sozialadäquater Wertungen hat somit, wenn man – wie hier – allein auf die Beihilfestrafbarkeit abstellt, keine besondere Funktion[243].

Anders verhält es sich hingegen mit dem zweiten Aspekt der Einschränkung der objektiven Zurechnung unter dem Gesichtspunkt des erlaubten Risikos durch Wertungen der Sozialadäquanz. Bei der Untersuchung bestimmter Tätigkeiten des Rechtsanwaltes, die tatbestandsmäßig Beihilfehandlungen zum Delikt der

---

[242] so im Ergebnis auch *Roxin*, Klug-FS, S. 303, 310
[243] Ähnlich auch *Rogat*, Die Zurechnung bei der Beihilfe, S. 67

Insolvenzverschleppung (§§ 84 Abs.1 Nr.2, 64 Abs.1 GmbHG) darstellen, bieten diese Wertungen also einen Anhaltspunkt, um bei bestimmten Sachverhalten die objektive Zurechnung und damit die Beihilfestrafbarkeit aus Gründen der Sozialadäquanz zu verneinen.

2. (Mögliche) praktische Bedeutung

Wie bereits an anderer Stelle[244] ausgeführt wurde ist auffällig, dass die in der vorliegenden Arbeit behandelten Fälle der Beihilfestrafbarkeit von Rechtsanwälten im Rahmen der Durchführung „privater Insolvenzverfahren" strafgerichtlich – soweit erkennbar – bislang nicht entschieden wurden und tatsächlich (zumindest in der Vergangenheit) seitens der Strafverfolgungsorgane die Tendenz bestand, derartige Fälle gar nicht erst zur Anklage zu bringen[245]. Über die Ursachen hierfür mag man trefflich streiten und die Erörterung dieses Streits wird nur wenig dazu beitragen können, eine befriedigende Lösung für die dogmatische Begründung der Straffreiheit bestimmter neutraler, berufsspezifischer Handlungen in diesem Zusammenhang zu finden. Gleichwohl bringt das zuvor geschilderte Phänomen der Untätigkeit von Strafverfolgungsorganen in der Vergangenheit die dringende Notwendigkeit zum Vorschein, eine solche Lösung zu finden, um diese Untätigkeit erklären zu können. Hierbei kann man sich die Erkenntnisse, die die Lehre von der Sozialadäquanz in dem oben dargestellten Umfang liefert, zumindest nutzbar machen. Deshalb sei zur Frage nach den Ursachen dafür, warum Strafverfolgungsorgane in der Vergangenheit bei solchen Fällen untätig geblieben sind, folgendes kurz angemerkt:

Als banale Ursache kommt zunächst in Betracht (dabei sei jedoch immer unterstellt, dass es tatsächlich zu keiner Gläubigerbeeinträchtigung gekommen ist!), dass es sich bei den betroffenen Rechtsanwälten im Vergleich zu den Staatsanwälten der zuständigen Strafverfolgungsbehörden gewissermaßen um „Artgenossen" handelt, die dieselbe juristische Ausbildung durchlaufen haben und (jedenfalls potentiell) dieselben beruflichen Tätigkeiten auszuüben fähig sind. Die Erfahrung lehrt, dass die menschliche Tendenz besteht, in solchen Fällen mit für

---

[244] siehe oben Einleitung

[245] Im Hinblick auf § 258 StGB und das Spannungsfeld zwischen Strafverteidigung und Strafvereitelung merkt *Wolf*, Das System des Rechts der Strafverteidigung, S. 260, in ähnlicher Weise an: „In der Praxis hätte diese Gratwanderung schon längst zum Eklat geführt, wenn die Staatsanwaltschaften tatsächlich in der Weise tätig würden, in der sie nach Rechtsprechung und Schrifttum tätig werden müssten."

die beruflichen Perspektiven derart einschneidenden Maßnahmen (wie Ermittlungsverfahren und gegebenenfalls Hauptverhandlung) zurückhaltender zu sein, als wenn keine Verbindungen und Gemeinsamkeiten dieser Art bestehen. Diese Ursache für das oben beschriebene Phänomen kann jedoch in keiner Weise belegt und ein entsprechendes Verhalten sollte deshalb auch niemandem unterstellt werden.

Die Ursache könnte weiterhin in den begrenzten Mitteln und Kräften der Strafverfolgungsbehörden liegen. Letztere sehen, sofern nicht ausdrücklich eine Strafanzeige erfolgt, oftmals von Ermittlungshandlungen ab, obwohl sie Straftaten und Straftäter erreichen könnten. Der Grund hierfür ist, dass sie mit den ihnen zur Verfügung stehenden Mitteln und Kräften nicht in der Lage sind, eine Verfolgung aller vorkommenden und an sich aufklärbaren Delikte durchzuführen, sondern sich vielmehr trotz des Legalitätsprinzips auf eine Auswahl der zu verfolgenden Delikte beschränken müssen[246]. Da eine solche Auswahl nach dem Verhältnismäßigkeitsgrundsatz erfolgt, ist es naheliegend, dass Delikte wie die hier behandelten in Ermangelung eines eingetretenen Schadens „auf der Strecke bleiben". Dies begründet zwar noch nicht, dass die Strafwürdigkeit derartiger Handlungen von vornherein zur Gänze zu verneinen wäre; es zeigt jedoch zumindest, dass in ihnen kein schwerwiegendes Unrecht zu finden ist. Sonst würde es das Verhältnismäßigkeitsprinzip gebieten, dass sich die Strafverfolgungsorgane dieser Delikte zulasten anderer annehmen.

Noch näher liegt m.E. jedoch die Annahme, dass in Fällen wie den hier behandelten zumindest in der Vergangenheit die Passivität der Strafverfolgungsbehörden weder beanstandet, noch bedauert, sondern vielmehr für angebracht und sinnvoll gehalten wurde, und zwar weil das zugrundeliegende Verhalten trotz möglicher Unterstellung unter den Tatbestand eines Strafgesetzes von der Allgemeinheit als offensichtlich wertvoll angesehen wird[247]. Wegen dieser allgemein anerkannten Wertigkeit sind solche Handlungen gesellschaftsentsprechend, eben sozialadäquat, und sie werden aus dem strafprozessualen Bereich (der es mit unwertigen Verhaltensweisen zu tun hat) herausgenommen. Es liegt deshalb die Vermutung nahe, dass Aspekte der Sozialadäquanz über den Umweg des Strafprozessrechtes eben doch Eingang in die Praxis gefunden haben. Dass dies gerichtlich bisher nicht entschieden wurde, liegt daran, dass es in solchen Fällen gar nicht erst zu Anklageerhebung kam.

---

[246] vgl. *Peters*, Welzel-FS, S. 415, 424 f.
[247] vgl. *Peters*, Welzel-FS, S. 415, 424 f.

2. Kapitel : Professionelle Adäquanz

Als Weiterentwicklung der oben[248] eingehend behandelten Lehre von der sozialen Adäquanz ist von *Hassemer*[249] die Bedeutung sogenannter *professioneller Adäquanz* für das Strafrecht näher untersucht worden.

I. Ausgangspunkt und Grundlagen der Lehre

Hassemer knüpft im Rahmen seines Konzepts an die Unzulänglichkeiten bzw. die gegen die Lehre von der sozialen Adäquanz vorgebrachte Kritik an und unternimmt den Versuch, sie begrifflich sauberer zu fassen und systematisch genauer abzugrenzen. Ausgangspunkt ist dabei der Begriff des „Sozialen". Dieser Terminus ist nach *Hassemer* viel zu weit, als dass eine Vorstellung von sozialer Adäquanz mehr als nur Ungeordnetes und Oberflächliches enthalten könnte[250]. Mehr noch: „Den" Bereich des Sozialen gibt es normativ gar nicht. Vielmehr gibt es – so *Hassemer* – soziale Normen und Normbereiche immer nur in ihrem Bezug auf konkrete Situationen, Handlungsfelder und (Bevölkerungs-) Gruppen. In den Sozialwissenschaften spricht man dabei im Gegensatz zu den ubiquitär geltenden juristischen Normen von segmentären oder Bezugsgruppennormen, die situations- und gruppenspezifisch sind und gelten. Konkret bedeutet dies: Während strafrechtliche (also juristische) Normen schon aus staatstheoretischen Gründen nur für jedermann in gleicher Weise gelten können, sind die sozialen Normen je nach Altersgruppe, Bildungsstand, Beruf, Bevölkerungsschicht, Nationalität, Religion etc. jeweils unterschiedlich: für Kinder und Erwachsene, Gymnasiasten und Auszubildende, Bankleute und Professoren, in der Straßenbahn, im Operations- oder im Konzertsaal, und so weiter.

Die Konsequenz, die *Hassemer* aus dem zuvor beschriebenen Phänomen zieht, ist, dass bei einer jeglichen normativ bestimmten Lehre von Adäquanz die Bereiche adäquaten Handelns nach bestimmten Kriterien differenziert werden müssen, um sie erst danach wieder in das ubiquitäre juristische Konzept der Unrechtsbestimmung einzuarbeiten[251]. Die strafrechtliche Beihilfedogmatik sei also

[248] Teil 2, 1. Kapitel
[249] Vgl. *Hassemer*, wistra 1995, S. 41 ff., 81 ff.
[250] Vgl. hierzu und im folgenden *Hassemer*, wistra 1995, S. 81
[251] Vgl. *Hassemer*, wistra 1995, S. 81

auf die unterschiedlichen Bereiche sozialer Normen zu beziehen, so dass aus der „sozialen“ eine „regionale“ oder „professionelle“ Adäquanz werden muss[252]. Letztlich geht es beim Ansatz *Hassemers* also nicht mehr um soziale Adäquanz neutralen oder berufstypischen Handelns im allgemeinen, sondern spezifisch um professionelle Adäquanz neutralen Handelns in bestimmten Berufen oder Berufszweigen[253].

II. Kriterien

Hassemer beschreibt in systematischer Weise diejenigen Konstellationen, die von einem Unrechtsausschlussgrund aufgrund „regionaler Adäquanz“ erfasst werden und stellt hierfür die folgenden Kriterien auf[254]:

- Die zu beurteilenden Sachverhalte werden „eigentlich“ von einem strafgesetzlichen Verbot erfasst (wie etwa die Strafbarkeit der Beihilfe zur Steuerhinterziehung durch Bankmitarbeiter oder, auf die hier zu untersuchenden Fallkonstellationen übertragen, die mögliche Strafbarkeit der Beihilfe von Rechtsanwälten zur Insolvenzverschleppung).

- Die Sachverhalte haben ihren Platz in einem Handlungsfeld, das sozial vorstrukturiert ist, wie zum Beispiel eine gesellschaftliche Organisation oder ein professioneller Bereich.

- Diese Vorstrukturierung ist nicht bloß faktischer Natur, sie hat vielmehr auch normative Komponenten, wie beispielsweise *leges artis*, Anforderungen an einen ordentlichen Kaufmann oder professionelle Handlungsregeln mit Sanktionsbewehrung.

- Die zuvor genannten normativen Komponenten oder Handlungsregeln sind typischerweise nicht rechtlicher, jedenfalls aber nicht strafrechtlicher Herkunft.

---

[252] Vgl. *Hassemer*, wistra 1995, S. 81

[253] In dem von *Hassemer*, a.a.O., herangezogenen Beispielsfall ging es um neu-trales Handeln im Bereich von Banken.

[254] Vgl. *Hassemer*, wistra 1995, S.82, wobei die Kriterien beispielhaft auf die regionale Adäquanz banktypischen Verhaltens ausgerichtet werden.

- Sie haben nicht denselben Handlungsbefehl wie das strafgesetzliche Verbot, zwischen beiden „Normen“ besteht insofern also ein *Handlungswiderspruch.*

- Es stellt sich deshalb die Frage, ob die Handlungsregeln mit den strafgesetzlichen Verboten in Konkurrenz treten können und wie diese Konkurrenz aufzulösen ist.

III. Exemplarische Anwendung der Kriterien auf den Bereich professioneller Banktätigkeit

Die vorgenannten Kriterien wendet *Hassemer* exemplarisch auf den Fall der Beihilfe zur Steuerhinterziehung im Bereich professioneller Banktätigkeit an[255], und zwar auf den Fall des von Bankangestellten vorgenommenen bzw. auf Anweisung ihrer Kunden ausgeführten Transfers von Kundengeldern ins Ausland und einer damit verbundenen (möglichen) Strafbarkeit der Bankmitarbeiter wegen Beihilfe zur Steuerhinterziehung. Die Übertragung der Kriterien auf diesen Beispielsfall soll hier zunächst nachvollzogen werden, um hieraus Erkenntnisse auch für die vorliegende Arbeit gewinnen zu können.

Sowohl das soziale bzw. professionelle Handlungsfeld des banktypischen Verhaltens (beim Transfer von Kundengeldern ins Ausland) als auch der Bereich der Strafdrohung wegen Beihilfe zur Steuerhinterziehung sind – wie oben vorausgesetzt – normativ strukturiert. Aufgabe einer Lehre zur professionellen Adäquanz muss es daher sein, beide Regelungsbereiche gegeneinander zum Ausgleich zu bringen.

Der Bereich professioneller Banktätigkeit ist, so *Hassemer*, nicht nur faktisch organisiert, sondern auch regelgeleitet, gleichgültig ob diese Regeln geschrieben, formell in Kraft gesetzt oder tradiert sind oder ob sie nur informell gelten. Entscheidend ist, dass sie tatsächlich als normative Phänomene befolgt werden. Dem ist zunächst zu folgen, denn in jedem Kreditinstitut mittleren Ausmaßes gibt es für bestimmte, standardmäßige Vorgänge ein normiertes, entweder in internen Leitlinien festgeschriebenes oder aber zumindest durch fortgesetzte Übung hergebrachtes Procedere. Die dieses Procedere festsetzenden Normen haben dabei – wie in jedem anderen Bereich regionaler oder professioneller A-

---

[255] Vgl. hierzu und im folgenden *Hassemer*, wistra 1995, S. 82

däquanz auch – das zum Inhalt, was in dem entsprechenden Bereich unter den dort Beteiligten als üblich, normal, angemessen, alltäglich, anständig, professionell oder auch nur als unvermeidbar, eben als „neutral" gilt. Derartige Regeln sind deshalb – so *Hassemer* – in diesem Bereich verhaltensleitend. Damit können sie aber noch nicht unmittelbar Geltung auch für andere Felder beanspruchen. Denn zum einen ist, wie oben[256] bereits angedeutet wurde, von einer Segmentarietät oder Bereichsrelativität sozialer Normen auszugehen, die es eben mit sich bringt, dass unterschiedliche Bereiche sozialen Handelns von unterschiedlichen sozialen Regeln beherrscht werden. Aus diesem Grund muss nach dem Konzept *Hassemers* bei jeder Konkurrenz von sozialen Normen unterschiedlicher Handlungsfelder die Frage nach der Geltung neu gestellt werden, sobald man über einen bestimmten Handlungsbereich hinausfragt. Dies führt zu einem zweiten Grund, weshalb die in einem bestimmten professionellen Bereich verhaltensleitenden Regeln nicht unbesehen auf andere Bereiche übertragen werden können. Denn sobald von jenem professionell-regelgeleiteten Bereich in den Bereich strafrechtlicher Normen „hineingefragt" wird, stößt man auf das Problem, dass Strafrechtsnormen eben nicht bereichsrelativ sind, sondern ubiquitär gelten. Es ist deshalb an dieser Stelle zu fragen, aus welchem Rechtsgrund ein Handeln, das in einem bestimmten Bereich als neutral gilt, auch strafrechtlich als adäquat qualifiziert werden kann, und wann andererseits die Grenze zur kriminellen Verletzung überschritten ist. An diesem Punkt stellt sich nach dem Konzept der professionellen Adäquanz sozusagen die Frage, ob die Normen des professionellen Handlungsbereichs strafrechtlich akzeptabel sind. Andererseits muss jedoch verhindert werden, dass über das Institut der sozialen Akzeptanz allgemein verbreitete Missbräuche strafrechtlich „reingewaschen" werden – eine Problematik, die auch schon im Rahmen der Lehre von der Sozialadäquanz aufgetreten ist[257].

IV. Strafvereitelung und *leges professionis*

Hassemer zieht zur weiteren Entwicklung seiner Lehre von der professionellen Adäquanz, mit deren Hilfe in einem normativ strukturierten professionellen Handlungsbereich begründete Einschränkungen strafrechtlichen Unrechts „gerechtfertigt" werden sollen, zwei Vorbilder aus der strafrechtlichen Doktrin heran: den Bereich des Spannungsfeldes zwischen Strafverteidigung und Strafverei-

---

[256] Ziff. I

[257] vgl. oben 1. Kapitel, I 3.

telung einerseits, sowie bestimmte *leges professionis* andererseits. Hieran anknüpfend überträgt er die gewonnenen Grundsätze professioneller Adäquanz auf den von ihm besonders betrachteten und oben bei der Anwendung der von ihm aufgestellten Kriterien bereits beschriebenen Bereich banktypischen Verhaltens.

1. Das Spannungsfeld zwischen Strafverteidigung und Strafvereitelung

Beispielhaft für die oben beschriebene Konkurrenz zwischen professionellen Handlungsregeln einerseits und strafrechtlichen Verboten andererseits ist – so *Hassemer* - zunächst der Bereich der Strafverteidigung[258]. Die Grenzen zulässigen Verteidigerhandelns sind dabei durch eine Auflösung des Konflikts zwischen formellem Strafrecht (§§ 137ff. StPO) und materiellem Strafrecht (§§ 258 StGB) zu ermitteln. Denn einerseits ist es nach *Hassemer* nicht zu bestreiten, dass ein Strafverteidiger zumindest in einzelnen Fällen jedenfalls objektiv „vereitelt", also den Tatbestand des § 258 StGB erfüllt. Andererseits wird jedoch nirgendwo in Abrede gestellt, dass er dies grundsätzlich darf; umstritten sind nur die Grenzen dieses Dürfens[259]. Die Gründe, die dazu führen, dass das Strafrecht derart weitreichende Befugnisse akzeptiert, sind prozeduraler Natur und stammen aus dem Strafverfahrensrecht und dessen verfassungsrechtlichen Fundamenten sowie aus der Institution der Profession der Strafverteidigung; *Hassemer* fasst sie wie folgt zusammen[260]:

> *„Ein rechtsstaatliches Strafverfahren bedarf nach unserer Rechtsordnung eines professionellen Beistands des Beschuldigten (§§ 137ff. StPO). Dieser Beistand muss über eigene und weitreichende Rechte verfügen, schon um effektiv handeln zu können. Die Rechtsordnung richtet den Beistand deshalb professionell ein und sorgt für Regeln der Ausbildung, Prüfung, Überwachung. Die Profession ist rechtsstaatlich erwünscht und in ihrem Bestand garantiert. Soweit der Einzelne Berufsträger innerhalb des professionellen Rahmens handelt, ist sein Handeln neutral, strafrechtsfrei, auch wenn es ‚eigentlich' einen Straftatbestand verwirklicht oder ein strafrechtlich geschütztes Rechtsgut verletzt. Entschiede man*

---

[258] vgl. hierzu und im folgenden *Hassemer*, wistra 1995, S. 82 ff.
[259] vgl. *Hassemer*, wistra 1995, S. 82, der auch zu einzelnen Befugnissen des Strafverteidigers Stellung nimmt und weitere Nachweise hierzu nennt.
[260] Vgl. *Hassemer*, wistra 1995, S. 82

anders, so würde man widersprüchlich handeln: Man gefährdete die Profession oder – was auf dasselbe hinausläuft – deren folgenreiche Praxis, Institutionen also, die man eigentlich garantieren wollte."

2. *Leges professionis*

Ähnlich wie im Fall des Strafverteidigers existieren, so *Hassemer*[261], auch für andere Berufe oder Berufszweige bestimmte Regeln, *leges professionis*, die auf diese Weise normativ vorstrukturierte professionelle Handlungsfelder bilden. Besonders differenziert und mit fassbaren Wirkungen für die strafrechtliche Unrechtsbestimmung haben sich solche Regeln in den ärztlichen Berufen herausgebildet und dort die Anforderungen an das berufliche Handeln strukturiert sowie normative Konsequenzen bis hin zur strafrechtlichen Beurteilung nach sich gezogen[262]. Ähnliches gilt für die rechtmäßige Amts- oder Dienstausübung oder etwa die Institution des Streiks innerhalb der Grenzen des Arbeitsrechts. In allen Fällen ist – so *Hassemer* – ein Bereich sozialen bzw. professionellen Handelns bereits normativ vorstrukturiert und damit rechtlich eingerichtet oder doch zumindest rechtlich anerkannt. Aus dieser Vorstrukturierung ergeben sich sodann jeweils präzisierende und einschränkende Konsequenzen für die Bestimmung des strafrechtlichen Unrechts. Das strafrechtliche Unrecht muss also gegenüber der professionellen Adäquanz (sprich gegenüber der zuvor genannten normativen Vorstrukturierung) abgegrenzt werden: Was professionell adäquat ist, kann nach der Konzeption *Hassemers* nicht zugleich strafrechtlich verboten sein (und umgekehrt)[263]. Diese Abgrenzung hat zweckmäßigerweise bei der sozialen bzw. professionellen Normierung zu beginnen und zur strafrechtlichen Normierung fortzuschreiten. Mit anderen Worten: Die außerstrafrechtlichen Regeln sind zunächst zu bestimmen; sie ziehen sodann eine Einschränkung des strafrechtlichen Unrechts nach sich.

---

[261] vgl. *Hassemer*, wistra 1995, S. 83

[262] vgl. *Hassemer*, wistra 1995, S. 82, der auch Beispiele für bestimmte *leges professionis* im Bereich ärztlichen Handelns nennt.

[263] vgl. *Hassemer*, wistra 1995, S. 83

3. Adäquanz banktypischen Handelns

Die oben unter Ziffer 1 und 2 gewonnenen Grundsätze wendet *Hassemer* schließlich auf den Bereich banktypischen Handelns an[264], und zwar wiederum in zwei Schritten: zunächst ist zu untersuchen, ob und in welcher Weise dieser Bereich professionellen Handelns (Bank) normativ vorstrukturiert ist (vgl. lit. a). Danach erfolgt die eigentlich Abgrenzung gegenüber dem strafrechtlichen Unrecht, d.h. es ist nach der Vereinbarkeit dieser normativen Vorstrukturierung mit den strafrechtlichen Normen zu fragen (vgl. lit. b).

a) Normative Vorstrukturierung des Bereichs professioneller Banktätigkeit

Hassemer gelangt zu dem Ergebnis[265], dass der Bereich banktypischen Handelns selbstverständlich (wie oben bereits angedeutet) normativ vorstrukturiert und durch eine Fülle von differenzierten Regeln gekennzeichnet ist, wobei diese Regeln sowohl einen eher technischen als auch einen rein normativen Charakter aufweisen können und im Bereich professioneller Banktätigkeit beanspruchen, das jeweils „Richtige" anzuordnen. Insbesondere regulierten sie auch die Pflichten von Bankmitarbeitern im Zusammenhang mit dem Prinzip der Kontenwahrheit (§ 154 AO)[266]. Aufgrund der Tatsache, dass diese Regeln in ihrer Gesamtheit mehr Informationen als steuer- und strafrechtliche Normen enthalten, stellt *Hassemer* die Frage, in welchem Verhältnis sie zu letzteren stehen[267], wie also ein möglicher Konflikt zwischen außerstrafrechtlichen (professionell adäquaten) und strafrechtlichen Normen aufzulösen ist. Dies ist die Frage nach der strafrechtlichen Akzeptabilität sozialer bzw. berufsspezifischer Normen.

b) Auflösung des Konflikts zwischen den Normkomplexen

Hassemer stellt bei der Beantwortung der unter lit. a aufgeworfenen Frage zunächst fest, dass es außerstrafrechtliche Normierungen unterschiedlicher Dignität gibt. Beispielsweise zeigen kriminelle Vereinigungen oder die in einem Gefängnis vorhandene „Subkultur", dass auch solche Bereiche durchaus normativ

---

[264] vgl. *Hassemer*, wistra 1995, S. 84
[265] vgl. *Hassemer*, wistra 1995, S. 84f.
[266] vgl. *Hassemer*, wistra 1995, S. 85
[267] vgl. *Hassemer*, wistra 1995, S. 85

strukturiert sind und dass soziale Normen eben nicht zwangsläufig „gute“ oder „richtige“ oder mit dem Strafrecht übereinstimmende Normen sein müssen. Vielmehr widersprechen soziale und strafrechtliche Normen einander in solchen Fällen bisweilen radikal[268]. In anderen sozial vorstrukturierten Bereichen – etwa beim ärztlichen oder beim banktypischen Handeln – ist dies, wie *Hassemer* zutreffend ausführt, ganz anders: diese Bereiche professionellen Handelns sind staatlich und gesellschaftlich erwünscht und entsprechend eingerichtet; darüber hinaus sind sie transparent und für jedermann einsehbar[269]. Insbesondere die Kreditwirtschaft ist keine Subkultur, die die ubiquitären Normen des Strafrechts in ihrem Bereich zu neutralisieren versucht, sondern eine Institution in Staat und Gesellschaft, die ihre professionellen Regeln ausbildet, offen legt und sie permanent mit den staatlichen Regeln abstimmt[270]. Hieraus zieht *Hassemer* die Konsequenz, dass für solche staatlich und gesellschaftlich gewünschten Bereiche eine Umkehr der Argumentationslast gegenüber Bereichen von Subkultur und Neutralisation zu fordern ist: Wer mit seinem Beruf eine staatliche und gesellschaftliche Aufgabe erfüllt und seine Berufsregeln permanent offen legt und den gesetzlichen Vorgaben anpasst, dem darf – wenn nicht besondere Gründe im Einzelfall eine andere Beurteilung nahe legten – unterstellt werden, dass seine professionellen Regeln denen des Strafrechts inhaltlich nicht widersprechen[271]. Handelt ein Berufsträger entsprechend solchen Berufsregeln, entfällt seine Strafbarkeit nach dem Modell *Hassemers* nicht erst auf der Ebene des Verbotsirrtums, sondern bereits auf der Unrechtsebene, denn es geht nicht um Fehlinformation oder Verbotsunkenntnis der handelnden Person, sondern um die Abstimmung von verschiedenen Normbereichen, also um objektive, dem Wissen, Wollen und Werten des Handelnden vorausliegende Phänomene[272].

Professionelle Adäquanz im Sinne von *Hassemer* beschreibt also normales, neutrales, sozial akzeptiertes und regelgeleitetes berufliches Handeln, das sich vor strafrechtlicher Analyse und Beurteilung nicht zu verstecken braucht, weil es Strafrechtsnormen nicht neutralisiert, sondern ergänzt, konturiert, konkretisiert und auf bestimmte soziale Handlungsfelder bezieht, ohne dabei strafrechtlichen Verboten zu widersprechen; tritt es zu strafrechtlichen Regelungen in Konkurrenz, so nicht im Wege des Bestreitens, sondern im Wege sinngemäßen Ver-

---

[268] vgl. *Hassemer*, wistra 1995, S. 85
[269] vgl. *Hassemer*, wistra 1995, S. 85
[270] vgl. *Hassemer*, wistra 1995, S. 85
[271] vgl. *Hassemer*, wistra 1995, S. 85
[272] vgl. *Hassemer*, wistra 1995, S. 85

längerns in konkrete Handlungssituationen[273]. *Hassemer* gesteht jedoch ein, dass auch professionell regelgeleitetes Handeln immer unter dem Vorbehalt eines (echten) Widerspruchs zu strafrechtlichen Normen steht, denn nur so kann dem Rechtsstaatsprinzip genügt werden. Allerdings – und dies ist unter der von *Hassemer* postulierten „Umkehr der Argumentationslast“ zu verstehen – muss das Strafrecht der regionalen und damit der professionellen Adäquanz die allgemeine Vermutung der Richtigkeit belassen und sich darauf beschränken, im Einzelfall Indizien der Strafrechtswidrigkeit zu prüfen, die ausnahmsweise eine Übereinstimmung professioneller und strafrechtlicher Normen widerlegen und dazu führen, dass die professionelle Praxis nicht (mehr) den Segen des Strafrechts hat[274].

Solche Indizien für eine in Wirklichkeit gegebene Strafrechtswidrigkeit, welche besteht, *obwohl* im Einklang mit Berufsregeln gehandelt wurde, die in einem von Staat und Gesellschaft gewünschten Bereich existieren (in dem ja die oben beschriebene Umkehr der Argumentationslast besteht), sind nach *Hassemer* mit Hilfe der Methoden und Erfahrungen zu ermitteln, die auch sonst bei der Anwendung und Auslegung von Strafgesetzen zu beachten sind. Als Methoden kommen dabei zum einen die hergebrachten Regeln zur Anwendung, wie sie beim juristisch-professionellen Umgang mit den Strafgesetzen generell gelten, zum anderen aber auch solche Regeln, die sich aus der Analyse und Beurteilung des jeweiligen Handlungsfeldes ergeben, in dem die zu beurteilende Handlung stattgefunden hat[275].

Auslegungstheoretische Indizien (also Indizien, die mit Hilfe der hergebrachten Methoden der Strafgesetzesauslegung gewonnen werden können), welche dafür sprechen, dass der Bereich der Übereinstimmung zwischen professionellen und strafrechtlichen Regulierungen überschritten worden ist, ergeben sich danach insbesondere in folgenden Fällen[276]:

- Einzelheiten der professionellen Tätigkeit lassen sich mit dem Wortlaut eines Strafgesetzes nicht vereinbaren (grammatikalische Methode des Gesetzesverständnisses).

---

[273] vgl. *Hassemer*, wistra 1995, S. 85, der an dieser Stelle die eigentliche Definition von „professioneller Adäquanz“ gibt.
[274] vgl. *Hassemer*, wistra 1995, S. 86
[275] vgl. hierzu und im folgenden *Hassemer*, wistra 1995, S. 86f.
[276] vgl. *Hassemer*, wistra 1995, S. 86

- Der erkennbare Wille des Gesetzgebers widerspricht der geübten Praxis (subjektiv-historische Methode).

- Eine bestimmte Praxis steht quer zu Sinn und Zweck des Strafgesetzes (objektiv-teleologische Methode);

- Die professionelle Übung lässt sich mit richterrechtlicher und weiterhin für richtig gehaltener Auslegungstradition nicht in Einklang bringen (Bindung durch Richterrecht und informelle Programme);

- Die Praxis steht zwar in Einklang mit dem strafrechtlichen Normprogramm qua Gesetz und Auslegung, produziert aber Folgen, die verfassungsrechtliche oder strafrechtliche Grundsätze verletzen (Folgenberücksichtigung).

Wie oben bereits angedeutet, können sich nach Auffassung *Hassemers* darüber hinaus auch aus dem praktischen Handlungsfeld, in dem die zu beurteilende Handlung stattgefunden hat, Indizien dafür ergeben, dass diese Handlung – obwohl in einem staatlich und gesellschaftlich erwünschten Bereich stattfindend und den dort geltenden Berufsregeln folgend – ausnahmsweise strafrechtswidrig ist. Solche Indizien bilden insbesondere Umstellungen bzw. Änderungen der geltenden formellen oder informellen Regeln verbunden mit einem bestimmten Erklärungswert; einen solchen Erklärungswert hat die Umstellung dann, wenn sie nicht Modernisierung oder Kostenvermeidung, sondern Täuschung, Bereicherung, Verschleierung oder Rechtsgutsverletzung bewirkt, kurz: objektive Regeländerung, um (subjektiv) strafrechtswidrige Ziele zu erreichen[277]. Auf der anderen Seite bedeutet dies, dass Indizien für eine eventuelle Strafbarkeit aus dem praktischen Handlungsfeld nicht gegeben sind, solange in diesem Handlungsfeld die überkommenen und bewährten Handlungsmuster unverändert fortwirken oder aber sie nach Gesetzen fortentwickelt werden, wie sie den professionellen Bereich charakterisieren: Effizienz, Kundennähe, Modernisierung, Anpassung an internationale Entwicklungen etc.

Dies alles sind jedoch lediglich *Indizien* für eine ausnahmsweise gegebene Strafrechtswidrigkeit berufstypischen Verhaltens, die im Einzelfall nicht von einer abwägenden Entscheidung entbinden, sondern bei dieser nur behilflich sein

---

[277] vgl. *Hassemer*, wistra 1995, S. 86 f., der an dieser Stelle auch Beispiele für solche Regeländerungen gibt.

können. Zu Recht weist *Otto*[278] im Rahmen seiner Kritik an der Lehre *Hassemer*s von der professionellen Adäquanz deshalb darauf hin, dass es problematisch bleibe, welche Verhaltensweisen unter die von *Hassemer* gegebene Definition fallen und welche nicht[279], insbesondere, ob auch Verhaltensweisen gemeint sein können, deren rechtsgutsgefährdender Charakter dem Handelnden bekannt ist. Die Indizien, die *Hassemer* nenne[280], sprächen eher dagegen[281]. Auch führten sie (die Indizien) in Fällen nicht weiter, die zwar vom Wortlaut eines Tatbestandes erfüllt würden, bei denen aber fraglich ist, ob sie seinen Schutzzweck überhaupt tangieren[282].

V. Anwendung der Lehre von der professionellen Adäquanz

Was aber bringen die soeben gewonnenen Ergebnisse für die im Rahmen der vorliegenden Arbeit näher zu untersuchenden Fälle der Beihilfestrafbarkeit von Rechtsanwälten bei der Beratung und Vertretung ihrer zahlungsunfähigen oder überschuldeten Mandanten im Rahmen „privater Insolvenzverfahren"? Um dies herauszufinden, soll versucht werden, das von *Hassemer* erarbeitete Modell auf den hier interessierenden Bereich zu übertragen und anzuwenden.

Dabei ist zunächst festzuhalten, dass auch im vorliegenden Fall ein bestimmter, sozial abgegrenzter und vorstrukturierter Bereich betroffen ist, nämlich der professionelle Bereich des Berufsstandes der Rechtsanwälte. Für diesen Bereich gilt es, einen – wie *Hassemer* es nennt – „Unrechtsausschließungsgrund aufgrund regionaler Adäquanz" zu erarbeiten.

Der Berufsstand der Rechtsanwälte ist nicht nur sozial und faktisch, sondern er ist darüber hinaus auch normativ strukturiert und geprägt. Als prägende Normen sind dabei zum einen die die Berufsausübung näher regelnden Vorschriften der Bundesgebührenordnung für Rechtsanwälte (BRAGO), der Bundesrechtsanwaltsordnung (BRAO) sowie der durch die Satzungsversammlung bei der Bundesrechtsanwaltskammer erlassenen Berufsordnung für Rechtsanwälte (BORA) zu nennen. Zum anderen kommen aber auch informelle Regeln, etwa durch all-

---

[278] vgl. *Otto*, Lenckner-FS, S. 203
[279] Dies ist jedoch das bereits beschriebene Dilemma einer jeden generalisierenden Theorie, vgl. oben FN 194
[280] vgl. o. Ziff. II
[281] vgl. *Otto*, Lenckner-FS, S. 203
[282] vgl. *Otto*, Lenckner-FS, S. 203

seits praktizierte Übung geschaffene Bräuche der Rechtsanwälte in Betracht. Auf der anderen Seite steht das strafrechtliche Verbot der §§ 84, 64 GmbHG bzw., was den Rechtsanwalt anbelangt, das Verbot der Beihilfe zu diesem Delikt. Fraglich ist aber nun, ob zwischen beiden Normenkomplexen überhaupt ein Handlungswiderspruch besteht, mit anderen Worten , ob sich der Rechtsanwalt einerseits zwar in bestimmten Fällen der Beratung und Vertretung in „privaten Insolvenzverfahren" nach den §§ 84 Abs.1 Nr.2, 64 Abs.1 GmbHG, 27 StGB strafbar macht, andererseits ihm die entsprechende Tätigkeit in genau denselben Fällen aber von einer seinen professionellen Bereich regelnden formellen oder informellen Norm gerade gestattet wird. Nur in einem solchen Fall bestünde ein Wertungs- und zugleich ein Handlungswiderspruch, der mit Hilfe der von *Hassemer* entwickelten Lehre von der professionellen Adäquanz aufgelöst werden könnte. Und auch nur in diesem Fall könnte demzufolge die von *Hassemer* aufgestellte These: „Was professionell adäquat ist, kann strafrechtlich nicht verboten sein" von Relevanz sein. Ob unter den die Berufsausübung der Rechtsanwälte regelnden Normen eine solche zu finden ist, die im Widerspruch zum strafrechtlichen Verbot der §§ 84 Abs.1 Nr.2, 64 Abs.1 GmbHG, § 27 StGB steht und dem Rechtsanwalt sozusagen mehr gestattet, als ihm nach strafrechtlichen Bestimmungen verboten ist, soll an anderer Stelle eingehend untersucht werden. Nur wenn dies tatsächlich der Fall ist, besteht Anlass, auf die oben eingehend dargelegte Lehre von der professionellen Adäquanz zurückzugreifen. Eine weitere Auseinandersetzung mit dieser Lehre soll daher an dieser Stelle zurückgestellt werden.

3. Kapitel : Die Lehre vom Regressverbot

I. Die traditionelle Lehre vom Regressverbot

Die Lehre vom Regressverbot wurde ursprünglich von *Frank*[283] entwickelt und besagt ihrer Definition nach, dass alle vor einer Vorsatztat liegenden Bedingungen nicht als Ursachen (im Hinblick auf den eingetretenen Erfolg) angesehen werden dürfen[284]. Bedingungen eines tatbestandlichen Erfolges sind danach also nicht dessen Ursachen im strafrechtlichen Sinne, wenn sie lediglich Vorbedingungen einer Bedingung sind, die frei und bewusst auf Herbeiführung des Erfol-

---

[283] vgl. *Frank*, Das Strafgesetzbuch für das Deutsche Reich, 3. und 4. Aufl. (1903), S. 16; *ders.*, in: Das Strafgesetzbuch für das Deutsche Reich, 18. Aufl. (1931), S. 14 f.
[284] vgl. auch *Tröndle/Fischer*, 52. Aufl. (2004), vor § 13 Rz. 18b

ges gerichtet war; auf sie darf bei der strafrechtlichen Beurteilung einer Handlung nicht *zurückgegriffen* werden (daher *Regress*verbot).

Die Problematik lässt sich am besten anhand eines kurzen Falles schildern[285]: Ein Ehemann hatte seine Frau vorsätzlich vergiftet. Das Gift hierzu hatte er von seiner Geliebten erhalten. Im nachfolgenden Strafprozess war jener (der Geliebten) jedoch weder nachzuweisen, dass sie den Ehemann zur Tötung vorsätzlich angestiftet, noch dass sie ihm hierzu vorsätzlich Hilfe geleistet hatte. Da die Teilnahmevorschriften des StGB den Vorsatz des Teilnehmers verlangen, schied eine Bestrafung der Geliebten als Teilnehmerin der Haupttat des Ehemannes folglich aus. In Frage kam fahrlässige Tötung. Gegen eine Bestrafung wegen fahrlässiger Erfolgsverursachung in dem zuvor geschilderten Fall wendet die Lehre vom Regressverbot ein, dass allein ausschlaggebend die *vorsätzliche* Tötungshandlung des Ehemannes sei; auf das fahrlässige Handeln der Geliebten dürfe man nicht zurückgreifen, möge dies auch die Tat des Ehemannes erst ermöglicht haben.
Die traditionelle bzw. ursprüngliche Lehre vom Regressverbot ist in ihrem Anwendungsbereich daher streng auf eine bestimmte Fallgruppe beschränkt[286]: Ein vorsätzlich handelnder, schuldfähiger Täter führt einen strafrechtlich verbotenen Erfolg selbst herbei und benutzt bzw. nutzt dabei das fahrlässige Verhalten eines anderen aus.

Das fahrlässige Ermöglichen einer vorsätzlichen Tat ist bereits de lege lata als Teilnahme nicht strafbar. Die Lehre vom Regressverbot verneint nun auch eine fahrlässige Täterschaft, und zwar unter Verweis auf die Vorschrift des § 26 StGB (entspricht § 48 StGB a.F.)[287]. Aus ihrer Existenz ergebe sich, dass das Gesetz dem Grundsatz nach einen Rückgriff auf ein Fehlverhalten dann nicht für zulässig erachte, wenn das vorsätzliche Handeln eines Dritten da-zwischentrete. Anderenfalls wäre eine Bestimmung wie § 26 StGB überflüssig, die dies für den Fall der Anstiftung ausdrücklich anordnet. Denn der Anstifter setze regelmäßig

---

[285] vgl. dazu RGSt 64, 370
[286] vgl. *Naucke*, ZStW 76 (1964), S. 409, 410, der zutreffend darauf hinweist, dass unter dem Titel *Regressverbot* bisweilen auch andere Fallgruppen mitbehandelt werden: die fahrlässige Nebentäterschaft; das Ermöglichen vorsätzlicher Selbstschädigung; das Ermöglichen der Tat eines nicht zurechnungsfähigen Täters; das Ineinandergreifen von fahrlässigem und vorsätzlichem Handeln; das nicht verabredete vorsätzliche Zusammenwirken mehrerer Personen. Diese Fälle sollen vorliegend nicht als Fälle der Lehre vom Regressverbot behandelt werden, zum einen, um die Begriffsklarheit zu wahren, zum anderen aber auch, weil sie mit derjenigen Fallgruppe, mit der sich diese Arbeit beschäftigt, wenig bis gar nichts gemein haben.
[287] vgl. dazu *Schlüchter*, JuS 1976, S. 378, 379

eine Ursache für den eingetretenen Deliktserfolg, woraus zwingend auch seine (grundsätzliche) Strafbarkeit folgen würde. Wenn er aber schon nach allgemeinen Grundsätzen (mittels eines Regresses) strafbar wäre, bedürfte es an und für sich nicht einer ausdrücklichen Vorschrift wie in § 26 StGB, die dies anordne. Denn der Gesetzgeber wäre zu einer besonderen Strafandrohung gegen die Anstiftung nicht veranlasst gewesen, wenn er nicht grundsätzlich die Vorbedingungen der bewusst und frei gesetzten Bedingung als außerhalb der beachtlichen Verursachung liegend angesehen hätte[288]. Deshalb sei davon auszugehen, dass das Gesetz grundsätzlich von einem Regressverbot ausgehe, weil das freie, vorsätzliche und eigenverantwortliche Dazwischentreten eines Dritten einen Rückgriff auf sein Handeln verbiete. § 26 StGB sei folglich insofern ein Ausnahmetatbestand, als er trotz dieses Regressverbotes die Strafbarkeit des Teilnehmers (ausnahmsweise) anordne. § 26 StGB selbst gehe also davon aus, dass ein Rückgriff grundsätzlich unzulässig ist, ermöglicht aber trotz dieses Verbots eine Bestrafung, gewissermaßen „zumindest" als Anstifter, wenn schon eine Bestrafung als Vorsatztäter wegen des Rückgriffsverbotes ausscheidet.

II. Kritik an der (traditionellen) Lehre vom Regressverbot

Dem ist bei genauerer Betrachtung jedoch zu Recht[289] entgegenzuhalten, dass § 26 StGB einen Regress gegen den Anstifter gerade nicht verbietet, sondern ihn erlaubt, nur eben in im Vergleich zum Täter modifizierter Form. In § 26 StGB wird also lediglich die *Art des Rückgriffs* geregelt (Anstiftung statt Täterschaft), und zwar vor dem Hintergrund „kausale Gleichwertigkeit bedeutet nicht rechtliche Wertgleichheit"[290]. Von der Existenz des § 26 StGB kann also nicht auf ein dem Grundsatz nach bestehendes Regressverbot geschlossen werden, sondern die Vorschrift bringt zum Ausdruck, dass dem Tatbeitrag des Anstifters im Vergleich zu demjenigen des Täters ein anderer rechtlicher Wert zuzumessen ist.

Das Reichsgericht[291] gibt im Rahmen seiner Ablehnung der Lehre vom Regressverbot eine dogmatisch etwas andere Begründung, die allerdings zum gleichen Ergebnis führt: Ein allgemein geltendes Regressverbot sei dem Gesetz nicht zu entnehmen. Vielmehr könne ein solches lediglich im Rahmen der §§ 48, 49

---

[288] vgl. hierzu die Zusammenfassung dieses Argumentes der Vertreter der Lehre vom Regressverbot bei RGSt 64, 316, 319
[289] vgl. *Schlüchter*, JuS 1976, S. 378, 379
[290] vgl. hierzu auch *Schönke/Schröder-Cramer/Heine*, 26. Aufl. (2001), vor § 25 Rz. 8 ff.
[291] RGSt 64, 370, 373

StGB a.F. anerkannt werden, weil es sich dabei um Vorschriften handele, wonach trotz des an sich zweifellos bestehenden Ursachenzusammenhangs der Anstifter und der Gehilfe eben nicht als Täter (deshalb ausnahmsweise Regressverbot), sondern nur als Teilnehmer an einer fremden Handlung in Frage kommen können.

§ 26 StGB gibt folglich in jedem Falle kein Argument dagegen, das fahrlässige Verhalten des Ersttäters selbst dann als kausal für den deliktischen Erfolg anzusehen, wenn vorsätzliches Fehlverhalten eines Zweittäters hinzukommt. Zu Recht lehnt deshalb die h.M.[292] die Lehre vom Regressverbot (jedenfalls in ihrer ursprünglichen Ausprägung als kausalitätseinschränkendes Kriterium) ab, weil sie mit der Äquivalenztheorie nicht in Einklang zu bringen ist. Folgerichtig hat auch das Reichsgericht in der eingangs erwähnten Entscheidung[293] eine Strafbarkeit der das Gift beschaffenden Geliebten grundsätzlich bejaht, da die zu einem vorhergehenden (fahrlässigen) Verhalten tretende Handlung eines anderen, auch wenn letztere vorsätzlich geschehe, als eine bloß „mitwirkende Ursache" aufzufassen sei. Das Gericht hat mithin verneint, dass durch ihr Dazutreten der Ursachenzusammenhang zwischen dem früheren Verhalten und dem durch beide Geschehnisse herbeigeführten Erfolg unterbrochen wird. Das fahrlässige Verhalten sei auch bei einem derartigen Zusammentreffen mit einer nachfolgenden Vorsatztat „als eine Bedingung des schließlichen Erfolgs für diesen eine Ursache" anzusehen. An anderer Stelle[294] hat das Reichsgericht in einem ähnlich gelagerten Fall zudem betont, dass die strafrechtliche Erfassung der mehreren, in einer Ursachenreihe hintereinander eingeordneten, also voneinander abhängigen Bedingungen ihre Ausgleichung gegen zu große Härte in dem Erfordernis der Vorhersehbarkeit finde. Auch aus diesem Grunde bedürfe es (zumindest im Ergebnis) nicht der Lehre vom Regressverbot.

Es bleibt deshalb an dem Grundsatz festzuhalten, dass die Ursächlichkeit der von einem Ersttäter in Gang gesetzten ersten Kausalreihe für den in einer zweiten Kausalreihe eingetretenen Erfolg gegeben ist, wenn nur die zweite Kausalreihe wiederum kausal auf der ersten beruht.

---

[292] vgl. die Nachweise bei *Schönke/Schröder-Lenckner*, 26. Aufl. (2001), vor §§ 13 ff. Rz. 77; *Naucke*, ZStW 76 (1964), S. 409; ebenso *Wessels/Beulke*, AT, 34. Aufl. 2004, § 6 II 2, Rz. 166 und § 6 III 5, Rz. 192
[293] vgl. RGSt 64, 370, 372
[294] vgl. RGSt 64, 316, 318

III. Neuere Lehren vom Regressverbot

Mit der oben kurz gegebenen Begründung für die Ablehnung der Lehre vom Regressverbot durch die h.M. wegen ihrer Unvereinbarkeit mit der Äquivalenztheorie ist allerdings noch keine Aussage darüber getroffen, ob nicht der ihr zugrunde liegende Grundgedanke möglicherweise im Rahmen der objektiven Zurechnung von Bedeutung sein kann bzw. ob dort die Erfolgszurechnung nach den von der Lehre vom Regressverbot postulierten Grundsätzen evtl. ausgeschlossen ist[295]. Mit anderen Worten: Auch wenn die Kausalität der Vorbedingung im Sinne der eingangs beschriebenen Formel nicht entfällt, so bleibt offen, ob nicht gleichwohl der tatbestandliche Erfolg demjenigen, der diese Vorbedingung setzt, mit den Erwägungen der ursprünglichen Lehre vom Regressverbot nicht zugerechnet werden kann. Vor diesem Hintergrund wurden in der Literatur neuere Lehren entwickelt, die das Regressverbot nicht im Bereich der Kausalität, sondern in dem der objektiven Zurechnung ansiedeln. Beispielsweise spricht *Wehrle*[296] davon, dass aufgrund des Unwertgefälles zwischen Fahrlässigkeit und Vorsatz, welches bei vorsätzlichem Ersthandeln die Herabstufung von mittelbarer Täterschaft auf Teilnahme bewirkt, im Falle unvorsätzlichen Ersthandelns Straflosigkeit gegeben sei. Auch *Otto*[297] unternimmt den Versuch, das Regressverbot weiterzuentwickeln und führt dabei das Steuerbarkeitsprinzip ins Feld.

IV. Bedeutung der Lehre vom Regressverbot für die vorliegende Arbeit

Zu beachten ist für die vorliegenden Erörterungen über die Beihilfestrafbarkeit des Rechtsanwaltes im Rahmen der Beratung und Vertretung einer zahlungsunfähigen oder überschuldeten Gesellschaft (hier insbesondere wegen Beihilfe zur Insolvenzverschleppung) allerdings folgendes: Wie oben bereits ausgeführt wurde, ist die Lehre vom Regressverbot in ihrem Anwendungsbereich streng auf eine bestimmte Fallgruppe beschränkt, nämlich auf die des vorsätzlich handelnden, schuldfähigen Täters, der einen strafrechtlich verbotenen Erfolg selbst herbeiführt und dabei das *fahrlässige* Verhalten eines anderen aus- bzw. benutzt. Dies gilt unabhängig davon, ob mit ihrer Anwendung nun eine Einschränkung der Kausalität im engeren Sinne verbunden ist (so die traditionelle Lehre vom

---

[295] so auch *Schönke/Schröder-Lenckner*, 26. Aufl. (2001), vor §§ 13ff. Rz. 77; *Wessels/Beulke*, AT, 34. Aufl. 2004, § 6 III 5, Rz. 192
[296] vgl. *Wehrle*, Fahrlässige Beteiligung am Vorsatzdelikt – Regressverbot?, 1986, S. 81ff., 83
[297] Vgl. *Otto*, Maurach-FS, S. 91 ff.

Regressverbot) oder aber bloß die objektive Zurechnung des tatbestandlichen Erfolges zum Verhalten des Ersttäters entfällt (so die neueren Lehren vom Regressverbot). Das vorgenannte „fahrlässige Verhalten des anderen“ müsste dabei folglich – wollte man die Lehre vom Regressverbot auf die hier interessierenden Fälle anwenden – dem Rechtsanwalt zur Last zu legen sein. Dieses Verhalten hätte sodann der Haupttäter (regelmäßig Vorstand einer AG oder der Geschäftsführer einer GmbH) per definitionem auszunutzen bzw. zu benutzen, um den tatbestandsmäßigen Erfolg herbeizuführen. Die bloße Möglichkeit einer *Fahrlässigkeit*sstrafbarkeit des Rechtsanwaltes würde jedoch voraussetzen, dass sein fahrlässiges Verhalten im Hinblick auf den tatbestandlichen Erfolg überhaupt unter Strafe steht, der handelnde Rechtsanwalt als tauglicher Täter mithin in Betracht kommt. Der Tatbestand der Insolvenzverschleppung gemäß §§ 84 Abs.1 Nr.1, 64 Abs.1 GmbHG ist jedoch ein echtes Sonderdelikt[298]. Als solches setzt es einen Täter mit besonderen Merkmalen voraus, nämlich hier mit dem Merkmal der Geschäftsführereigenschaft[299]. Der Rechtsanwalt, der hingegen grundsätzlich nicht selbst Geschäftsführer der zahlungsunfähigen oder überschuldeten Gesellschaft ist, kann diesen Tatbestand als Täter also von vornherein nicht erfüllen. Die bloß fahrlässige Schaffung einer „Vorbedingung“, die eine nachfolgende Vorsatztat hervorbringt, ist unter dem oben genannten Aspekt der Strafbarkeit des Rechtsanwaltes folglich uninteressant, so dass die Lehre vom Regressverbot für die vorliegende Arbeit nicht nutzbar gemacht werden kann. Auf eine eingehendere Auseinandersetzung mit der Lehre vom Regressverbot, insbesondere auch den neueren hierzu im Rahmen der objektiven Zurechnung vertretenen Auffassungen kann daher an dieser Stelle verzichtet werden.

4. Kapitel : Der Ansatz von *Jakobs*

I. Grundlagen und Inhalt

An die oben im 3. Kapitel beschriebene „eigentliche“ Lehre vom Regressverbot knüpft *Jakobs*[300] mit einem eigenen dogmatischen Ansatz an, indem er – insofern darauf aufbauend und auf den Bereich der Teilnahmestrafbarkeit erweiternd – die These aufstellt, ein per se harmloses (also neutrales) Verhalten könne nicht dadurch die Bedeutung erlangen, Teil einer (kriminellen) Tatorganisation

---

[298] Vgl. *Scholz-Tiedemann*, GmbHG, 9. Aufl. (2002), § 84 Rz. 18 m.w.N.
[299] vgl. *Tröndle/Fischer*, 52. Aufl. 2004, vor § 13 Rz. 35
[300] vgl. *Jakobs*, GA 1996, S. 253

zu sein, weil ein anderer es in einen (nämlich den von ihm geschaffenen) deliktischen Zusammenhang einbaue. Knüpfe ein Täter willkürlich an ein stereotyp-sozialadäquates Verhalten eines anderen an und führe er es ins Deliktische fort, so reiche dies nicht aus, die Beihilfestrafbarkeit des anderen zu begründen, und zwar auch dann nicht, wenn der andere das will, erkennt oder bloß erkennen konnte[301]. Dabei fällt auf, dass die Lehre *Jakobs'* mit der Verwendung des Begriffes „stereotyp-sozialadäquates Verhalten" durchaus Gemeinsamkeiten mit den zuvor bereits erörterten Sozialadäquanztheorien aufweist. Die Definition, Teil einer Tatorganisation zu sein, die der Täter dem Verhalten des anderen zumesse, könne also letzterem weder aufgezwungen, noch könne sie von ihm, falls er es überhaupt will, für sich reklamiert werden[302]. Als Beispiel nennt *Jakobs* unter anderem den Fall der Terroristen, die den Prozess eines ihrer Gesinnungsgenossen zum Anlass nehmen, den Justizminister zu ermorden. Der Mord sei Sache der Terroristen, nicht der Richter, die den Prozess führen. Ähnlich sei es, wenn jemand die neuerdings im Nachbargarten wuchernden giftigen, aber ortsüblichen Pflanzen erntet und damit einen Menschen vergifte: Dies gehe den Nachbarn auch dann nichts an, wenn er bei der Anlage der Kultur (oder im Fall der Unterlassung, bei deren Duldung) die bösen Pläne des anderen kannte und vielleicht sogar billigte. Auch der Sinn jedweden Verteidigungsvorbringens im Strafprozess erschöpfe sich in der (gerechten) Beurteilung der angeklagten Tat. Nehmen Dritte das Vorbringen als Anregung für ihre eigene Tat, so gehe das den (Sich-) Verteidigenden nichts an. *Jakobs* wählt für diesen zuvor beschriebenen Ausschluss der Haftung ebenfalls die Bezeichnung „Regressverbot"; denn es gehe um das Verbot, zur Erledigung eines sozialen Konflikts auf das Verhalten einer Person zurückzugreifen, von der die Tatausführung zwar hätte verhindert werden können, der aber trotz diesem Umstand eine „Gemeinsamkeit" mit dem Ausführenden fehle. Dabei hat die von *Jakobs* gewählte Bezeichnung seines Ansatzes als Regressverbot mit der ursprünglich so bezeichneten Lehre und der von ihr für den Bereich der fahrlässigen Handlungen befürworteten Kausalitätsdurchbrechung nur wenig gemein. *Jakobs* selbst weist deshalb darauf hin[303], dass es bei der von ihm gewählten Bezeichnung „Regressverbot" gelte, sich von der historisch bedingten Assoziation zu lösen, beim Regressverbot gehe es um die Straffreiheit unvorsätzlicher Förderung von Vorsatztaten.

---

301 vgl. *Jakobs*, GA 1996, S. 253, 260
302 vgl. *Jakobs*, GA 1996, S. 253, 260
303 *Jakobs*, GA 1996, S. 253, 260 f.

Dasselbe, also ein Rückgriffsverbot gilt nach der Auffassung von *Jakobs*, wenn der Täter und die andere Person zwar bereichsweise gemeinsam organisieren (also der Täter das Verhalten eines anderen nicht lediglich in den von ihm geschaffenen deliktischen Zusammenhang einbaut), solange sich nur ihre Gemeinsamkeit nicht auf die deliktische Ausführung erstrecke, sondern sich der soziale Kontakt beispielsweise in der Leistung oder Gegenleistung eines Gegenstandes oder in einer Information erschöpft und die Realisierung der sonst subjektiv verfolgten Ziele eigene Sache eines jeden bleibt[304]. Bei einer solchen partiellen, das Deliktische jedoch ausklammernden Gemeinsamkeit liege der Hauptanwendungsbereich des Regressverbotes, wie *Jakobs* es versteht: In einer arbeitsteiligen Gesellschaft mit höchst komplexem Informations- und Warenaustausch müsse streng unterschieden werden, was der objektive Sinn eines sozialen Kontakts ist und was die Personen dabei subjektiv verfolgten. Allein der objektive Sinn sei der sozial gültige Sinn des Kontakts. Der subjektive Sinn gehe den jeweils anderen nichts an[305].

Aus diesem Grund beurteilt *Jakobs* das Verhalten einer Person als straflos, wenn es zur Zeit seines Vollzugs nicht davon abhänge, dass die tatbestandsverwirklichende Handlung des Ausführenden überhaupt nachfolgt, mit anderen Worten, wenn sein Verhalten auch ohne diese Handlung des Ausführenden sinnvoll ist[306]. Denn dann hat der Beteiligte eine Situation geschaffen, die andere Personen zwar zur Tatbestandsverwirklichung fortführen mögen, die aber von ihm selbst einen gerade nicht tatbestandsverwirklichenden Sinn bekommen hat und die von der Tatbestandsverwirklichung auch nicht rückwirkend eingefärbt werden könne[307]. In einem solchen Fall sei der Erfolg dem Handelnden objektiv nicht zurechenbar, weil der Handlung der tatbestandsverwirklichende Sinn fehle. Handelt also jemand zwar mit dem Täter zusammen, erschöpft sich der soziale Kontakt aber in der Leistung eines Gegenstandes und bleibt die Realisierung der ansonsten subjektiv verfolgten Ziele jeweils eigene Sache der Beteiligten, so dass das deliktische Handeln nicht gemeinsamer Handlungssinn wird, entfällt seine Strafbarkeit[308].

Anders sei es hingegen, wenn der potentiell Beteiligte mit dem Täter zusammen handelt und sich das Verhalten dieses Beteiligten dadurch definiert, dass der Tä-

---

[304] vgl. *Jakobs*, AT, 2. Aufl. (1991), Anm. 24/17
[305] vgl. *Jakobs*, GA 1996, S. 253, 261
[306] vgl. *Jakobs*, AT, 2. Aufl. (1991), Anm. 24/15; auch *Otto*, Lenckner-FS, S. 204
[307] vgl. *Jakobs*, AT, 2. Aufl. (1991), Anm. 24/15
[308] vgl. *Otto*, Lenckner-FS, S. 204; *Jakobs*, AT, 2. Aufl. (1991), Anm. 24/17

ter eine *bestimmte* Handlung, nämlich die deliktische, vollziehen kann. Dann nämlich habe sein Verhalten einen tatbestandsverwirklichenden Sinn[309] mit der Folge der Strafbarkeit seines Tuns. Zu dieser letzten Fallgruppe rechnet *Jakobs* die von ihm so bezeichneten „Normalfälle" von Anstiftung und Beihilfe. Gleichwohl gibt auch er zu bedenken, dass eine Einordnung des Verhaltens eines Beteiligten dahin gehend, ob ihm tatsächlich ein tatbestandsverwirklichender Sinn zukommt oder nicht, bisweilen außerordentlich schwierig ist[310] und von einer Vielzahl von Faktoren bzw. Umständen, wie beispielsweise die Sozialkonformität einer Handlung oder die Tatsache ihrer Einpassung in eine deliktische Planung, abhänge.

Jakobs begründet die zuvor dargelegten Thesen mit der Überlegung, dass zur Begründung einer strafrechtlichen Haftung wie im Bereich der Unterlassungs- so auch im Rahmen der Begehungsdelikte neben die Kausalität zwingend eine gewisse „Zuständigkeit" des Handelnden für die Folgen zu treten habe[311]. Diese Zuständigkeit sei zwar beim Begehungsdelikt in der Regel, aber doch nicht immer zwangsläufig gegeben. Mit dem von ihm vertretenen dogmatischen Ansatz versucht *Jakobs* deshalb, die zuvor genannte „Zuständigkeit" des Handelnden für die eingetretenen Folgen positiv zu beschreiben, wobei er auch auf den Gedanken des erlaubten Risikos und seine zum Problemkreis der Ingerenz entwickelte Argumentation zurückgreift[312].

Paradebeispiele *Jakobs'* für die von ihm behandelten Fälle sind die üblichen einseitigen und gegenseitigen Austauschgeschäfte des täglichen Lebens, egal, ob Waren oder Dienstleistungen (insbesondere Informationen) transferiert werden: So hafte der Bäcker nicht etwa wegen Totschlagsteilnahme, wenn er beim Brötchenverkauf weiß, dass der Käufer das Produkt vergiften und sodann seinen Gästen servieren wird; gleiches gelte für den Kreditgeber, der nicht für die deliktische Verwendung der Valuta hafte und für den Taxifahrer im Hinblick auf die Straftat des Fahrgastes am Ankunfts- oder Abholort[313]. Niemand hafte für

---

[309] vgl. *Jakobs*, AT, 2. Aufl. (1991), Anm. 24/15
[310] vgl. *Jakobs*, AT, 2. Aufl. (1991), Anm. 24/18
[311] vgl. *Jakobs*, AT, 2. Aufl. (1991), Anm. 24/15
[312] Ein „Beteiligter" habe nämlich dann kein Sonderrisiko beansprucht, wenn die von ihm begangen Handlung zum Zeitpunkt ihres Vollzugs nicht davon abhängt, dass die tatbestandsverwirklichende Handlung des Ausführenden überhaupt nachfolgt, vgl. *Jakobs*, AT, 2. Aufl. (1991), Anm. 24/15 a.E.
[313] vgl. *Jakobs*, AT, 2. Aufl. (1991), Anm. 24/17; *ders.*, in: GA 1996, S. 253, 261 f.

die pünktliche und ordnungsgemäße Erfüllung seiner Schulden[314]. Entsprechendes gelte für Informationen und Auskünfte über die rechtliche oder tatsächliche Lage: Eine wahrheitsgemäße Information löse keine Haftung aus, so etwa nicht, wenn ein Rechtsanwalt die Frage beantwortet, ob ein bestimmtes Land Steuerstraftäter ausliefert, oder wenn jemand einem Retter mitteile, wer das zu rettende Opfer sei, woraufhin der Retter von der guten Tat ablasse[315]. In all diesen Fällen ende die jeweilige Gemeinsamkeit zwischen dem Täter und dem anderen mit dem jeweiligen Transfer, der die Gefahr, dass es zu einer deliktischen Handlung kommt nicht wegen seines Inhalts erhöhe, sondern allein wegen der deliktischen Planung des Empfängers; das Vorfeldverhalten des anderen gebe deshalb keinen Haftungsgrund ab[316]. Ein solcher liege nur dann vor, wenn eine Vorfeldorganisation speziell so gestaltet werde, dass sie in einen deliktischen Zusammenhang passe[317] oder wenn sie wegen ihrer stereotyp-sozialinadäquaten Gestalt generell das Stigma eines deliktischen Kontextes trage (also die deliktische Weiterverwendung gleichsam in sich trage)[318]. Dann und nur dann liege der Verhaltenssinn in der Förderung eines Delikts, das dadurch auch zum eigenen Delikt des Beteiligten werde; ansonsten erschöpfe er sich im Sozialadäquaten[319].

In diesem Zusammenhang gibt *Jakobs* auch ein für die vorliegende Untersuchung wertvolles weiteres Beispiel[320]: So mache sich ein Rechtsanwalt dann noch nicht wegen Begünstigung strafbar, wenn er seinem Mandanten auf Befragen wahrheitsgemäß berichtet, dass die Deliktsbeute durch Transferierung in ein bestimmtes Land dem Zugriff deutscher Vollstreckungsorgane entzogen sei, da sich der soziale Sinn der isolierten Auskunft in der Bekanntgabe der Rechtslage erschöpfe. Anders sei hingegen zu entscheiden, wenn der Rechtsanwalt darüber „gutachte" (also in der hier verwendeten Terminologie einen entsprechenden Rechtsrat erteilt), in welchen Ländern die Deliktsbeute sicher bzw. am sichersten aufbewahrt werden könne.

---

314 vgl. *Jakobs*, GA 96, S. 253, 262
315 vgl. *Jakobs*, GA 96, S. 253, 262; weitere Beispielsfälle bei *Jakobs*, AT, 2. Aufl. (1991), Anm. 24/17
316 vgl. *Jakobs*, GA 96, S. 253, 262
317 vgl. *Jakobs*, GA 96, S. 253, 263
318 vgl. *Jakobs*, GA 96, S. 253, 264; Beispiel: Wer waffenscheinpflichtige Waffen oder strahlendes Material oder indizierte Rauschmittel an nicht berechtigte Empfänger gelangen lasse, der habe so organisiert, dass der deliktische Ausgang auch zum Sinn seiner Organisation gehöre, so dass er nicht mehr von ihm distanziert werden könne.
319 vgl. *Jakobs*, GA 96, S. 253, 263 f.
320 vgl. *Jakobs*, AT, 2. Aufl. (1991). Anm. 24/18

II. Kritik an der Lehre *Jakobs'*

Gegen die oben geschilderte Lehre von *Jakobs* werden in der Literatur Bedenken geäußert. So sei es jedenfalls nicht evident, dass bei dem von *Jakobs* gelieferten und oben beschriebenen Brötchen-Tötungsfall nur derjenige strafbar sein soll, der das Gift, nicht aber derjenige, der in Kenntnis des Sachverhalts die Brötchen geliefert hat, mit denen nachfolgend die Tötung begangen wird[321]. Gleiches gelte beim privaten Darlehen, wenn der Darlehensgeber weiß, dass mit seinem Geld der Kauf einer Mordwaffe finanziert wird[322]. Schließlich ist auch bei den oben beschriebenen Taxifahrten nicht von der Hand zu weisen, dass sie die konkrete Tatbegehung durch den Haupttäter zumindest erleichtern bzw. ihm Sicherheit beim Entfernen vom Tatort gewähren können, so dass durchaus eine Förderung der Haupttat durch Taterleichterung bzw. Stärkung des Tatentschlusses im Einzelfall vorliegen kann. Der Hinweis auf den reibungslosen Warenaustausch sei dabei nicht geeignet, eine andere Beurteilung zu rechtfertigen[323].

Dem ist jedoch beispielsweise im Falle des Brötchenverkaufs entgegenzuhalten, dass zwischen beiden Fallalternativen (Verkauf von Gift bzw. Verkauf von Brötchen, die der Täter hernach mit Gift versieht) m.E. doch ein erheblicher qualitativer Unterschied besteht, der eine unterschiedliche Behandlung beider Fälle durchaus rechtfertigt. Denn der Verkauf giftiger Substanzen begründet per se bereits ein erheblich größeres Risiko für Rechtsgüter Dritter, als dies bei einem Brötchenverkauf der Fall ist. Überdies übersieht *Otto* die von *Jakobs* selbst vorgegebenen konkretisierenden Merkmale.

Darüber hinaus wird gegen die Lehre *Jakobs'* angeführt, dass von ihr der Strafgrund der Teilnahme (zusätzlich) auch in der Begründung eines kriminellen „Gemeinschaftsverhältnisses“ zwischen Haupttäter und Gehilfe, also einer strafwürdigen „gemeinsamen Organisation“ unterhalb der Mittäterschaft zu sehen sei[324]. Ein Vorfeldbeteiligter haftet nach *Jakobs* nämlich nicht deshalb strafrechtlich, weil er die Tat eines anderen mit produziert, sondern weil die produzierte Tat *auch seine eigene* ist; Voraussetzung für die Haftung des Beteiligten ist also, dass es sich um die Ausführung eines *gemeinsamen* Werkes handelt[325]. Dem Gesetz ist dieses Erfordernis einer Art „Kollusion“ zwischen Haupttäter

---

[321] vgl. *Otto*, Lenckner-FS, S. 204
[322] vgl. *Otto*, Lenckner-FS, S. 204
[323] vgl. *Otto*, Lenckner-FS, S. 204
[324] vgl. *Otto*, Lenckner-FS, S. 204 f.
[325] Vgl. *Jakobs*, GA 96, S. 253, 259

und Gehilfen allerdings nicht zu entnehmen[326]. Dem ist insoweit zuzustimmen, als der Strafgrund der Beihilfe nach der herrschenden Förderungs- bzw. Verursachungstheorie tatsächlich lediglich darin liegt, dass der Teilnehmer *ursächlich* für die Haupttat wird, sei es durch Erweckung des Tatentschlusses, sei es durch eine physische oder psychische Unterstützung des Haupttäters, und auf diese Weise nicht selbst die im Deliktstatbestand liegende Norm verletzt, sondern sein Unrecht darin besteht, dass er an der Normverletzung des Täters mitwirkt[327].

Die entscheidende Schwäche, die der Lehre von *Jakobs* m.E. jedoch anhaftet, ist das Problem der zu großen Unbestimmtheit ihrer Kriterien. *Jakobs* beurteilt das Verhalten einer Person als straflos, wenn es zur Zeit seines Vollzugs nicht davon abhängt, dass die tatbestandsverwirklichende Handlung des Ausführenden überhaupt nachfolgt, weil ihm der tatbestandsverwirklichende Sinn fehle, was insbesondere bei stereotyp-sozialadäquaten Verhaltensweisen der Fall sei. Dabei wird allerdings zu stark auf objektive Kriterien abgestellt.

Denn die Beispiele zeigen, dass auch bei alltäglichen, „stereotyp - sozialadäquaten" Handlungen eine *generelle* Freistellung von der Strafbarkeit nicht gerechtfertigt ist. Dies sieht auch *Jakobs* so, denn nicht zuletzt aus diesem Grund gibt auch er zu bedenken, dass eine Einordnung des Verhaltens eines Beteiligten dahin gehend, ob ihm tatsächlich ein tatbestandsverwirklichender Sinn zukommt oder nicht, bisweilen außerordentlich schwierig ist[328] und von einer Vielzahl von Faktoren bzw. Umständen, wie beispielsweise die Sozialkonformität einer Handlung oder die Tatsache ihrer Einpassung in eine deliktische Planung, abhänge. Genau die Einordnung eines konkreten Sachverhaltes unter diese Kriterien ist jedoch nur unter großen Schwierigkeiten möglich und dem Rechtsanwender werden keine klaren Leitlinien an die Hand gegeben, so dass die Erzielung „gerechter" Ergebnisse eine Wertung voraussetzt, die anhand der von *Jakobs* gegebenen Kriterien nur schwer absehbar ist. Zwar ist zutreffend, dass – wie schon mehrfach bemerkt – jede allgemein gefasste Theorie oder dogmatische Konstruktion, mit der bestimmte problematische Fallgruppen einer befriedigenden Lösung zugeführt werden sollen, Schnittstellen aufweisen, die eine Wertung unabdingbar machen. Anderenfalls ließe sich die Theorie nicht abstrakt genug formulieren, um auf die gesamte Fallgruppe anwendbar zu sein. Diese Schnittstellen bzw. der von ihnen vorgegebene Spielraum sollte jedoch so

---

[326] vgl. *Otto*, Lenckner-FS, S. 205
[327] vgl. nur *Schönke/Schröder-Cramer/Heine*, 26. Aufl. (2001), vor §§ 25 ff. Rz. 17
[328] vgl. *Jakobs*, AT, 2. Aufl. (1991), Anm. 24/18

eng vorgegeben werden, dass die vorzunehmende Wertung auf ein Minimum begrenzt wird und gleichzeitig zutreffende Ergebnisse erzielt werden. Genau dies – wenn es denn überhaupt erreichbar ist – lässt die Lehre von *Jakobs* jedoch vermissen.

Gleichwohl ist anzuerkennen und festzuhalten, dass der Lehre zumindest gewichtige und durchaus zutreffende Ansatzpunkte zu entnehmen sind.

III. Bedeutung der Lehre *Jakobs'* für die hier behandelten Fälle

Das oben näher erläuterte Konzept *Jakobs'* beschreibt im Wesentlichen drei voneinander abgrenzbare, unterschiedliche Fallgruppen. In der *ersten* Gruppe handelt der Beteiligte (darunter soll an dieser Stelle derjenige zu verstehen sein, dessen Tätigwerden der andere, also der Haupttäter, für seine deliktischen Pläne verwendet, und um dessen mögliche Gehilfenschaft es geht) mit dem Haupttäter (also derjenige der den Straftatbestand „eigenhändig" erfüllt), *nicht* zusammen. Vielmehr knüpft der Haupttäter willkürlich an ein stereotyp-sozialadäquates Verhalten des Beteiligten an und baut dieses per se harmlose und neutrale Verhalten in den von ihm geschaffenen deliktischen Zusammenhang ein. In der *zweiten* Fallgruppe findet die Organisation zwischen Haupttäter und Beteiligtem zumindest bereichsweise gemeinsam statt; die Gemeinsamkeit erstreckt sich jedoch nicht auf die deliktische Ausführung, sondern die Realisierung der subjektiv verfolgten Ziel bleibt jeweils eigene Sache des Beteiligten und des Haupttäters. Hier gilt der Kernsatz, demzufolge das Verhalten einer Person straflos bleibe, wenn es zum Zeitpunkt seines Vollzugs nicht davon abhängt, dass die tatbestandsverwirklichende Handlung des Ausführenden überhaupt nachfolgt. In der *dritten* Fallgruppe schließlich, und hier beginnt der strafbare Bereich des Beteiligten, handeln beide dergestalt zusammen, dass sich das Verhalten des Beteiligten dadurch definiert, dass der Haupttäter eine bestimmte Handlung, nämlich die deliktische, vollziehen kann.

Es wurden an anderer Stelle[329] die für die vorliegende Arbeit relevanten und interessierenden Fallkonstellationen beschrieben. Diese zeichnen sich – bedingt durch die Natur des zwischen Rechtsanwalt und Mandanten bestehenden tatsächlichen und rechtlichen Verhältnisses – allesamt durch ein gewisses, relativ hohes Maß an Zusammenwirken zwischen beiden Parteien aus. Damit scheidet

[329] siehe oben Teil 1, 1. Kapitel

die erste von *Jakobs* beschriebene Fallgruppe, bei der es um das *Ausnutzen* bzw. den *Einbau* des stereotyp-adäquaten Verhaltens eines anderen in einen deliktischen Plan geht, von vornherein aus. Es verbleibt somit die Abgrenzung zwischen den beiden anderen Fallgruppen, welche sich an dem entscheidenden Kriterium zu orientieren hat, ob sich das Verhalten des Beteiligten tatsächlich dadurch definiert, dass der Haupttäter eine bestimmte Handlung, nämlich die deliktische vollziehen kann.

Die hier interessierende Tätigkeit des Rechtsanwalts im Rahmen von „privaten Insolvenzverfahren" umfasst in vielen Fällen die im Auftrag des Mandanten geschehende Abfassung und Versendung eines Schreibens an sämtliche vorhandenen Gläubiger mit dem Ziel, innerhalb der Dreiwochenfrist des § 64 Abs.1 GmbHG mit jenen einen Teilforderungsverzicht zu vereinbaren und auf diese Weise die Überschuldung bzw. Zahlungsunfähigkeit der Gesellschaft und damit die Insolvenzantragspflicht zu beseitigen. Entscheidend für die Frage der Beihilfestrafbarkeit muss in Anwendung des Konzepts von *Jakobs* dabei nun sein, ob sich dieses Handeln des Rechtsanwaltes dadurch definiert, dass sein Mandant die deliktische Handlung, sprich das Unterlassen der Stellung des Antrags auf Eröffnung des Insolvenzverfahren innerhalb der Frist des § 64 Abs.1 GmbHG, vollziehen kann. In diesem Zusammenhang ist sowohl auf einzelne Sachverhaltsumstände sowie auf das Wissen und Wollen des Rechtsanwaltes abzustellen.

Ist in dem Zeitpunkt, in dem der Rechtsanwalt das Rundschreiben an die Gläubiger versendet und diese namens und im Auftrag seines Mandanten um Zustimmung zu einem Teilforderungsverzicht bittet, die Dreiwochenfrist des § 64 Abs.1 GmbHG bereits abgelaufen *oder* ist mit Sicherheit abzusehen, dass eine Einigung mit sämtlichen Gläubigern und damit eine Beseitigung von Überschuldung oder Zahlungsunfähigkeit der Gesellschaft innerhalb dieser Frist nicht zu erreichen sein wird, so lässt dies allein den Rückschluss zu, dass beide Parteien, also sowohl Rechtsanwalt als auch Mandant, gleichwohl diesen Weg wählen, obwohl sie um die Strafbarkeit des Tuns wissen[330]. In diesem Fall ist es auch für den Rechtsanwalt von vornherein absehbar, dass es zur Tatbestandsverwirklichung durch den Haupttäter kommen wird bzw. dass dieser seine bereits eingetretene Tatbestandsverletzung fortsetzt. Die Folge ist aber, dass das

---

[330] Es kann hier davon ausgegangen werden bzw. wird unterstellt, dass der Mandant als Geschäftsführer einer GmbH um die – strafbewehrte! – Insolvenzantragspflicht weiß oder aber zumindest hierüber von seinem Rechtsanwalt unverzüglich aufgeklärt wurde.

Verhalten des Rechtsanwaltes sich nunmehr dadurch definiert, dass der Haupttäter eine bestimmte Handlung, nämlich die deliktische, vollziehen kann. Das deliktische Handeln wird auf diese Weise auch gemeinsamer Handlungssinn und es kann nicht mehr gesagt werden, das Handeln des Rechtsanwaltes hänge nicht davon ab, dass die tatbestandsverwirklichende Handlung des Ausführenden überhaupt nachfolgt. Denn mit dem Wissen des Rechtsanwaltes um die sichere Fristüberschreitung hat sein Handeln den eigentlichen „per se harmlosen und neutralen" Sinn, Zahlungsunfähigkeit oder Überschuldung und damit die Insolvenzantragspflicht rechtzeitig zu beseitigen, verloren.

Anders ist es hingegen, wenn zum Zeitpunkt der Abfassung und Versendung des Rundschreibens betreffend den Abschluss eines Teilforderungsverzichts mit sämtlichen Gläubigern noch offen ist, ob eine Einigung mit den Gläubigern und damit eine Beseitigung von Überschuldung oder Zahlungsunfähigkeit innerhalb der gesetzlichen Frist des § 64 Abs.1 GmbHG erreicht werden kann. Nach der Theorie von *Jakobs* bleibt es in derart gelagerten Fällen dabei, dass das Verhalten des Rechtsanwaltes deshalb als straflos anzusehen ist, weil es zur Zeit seines Vollzugs nicht davon abhing, dass die tatbestandsverwirklichende Handlung des Mandanten überhaupt nachfolgt. Denn die Tätigkeit des Rechtsanwaltes hatte den (neutralen und nicht deliktischen) Zweck, die Insolvenzantragspflicht rechtzeitig zu beseitigen; deshalb wurde der Versuch einer Einigung mit den Gläubigern unternommen. Dass der Mandant dieses Verhalten seines Rechtsanwaltes hernach, also nach Ablauf der Dreiwochenfrist, dadurch in einen deliktischen Zusammenhang einbaut, dass er die Stellung eines Insolvenzantrages unterlässt, kann dem Rechtsanwalt jedenfalls nicht angelastet werden. Denn dieses spätere deliktische Handeln – so es denn erfolgt – wird, um mit *Jakobs* zu sprechen, nicht gemeinsamer Handlungssinn beider Personen. Das Verhalten des Rechtsanwalts definiert sich schließlich auch nicht dadurch, dass sein Mandant eine bestimmte deliktische Handlung, nämlich die unter Umständen erfolgende Nichtstellung des Insolvenzantrages, vollziehen kann. In diesem Fall bliebe die Realisierung der subjektiv verfolgten Ziele entsprechend *Jakobs* in der Tat jeweils eigene Sache beider Beteiligten, nämlich einmal des Rechtsanwalts, der zunächst lediglich „seine Arbeit tut", und zum anderen des Geschäftsführers der insolventen Gesellschaft, der nachfolgend erst die Entscheidung trifft, trotz Scheiterns der (Teil)-verzichtsverhandlungen mit den Gläubigern keinen Insolvenzantrag zu stellen.

Dies alles gilt in Bezug auf die Beihilfestrafbarkeit des Rechtsanwaltes unabhängig davon, ob der Geschäftsführer der zahlungsunfähigen oder überschuldeten Gesellschaft für den Fall, dass eine Einigung mit den Gläubigern *nicht* rechtzeitig zustande kommen sollte, tatsächlich nach Ablauf der Dreiwochenfrist *keinen* Insolvenzantrag stellt. Denn es besteht zumindest die Möglichkeit, dass der Geschäftsführer seine diesbezüglichen Pläne für sich behält und der Rechtsanwalt somit davon keine Kenntnis hat.

Trotz der vorgebrachten systematischen Kritik kann der Ansatz *Jakobs'* also im vorliegenden Fall durchaus wertvolle Gesichtspunkte für eine Einschränkung der Beihilfestrafbarkeit des Rechtsanwaltes liefern.

5. Kapitel : Das Prinzip der Selbstverantwortung und Solidarisierung als Begrenzungskriterium der Beihilfestrafbarkeit

In eine ähnliche Richtung wie die von *Jakobs* in zuvor beschriebenem Sinne weiterentwickelte Lehre vom Regressverbot geht auch das von *Schumann*[331] postulierte Prinzip der Selbstverantwortung als Begrenzungskriterium der Beihilfestrafbarkeit. Anders als *Jakobs* verlangt *Schumann* als konstitutives Element der Teilnahme zwar keine gemeinsame „Organisation" der Tat durch Gehilfen und Haupttäter, wohl aber eine *Solidarisierung* des Gehilfen mit dem Haupttäter, wodurch ersterer „erkennbar auf die Seite des Unrechts tritt"[332].

I. Ausgangspunkt der Lehre *Schumanns*

Grundlage der von *Schumann* entwickelten Kriterien, die im Ergebnis zu einer Begrenzung der Beihilfestrafbarkeit führen, ist das von ihm eingehend hergeleitete Verantwortungsprinzip bzw. Prinzip der Selbstverantwortung[333]. Danach ist der Verantwortungsbereich eines jeden Menschen grundsätzlich in der Weise

---

[331] *Schumann*, Strafrechtliches Handlungsunrecht und das Prinzip der Selbstverantwortung der Anderen, 1986, S. 42 ff., 49 ff.; vgl. auch den Überblick bei *Otto*, Lenckner-FS, S. 205 f.

[332] Vgl. *Schumann*, a.a.O., S. 57

[333] Die Herleitung dieses Verantwortungsprinzips durch *Schumann* kann aus Platzgründen im Rahmen der vorliegenden Arbeit nicht nachvollzogen werden; vgl. dazu näher *Schumann*, a.a.O., S. 1 ff.

auf sein eigenes Verhalten beschränkt, dass er sein Handeln nur in einer Weise einzurichten braucht, dass er selbst geschützte Rechtsgüter nicht verletzt. Eine Handlung sei folglich nicht schon allein deshalb rechtswidrig, weil vorhersehbar ist oder der Handelnde tatsächlich vorhergesehen hat, dass sie zur Mitursache für das Tun eines anderen wird, durch das dieser einen Dritten oder sich selbst schädigt. Vielmehr dürfe sich der Mitverursacher grundsätzlich auf den Standpunkt stellen, „dass nicht jeden alles angeht“[334] und dass es Sache des anderen gewesen wäre, den Erfolg zu vermeiden[335].

Soll hingegen abweichend von diesem Grundsatz auch sein Beitrag als Unrecht angesehen werden, er also (Mit-) Verantwortung für das Tun eines anderen tragen, so bedarf dies nach *Schumann* besonderer Gründe. Von diesem Standpunkt des Prinzips der Selbstverantwortung aus gesehen bedürfe folglich zwingend auch das Unrecht der Teilnahme einer solchen besonderen Begründung. Denn wenn Anstifter und Gehilfen zwar nicht für fremdes Handeln und dessen Erfolg zur Verantwortung, sondern eben nur als Teilnehmer an fremder Tat (mit-) verantwortlich gemacht werden, so bedeute dies doch bereits eine Abweichung von dem oben genannten Prinzip der Selbstverantwortung, weil nämlich dadurch Handlungen gleichwohl für strafbar erklärt werden, die an sich erst durch Vermittlung durch den Haupttäter zu einer Rechtsgutsverletzung führen[336]. Aus der Sicht von *Schumann* beinhaltet die Begründung der Teilnahmestrafbarkeit insofern die Frage nach Grund und Grenzen einer Durchbrechung des von ihm entwickelten Verursachungsprinzips.

II. Solidarisierung als zusätzliches Kriterium der Beihilfestrafbarkeit

Schumann setzt sich deshalb eingehend mit den verschiedenen Theorien, die zum Strafgrund der Teilnahme entwickelt wurden und vertreten werden, auseinander[337] und entwickelt in Ablehnung dieser Theorien seinen eigenen dogmatischen Ansatz zur Begründung der Teilnahmestrafbarkeit[338]. Dabei erblickt er

---

[334] Diese Formulierung wird von *Schumann* ausdrücklich bei *Jakobs*, ZStW 89 (1977), S. 1 ff., 30, entlehnt

[335] vgl. *Schumann*, a.a.O., S. 42

[336] vgl. *Schumann*, a.a.O., S. 42 f.

[337] vgl. *Schumann*, a.a.O., S. 44 ff.

[338] Eine eingehende Auseinandersetzung mit den verschiedenen, zum Strafgrund der Teilnahme vorgetragenen Ansichten würde den Rahmen der vorliegenden Arbeit sprengen. Aus

den oben bereits erwähnten besonderen Grund, der es rechtfertigt, den Teilnehmer gleichwohl (also trotz des Prinzips der Selbstverantwortung) haftbar zu machen, darin, dass die Teilnahmehandlung als solche schon einen besonderen Aktunwert beinhaltet, der sie als ein für die Rechtsgemeinschaft unerträgliches Beispiel erscheinen lässt. Dieser Akt- oder Handlungsunwert bestehe in einer Solidarisierung des Teilnehmers mit fremdem vorsätzlichem Unrecht, also in dem Umstand, dass der Teilnehmer sich mit der fremden Tat „gemein macht"[339]. Bei einer daran orientierten, teleologischen Auslegung der §§ 26, 27 StGB setze also das Unrecht der Teilnahme zusätzlich zu den im Gesetz ausdrücklich genannten Elementen voraus, dass die fragliche Handlung eine Solidarisierung mit fremdem Unrecht darstellt. Dies sei bei einem mit dem Vorsatz der Mitverursachung geleisteten Beitrag zwar typischerweise, aber eben nicht notwendig der Fall[340].

Die Bedeutung und Tragweite des von *Schumann* im Rahmen der Beihilfestrafbarkeit zusätzlich aufgestellten Kriteriums der Solidarisierung des Teilnehmers mit fremdem vorsätzlichem Unrecht wird anhand des einfachen Falles aufgezeigt, in dem ein Angestellter einer Eisenwarenhandlung einem Kunden einen Schraubenzieher verkauft, obwohl er weiß, dass dieser ihn bei der Begehung eines Einbruchdiebstahls verwenden wird[341]. Dabei gelangt *Schumann* zu dem nach dem Rechtsgefühl unbefriedigenden Ergebnis, dass sowohl die herrschende Meinung als auch die Risikoerhöhungslehre den Verkauf des Schraubenziehers als strafbare Beihilfe betrachten müssten, obwohl die Förderungshandlung des Gehilfen im Rahmen seiner normalen Berufstätigkeit liege. Dies sei ein Widerspruch zwischen der von der Dogmatik diktierten und der vom Rechtsgefühl nahegelegten Lösung. Der Widerspruch löse sich auf, sobald man davon ausgeht, dass das Unrecht der Beihilfe nicht allein darin besteht, dass der Gehilfe vorsätzlich einen für eine fremde Tat fördernd mitursächlichen Beitrag leistet, sondern darüber hinaus voraussetzt, dass er sich dadurch mit der Tat des anderen solidarisiert, d.h. erkennbar auf die Seite des Unrechts tritt[342].

---

diesem Grund wird auch die von *Schumann* hierzu vertretene Auffassung nicht im Einzelnen begründet, sondern nur kurz wiedergegeben.

339 vgl. *Schumann*, a.a.O., S. 50 f.

340 vgl. *Schumann*, a.a.O., S. 51

341 vgl. *Schumann*, a.a.O., S. 54

342 vgl. *Schumann*, a.a.O., S. 56 f.

III. Nähere Konkretisierung des Begriffes der Solidarisierung

Es ist offensichtlich, dass der Begriff der „Solidarisierung mit fremdem Unrecht“ zwar ein sinnvolles Kriterium zur Begrenzung der Beihilfestrafbarkeit darstellen mag, andererseits aber viel zu unbestimmt ist, um treffsicher zu überzeugenden Ergebnissen zu gelangen. So unternimmt denn auch *Schumann* den Versuch, das Element der Solidarisierung für den Bereich der Beihilfe näher zu bestimmen und Indizien für das Vorliegen einer solchen Solidarisierung zwischen Gehilfen und Haupttäter zu benennen.

1. Nähe zur Tat

Als ersten konkretisierenden Gesichtspunkt nennt *Schumann* denjenigen der „Nähe zur Tat“[343]. Dabei differenziert er danach, ob der Tatbeitrag im Stadium der noch rechtmäßigen Vorbereitung oder unmittelbar zum Unrecht[344], also zum Versuch oder zur Ausführung der Tat geleistet wird. In letzterem Fall schließe sich der Gehilfe dem bereits im Gang befindlichen Unrecht an, so dass der sozialpsychologisch gefährliche Eindruck der Solidarisierung bereits durch die besondere Tatnähe entstehen kann, während es dazu im ersten Fall anderer, besonderer Elemente bedürfe. Das Kriterium der Tatnähe wird von *Schumann* insofern noch präzisiert, als allein eine zeitliche Einordnung dahingehend, dass im Stadium der Vorbereitung der Haupttat die Tatnähe der Gehilfenhandlung zu verneinen, während sie in der Phase der Tatausführung bzw. des Versuchs derselben zu bejahen sei, nicht ausreichend ist. Vielmehr sei zur Bejahung der Tatnähe darüber hinaus erforderlich, dass die fremde Tat unter dem Aspekt gefördert wird, der den Kern ihres Unrechts ausmacht. Diese nähere Präzisierung verdeutlicht *Schumann* anhand folgenden Beispiels[345]: Zu bejahen sei eine Beihilfestrafbarkeit nach dem Kriterium der Tat- bzw. Unrechtsnähe im Falle des Auslieferungsfahrers, der für seinen Chef Hehlerware ausfährt, zu verneinen hingegen, wenn dieser Fahrer Waren ausliefert, mit denen der Firmeninhaber einen Erfüllungsbetrug begeht. Denn im ersten Fall mache gerade das Weiterschieben des Hehlereigegenstandes den Kern des Unrechts aus; dieser werde durch den Gehilfen auch entsprechend gefördert. In der zweiten Alternative hin-

---

[343] vgl. *Schumann*, a.a.O., S. 57

[344] *Schumann*, a.a.O., nennt das Kriterium der Tatnähe deshalb auch „Unrechtsnähe“.

[345] vgl. *Schumann*, a.a.O., S. 57; dort ist auch ein weiterer Beispielsfall genannt, der hier aus Platzgründen nicht wiedergegeben wird.

gegen bestehe der Kern des Unrechts (Betrug) in der Einwirkung auf das Vorstellungsbild des Opfers durch Täuschung. Diese Einwirkung werde durch den Auslieferungsfahrer zwar mitverursacht, aber nicht als solche, in ihrem Inhalt oder in ihrer Intensität gefördert[346].

Der Gesichtspunkt der Tat- bzw. Unrechtsnähe wird von *Schumann* jedoch nicht verabsolutiert in dem Sinne, dass bei ihrem Vorliegen eine Solidarisierung mit dem Haupttäter stets zu bejahen und bei ihrem Fehlen durchweg zu verneinen sei. Vielmehr handele es sich insofern lediglich um einen Anhaltspunkt. *Schumann* entwickelt deshalb weitere konkretisierende Kriterien zur Beantwortung der Frage, ob das nach seiner Auffassung zur Bejahung einer Beihilfestrafbarkeit zusätzlich notwendige Erfordernis der Solidarisierung zwischen Haupttäter und Gehilfen gegeben ist oder nicht.

2. Objektives Erscheinungsbild der Gehilfenhandlung - Eindruckstheorie

Im Rahmen der Herleitung solcher weiteren Kriterien nimmt *Schumann* Rückgriff auf zwei in unterschiedlichen Bereichen entwickelte dogmatische Ansätze, die er sodann auf den von ihm behandelten Bereich der Beihilfe zu übertragen versucht. Dabei handelt es sich zum einen um das bereits von *v. Bar*[347] im Zusammenhang mit dem Fall der Begünstigung nach § 257 StGB a.F. vertretene Konzept, zum anderen um eine von *Jakobs*[348] verfasste Abhandlung über die Dogmatik der strafrechtlichen Zurechnung.

a) Das Konzept von *v. Bar* zur Strafvereitelung

Bei seinen Überlegungen zur näheren Konkretisierung des Merkmals der Solidarisierung wird *Schumann* zunächst von der Erkenntnis geleitet, dass dieses Element in der Vergangenheit bereits bei der Diskussion der früher als „Teilnahme nach der Tat" aufgefassten Tatbestände der Begünstigung und der Strafvereitelung eine Rolle gespielt habe. Dabei greift er zurück auf die von *v. Bar* zum früheren Tatbestand der Begünstigung (§ 257 StGB a.F.) entwickelte Auffassung, der zufolge es erforderlich sei, dass jemand, um als Begünstiger im Sinne der

[346] vgl. *Schumann*, a.a.O., S. 58
[347] *v. Bar*, Gesetz und Schuld, Bd. II, S. 749
[348] *Jakobs*, ZStW 89 (1977), S. 1 ff.

Vorschrift zu gelten, sich gewissermaßen zum Genossen des Verbrechers gemacht habe und dessen Angelegenheit als die seine betrachte[349], mit anderen Worten sich mit ihm solidarisiere[350]. Dies bedeute, dass man Handlungen, die zum täglichen Erwerbsleben gehören, nicht um ihres vorausgesehenen Begünstigungseffektes willen zu unterlassen braucht, denn den Gang des vernünftigen und gewöhnlichen Tuns brauche niemand deshalb zu unterbrechen, weil dieses Tun einem Verbrechen in jener Hinsicht förderlich sein würde[351]. Um mit den Worten *v. Bar*s zu sprechen: „Bleibe ich im gewöhnlichen, an sich erlaubten Gange des Lebens, so mache ich mich sicher nicht zum Genossen eines Verbrechers“[352]. Eine Strafbarkeit ist nach der Konzeption *v. Bar*s lediglich dann zu bejahen, wenn als Zweck der Handlung ausschließlich die Begünstigung eines anderen erscheint[353]. Dieser Handlungszweck wird beschrieben und gleichgesetzt mit einer nach der äußeren Gestaltung der Handlung und deren begleitenden Umständen festzustellenden Absicht; es gehe nicht etwa um die Beurteilung, welche der Handelnde selbst seiner Handlung angedeihen lassen möchte oder um seine innere Motivation (die sich in der Praxis doch meist nicht ergründen lasse). Das objektiv festzustellende, äußere Erscheinungsbild einer Handlung wird somit zum Maßstab dafür gemacht, ob eine tatbestandsmäßige Begünstigungshandlung vorliegt oder nicht. Dieser Satz wird dahingehend konkretisiert, dass eine Begünstigung immer dann ausgeschlossen sei, wenn sich (nach dem äußeren Erscheinungsbild) ein anderes vernünftiges Motiv als eben das der Begünstigung (bzw. der aus der Begünstigung als solcher hervorgehenden Vorteile) denken lässt[354].

b) Die Theorie von *Jakobs* zur Zurechnung

Zu denselben Ergebnissen gelangt – so *Schumann* im Rahmen seiner Ausführungen – von einem ganz anderen Ausgangspunkt her kommend auch *Jakobs* in seinen Überlegungen zum Regressverbot beim Erfolgsdelikt[355]. *Jakobs* geht dabei von der These aus, dass die Funktion des Strafrechts primär in der – wie er es nennt – „Garantie sicherer Erwartung des Verhaltens anderer“ und damit in

---

[349] vgl. *v. Bar*, a.a.O., S. 761
[350] vgl. *Schumann*, a.a.O., S. 59
[351] vgl. *v. Bar*, a.a.O., S. 750
[352] vgl. *v. Bar*, a.a.O., S. 761
[353] vgl. *v. Bar*, a.a.O., S. 762
[354] vgl. *v. Bar*, a.a.O., S. 763
[355] *Jakobs*, ZStW 89 (1977), S. 1 ff.

einer „kontrafaktischen Stabilisierung von Verhaltenserwartungen“ liege[356]. Als eine solche Verhaltenserwartung aber könne das Strafrecht nicht stabilisieren, dass niemand einem anderen die Möglichkeit gibt, die Auswirkungen des eigenen Verhaltens bis zu einem deliktischen Erfolg umzulenken; denn dies hieße nichts anderes, als das Ausbleiben nahezu jeden Verhaltens zu erwarten, denn nahezu alles könne zweckmäßiger Baustein irgendeines Deliktsplanes werden. Die Enttäuschung einer Erwartung stelle daher im Regelfall zunächst nur das *unmittelbar* rechtsgutsverletzende Verhalten dar. Bei *mittelbarer* Verursachung (und also auch bei der Beihilfe) komme es hingegen darauf an, ob es der deliktischen Planung des unmittelbar Handelnden als der „Enttäuschungswurzel“ zuzuschlagen ist, oder ob es hiervon soweit entfernt ist „wie die ja auch jenseits von Deliktsplänen nicht von Konfliktursachen freie Welt“[357]. Ein solches „Zuschlagen zur Enttäuschungswurzel“ finde nur dann statt, wenn sich das Handeln als „normwidriger Entwurf“ interpretieren lasse, wobei maßgeblich hierfür die „expressive Bedeutung des Verhaltens“ sei[358].

Entscheidend dafür, ob ein mittelbar verursachendes Verhalten als strafbar zu qualifizieren ist oder nicht, ist also nach der von *Jakobs* entwickelten Konzeption – ebenso wie auch bei *v. Bar* – das äußere, also expressive Erscheinungsbild eines Verhaltens. Insofern sucht auch er die Lösung in der sog. „Eindruckstheorie“. Denn um nichts Anderes handele es sich der Sache nach – so *Schumann* – wenn darauf abgestellt wird, ob ein Verhalten als normwidriger Entwurf zu *interpretieren* (in diesem Begriff schwingt ja auch schon mit, dass entscheidend ist, wie ein außenstehende Dritter die Handlung auffassen musste) sei, und seine expressive Bedeutung für maßgeblich erklärt werde[359]. Noch deutlicher werden die Übereinstimmungen mit dem Ansatz *v. Bars*, wenn *Jakobs* näher bestimmt, wann eine solche strafrechtlich relevante expressive Bedeutung eines Verhaltens vorliegt: Abgesehen von dem (hier nicht näher interessierenden Fall) des mittelbaren Verursachers, der nicht zugleich Garant im Sinne des unechten Unterlassungsdelikts ist, sei dies nur dann der Fall, wenn der mittelbare Verursacher sich allein der deliktischen Planung wegen motivieren kann oder er sein Verhalten inhaltlich dem Deliktsplan des anderen anpasst[360]. Dieser zweite Fall stellt – so *Schumann*[361] zutreffend – bloß einen Unterfall des ersten dar, da auch hier die

---

[356] vgl. *Jakobs*, a.a.O., S. 19
[357] vgl. *Jakobs*, a.a.O., S. 20
[358] vgl. *Jakobs*, a.a.O., S. 21
[359] *Schumann*, a.a.O., S. 61
[360] vgl. *Jakobs*, a.a.O., S. 23
[361] *Schumann*, a.a.O., S. 62

Handlung sich als durch die fremde Tat motiviert darstellt. Letztlich kommt es also auch nach *Jakobs* darauf an, ob sich die Handlung nach außen hin so darstellt, dass sie allein durch eine deliktische Planung begründet scheint.

c) Übertragung auf die Beihilfe

Die von *Jakobs* und *v. Bar* gewonnenen, miteinander im Einklang stehenden Ergebnisse (zur Wiederholung: die Strafbarkeit ist begründet, wenn das Verhalten einer Person sich nach seinem äußeren Erscheinungsbild als lediglich deliktisch motiviert darstellt) überträgt *Schumann* auf den Bereich der Beihilfe und stellt fest, dass in dieser – von Art und Grad des Vorsatzes des Handelnden unabhängigen – Fassung das Moment der Solidarisierung mit fremdem Unrecht auch bei der Beihilfe als tatbestandseinschränkendes Auslegungskriterium zu sehen ist[362].

Schumann erläutert diese Erkenntnis an verschiedenen Beispielsfällen[363]: In dem von ihm gegebenen Ausgangsbeispiel des Schraubenzieherverkaufs sei der Tatbestand der Beihilfe dann nicht erfüllt, wenn die „Gehilfenhandlung" in der alltäglichen Berufsroutine des „Gehilfen" liege. Denn gerade bei dieser Sachlage sei die Handlung weder hinsichtlich des „Ob" noch hinsichtlich des „Was" als allein durch den (deliktischen) Tatplan des anderen motiviert und auf diesen Tatplan auch nicht abgestimmt. Die Handlung stelle vielmehr eine rechtlich zulässige und für den Beruf stereotype Tätigkeit dar und erscheint insoweit als Aktualisierung eines jederzeit abrufbaren Leistungsangebots[364]. Eine strafbare Beihilfe scheide mangels Solidarisierung auch dann aus, wenn der Schreibwarenhändler einem Kunden Papier und Tinte verkauft, obwohl er weiß, dass dieser damit eine Urkundenfälschung begehen will. Gleiches gilt für die Sekretärin, die einen ihr von ihrem Chef diktierten beleidigenden Brief schreibt, für den Darlehensschuldner, der sein Darlehen zurückzahlt, obwohl er weiß, dass der Gläubiger mit dem Geld die Begehung eines Delikts finanzieren wird[365] und für den Bäcker und den Weinhändler, die beide einen Bordellbetrieb beliefern[366]. Allein der Umstand, dass der „Gehilfe" seine Handlung im Rahmen seiner Berufstätig-

---

362 *Schumann*, a.a.O., S. 60
363 vgl. *Schumann*, a.a.O., S. 62 f.
364 Vgl. *Schumann*, a.a.O., S. 64
365 Vgl. *Schumann*, a.a.O., S. 65
366 Das Reichsgericht hingegen hatte zwischen beiden Fällen differenziert und den Bäcker straflos gelassen, die Strafbarkeit des Weinhändlers (RGSt 39, 45) hingegen bejaht.

keit vornimmt, sei jedoch noch keine hinreichende Erklärung dafür, dass diese Handlung *nicht* die expressive Bedeutung einer Solidarisierung mit dem Unrecht aufweist. *Schumann* entscheidet deshalb auch anders, also zugunsten einer Strafbarkeit des Gehilfen, wenn der Bäcker nach den Angaben seines zum Giftmord entschlossenen Kunden, dessen Pläne er durchschaut, ein ansonsten nicht vertreibbares Gebäck so herstellt, dass der Besteller hierin das Gift verbergen kann. Denn hier richtet der Gehilfe sein berufliches Handeln (ausschließlich) an den Plänen des anderen aus[367].

Ein weiterer bedeutender – und in Teilen auch zu neuen Erkenntnissen führender – Fall, den *Schumann* beschreibt[368], ist derjenige des Waffenhändlers, der einem Kunden, von dessen Attentatsplänen er zufällig weiß, eine Schusswaffe verkauft. Der Händler handele auch dann solidarisch mit dem Unrecht, wenn der Käufer ihm eine ordnungsgemäß erteilte und zum Erwerb von Schusswaffen berechtigende Waffenbesitzkarte vorweist. Zwar sei nach dem Wortlaut von § 34 WaffenG die Erlaubnis zum Überlassen von Schusswaffen an andere allein davon abhängig, dass der Erwerber eine solche Berechtigung besitzt. Der Verkäufer ist also nicht verpflichtet, die Zuverlässigkeit des Erwerbers im Sinne von § 5 WaffenG (eine Voraussetzung für die Erteilung der Waffenbesitzkarte), von sich aus nachzuprüfen. § 34 WaffenG sei allerdings restriktiv dahingehend auszulegen, dass sich der Verkäufer nicht über seine Kenntnis von einer deliktischen Verwendungsabsicht und damit einer mangelnden Zuverlässigkeit im Sinne von § 5 WaffenG hinwegsetzen dürfe. Tut er dies gleichwohl, so mache er sich mit dem geplanten Unrecht gemein. Dies sei ein Beleg dafür – und insofern führt der Beispielsfall auch zu neuen Erkenntnissen – dass Maßstab für die Beurteilung des Vorliegens einer Solidarisierung mit dem Unrecht nicht nur das (tatsächliche) äußere Erscheinungsbild eines Verhaltens in Form einer „Abweichung vom tatsächlich Normalen", sondern ein weiteres Indiz hierfür auch die Abweichung von rechtlichen Normen sei[369].

Der letzte, von *Schumann* im Rahmen der Konkretisierung des Begriffes der Solidarisierung mit dem Unrecht schließlich für wichtig erachtete Gesichtpunkt orientiert sich an der Frage, ob sich an der bisherigen Einordnung dann etwas ändert und „ein an sich neutraler Tatbeitrag zu einem das Gefühl gesicherten Rechtsfriedens erschütternden Ausdruck von Solidarität mit dem Unrecht wird",

---

[367] Vgl. *Schumann*, a.a.O., S. 63
[368] Vgl. *Schumann*, a.a.O., S. 63 f.
[369] Vgl. *Schumann*, a.a.O., S. 64

wenn der Täter seine Absichten offen legt und den Tatbeitrag als solchen ausdrücklich anfordert oder der Gehilfe ihn von sich aus als solchen deklariert[370]. Im Ausgangsbeispiel des Schraubenzieherverkaufs wäre dies etwa dann der Fall, wenn beide Personen so gut miteinander bekannt sind und der Käufer vom Verkäufer nichts zu befürchten hat und ihm daher erklärt, wozu er das Werkzeug benötigt. *Schumann* tendiert dazu, in dem Verkauf dann einen unerträglichen Akt der Solidarisierung mit dem Unrecht, ein „Sichgemeinmachen" mit der Tat zu sehen. Andererseits sei ein Handeln desjenigen, der, mit dem Ziel und der ausdrücklichen Erklärung, zum Gelingen der Tat beizutragen, einen späteren Einbrecher verköstigt und beherbergt, nicht geeignet, das Erfordernis der Solidarität mit dem Unrecht zu erfüllen. Begründet wird diese unterschiedliche Einordnung wiederum mit dem ersten von *Schumann* gelieferten Indiz bzw. Kriterium: der Nähe zur Tat bzw. zum Unrecht. Die Versorgung mit Nahrung und Unterkunft stehe dem Unrecht der Tat aus bereits genannten Gründen so fern, dass auch die Erklärung des „Gehilfen", sein Handeln sei Hilfe zur Tat, als bloße unschädliche Deklamation aufgefasst werden muss, die an der Neutralität der Handlung nichts zu ändern vermag. Im Schraubenzieherfall hingegen werde ein unmittelbar zur Tatausführung dienendes Werkzeug geliefert, wodurch die Handlung der Tat so nahe steht, dass sie ihre Neutralität verliert und die expressive Bedeutung einer Solidarisierung in dem Moment erlangt, in dem der Verkäufer der Aufforderung nachkommt, sie (die Handlung des Verkaufs) unmittelbar „als Tatbeitrag vorzunehmen[371]. Insofern wendet *Schumann* also die von ihm entwickelten Kriterien zu Konkretisierung des Begriffes der Solidarisierung mit dem Unrecht nicht alternativ, sondern kumulativ an.

IV. Kritik an der Lehre *Schumanns*

An der von *Schumann* entwickelten Lehre zur Begrenzung der Beihilfestrafbarkeit wird von verschiedener Seite Kritik geäußert.

So gibt *Otto*[372] – Bezug nehmend auf das von *Schumann* zur Konkretisierung einer Solidarisierung ins Feld geführte Kriterium der Tatnähe – zu bedenken, dass zwar durchaus zuzugestehen sei, dass die Förderung der Haupttat im unmittelbaren Zusammenhang mit der Ausführungshandlung auf Dritte in höherem

---

[370] Vgl. *Schumann*, a.a.O., S. 68 f.
[371] Vgl. *Schumann*, a.a.O., S. 69
[372] *Otto*, Lenckner-FS, S. 193, 206

Maße rechtssicherheitserschütternd wirkt als eine Unterstützung des Haupttäters im Vorbereitungsstadium. Gleichwohl dürfe es unter Teilnahmeaspekten keinen Unterschied machen, ob beispielsweise der Gehilfe dem Täter die zum Mord benötigte Waffe einen Tag vor der Tat liefert oder unmittelbar vor der Tat im Angesichts des Opfers, das sich in der Gewalt des Täters befindet. Auch könne – insoweit wird von *Otto* das weitere nach *Schumann* für eine Solidarisierung maßgebliche Kriterium des äußeren Erscheinungsbildes einer Handlung (Stichwort „Eindruckstheorie“) angegriffen – die Abweichung vom üblichen Geschehen – etwa bei dem oben geschilderten Verkauf einer Waffe einmal an einen Täter, der einen Waffenschein besitzt und zum anderen an denjenigen, dem der Waffenschein fehlt, sofern feststeht, dass beide Täter ein Attentat planen – keine Unterschiede in der Strafbarkeit begründen. Dies alles lässt für *Otto* die Vermutung aufkommen, dass der Solidarisierungsgedanke zwar geeignet ist, die Strafwürdigkeit besonders krasser Beihilfefälle bewusst zu machen, nicht aber die scharfe begriffliche Abgrenzung von Sachverhalten zu fördern, in denen das Risiko für das geschützte Rechtsgut erhöht wird, die aber dennoch nicht strafwürdig sind.

Allerdings werden bei der von *Otto* geübten Kritik die in der Lehre *Schumanns* herausgearbeiteten Differenzierungen wie auch die von ihm hergeleiteten Kriterien zur Bejahung einer Solidarisierung des Teilnehmers mit dem Unrecht der Haupttat m.E. in ihrer Gesamtheit nicht vollends berücksichtigt. Denn für den von *Otto* gelieferten Fall des Gehilfen, der dem Täter die zum Mord benötigte Waffe einmal einen Tag vor, das andere Mal unmittelbar vor der Tat und im Angesicht des Opfers liefert, bietet *Schumanns* Ansatz durchaus Anhaltspunkte für eine mit *Otto* übereinstimmende Lösung. Denn, wie oben bereits ausgeführt wurde, beinhaltet das von *Otto* angesprochene und kritisierte Kriterium der Nähe zur Tat eben nicht nur einen zeitlichen Aspekt (der hier zugestandenermaßen in beiden Fallalternativen zu unterschiedlichen Ergebnissen führen würde), sondern die Tatnähe ist auch danach zu beurteilen, ob die fremde Tat unter dem Aspekt gefördert wird, der den Kern ihres Unrechts ausmacht. Eine solche Förderung im Hinblick auf den Kern des Unrechts der Haupttat dürfte aber in beiden von *Otto* geschilderten Fallvarianten zu bejahen sein, denn allein durch die Lieferung der Tatwaffe – wann auch immer dies geschieht – wird die Tat des Haupttäters in ihrem Unrechtskern, nämlich der Tötung eines anderen Menschen mit dieser Waffe, gefördert. Mithin gelangt auch die Lehre *Schumanns* in beiden Fällen zur Strafbarkeit des Waffenlieferanten, so dass der von *Otto* gelieferte Kritikpunkt, der Zeitpunkt der Waffenlieferung dürfe keinen Unterschied machen, an der Sache letztlich vorbei geht. Ähnliches gilt für den oben geschilderten Fall des (berufs- bzw. geschäftsmäßigen) Waffenhändlers. Denn *Schumann* hat gerade herausgearbeitet, dass Maßstab für die Beurteilung des Vorliegens einer Solidarisierung mit dem Unrecht der Haupttat nicht nur das (tatsächliche) äußere Erscheinungsbild eines Verhaltens in Form einer „Abweichung vom tatsächlich Normalen", sondern ein weiteres Indiz hierfür auch die Abweichung von rechtlichen Normen ist. Insofern ist die pauschal von *Otto* geübte Kritik zurückzuweisen.

Was aber bei dem von *Schumann* entwickelten dogmatischen Ansatz durchaus zu kritisieren ist, ist die Tatsache, dass er die innere Tatseite des potentiellen Gehilfen bei der strafrechtlichen Beurteilung seines Tatbeitrages vernachlässigt. Als Indizien für die Bestimmung des Vorliegens einer Solidarisierung mit dem Unrecht der Haupttat (und damit einer strafbaren Beihilfe) werden lediglich objektive Kriterien aufgestellt. Sowohl der Gesichtspunkt der Tatnähe als auch das Abstellen auf das äußere Erscheinungsbild der potentiellen Gehilfenhandlung lassen das Wissen und Wollen des Beteiligten als strafbarkeitsbegründendes Merkmal unberücksichtigt. Denn wenn jemand genau *weiß*, dass sein Handeln dem Täter *ausschließlich* zu deliktischen Zwecken dient, verliert sein Tun automatisch den Alltagscharakter und ist durchaus als Solidarisierung mit dem Haupttäter zu begreifen[373]. Allein auf das äußere Erscheinungsbild oder die Nähe der Handlung zur Tat kann es also bei der Einordnung eines Verhaltens als strafbar oder nicht strafbar nicht ankommen. Weiß also im Schraubenzieherfall der Verkäufer, dass der von ihm verkaufte Gegenstand für den Haupttäter allein als Mittel der Deliktsbegehung nützlich sein wird, dann ist der Verkauf kein „neutrales" Alltagsgeschäft mehr, sondern schlägt in einen Rechtsgutsangriff um[374]. Des Weiteren ist zu bedenken, dass auch *Schumann* die Strafbarkeit des Verkäufers dann nicht mehr verneint, wenn ihm der Käufer ausdrücklich mitteilt, dass er den gekauften Gegenstand für einen Einbruch benutzen wird. Es ist jedoch nicht sachgerecht, danach zu differenzieren, *woher* der Gehilfe sein Wissen vom Deliktsplan des Haupttäters erlangt hat, ob er hiervon etwa durch heimliches Belauschen oder aber durch ausdrückliche Einweihung erfährt[375]; an der Strafwürdigkeit ändert dieser Unterschied jedenfalls nichts und die von *Schumann* vorgenommene Differenzierung macht insofern keinen Sinn. Außer Acht

---

[373] vgl. *Roxin*, Miyazawa-FS, S. 501, 514 f.; *ders.*, in: LK, StGB, 11. Aufl. 2003, § 27 Rz. 19
[374] vgl. *Roxin*, Miyazawa-FS, S. 501, 514
[375] vgl. *Roxin*, Miyazawa-FS, S. 501, 514; *ders.*, in: LK, StGB, 11. Aufl. 2003, § 27 Rz. 19; *Ransiek*, wistra 1997, S. 41, 42; *Niedermair*, ZStW 107 (1995), S. 507, 515

zu lassen ist in diesem Zusammenhang auch die Erwägung, dass der Schraubenzieher unproblematisch auch woanders hätte erworben werden können. Denn wie jeder hypothetische Kausalverlauf ändert die anderweitige Erlangbarkeit eines Gehilfenbeitrages nichts an der Beihilfestrafbarkeit[376]. Zutreffend weist *Roxin*[377] schließlich darauf hin, dass der Charakter einer Handlung durch den Zweck bestimmt wird, dem sie dient. Dieser Handlungszweck und damit die innere Tatseite der Gehilfenhandlung wird jedoch von *Schumann* zu sehr vernachlässigt. Denn er tritt weder immer derart äußerlich zutage, dass er unter dem Aspekt der Eindruckstheorie stets von Bedeutung wäre, noch wird er durch das Kriterium der – im wesentlichen objektiv zu verstehenden – Tatnähe hinreichend erfasst. Gleichwohl ist zu berücksichtigen, dass die von *Schumann* aufgestellten Kriterien möglicherweise zumindest wertvolle Hinweise und Anhaltspunkte im Rahmen der Ausgrenzung bestimmter Verhaltensweisen aus dem Bereich strafbarer Beihilfe liefern können[378].

V. Bedeutung der Lehre *Schumanns* für die vorliegende Arbeit

Zu prüfen bleibt daher nun, ob die von *Schumann* gewonnenen Erkenntnisse – wenn auch davon auszugehen ist, dass es sich dabei aufgrund der oben näher dargelegten Kritik nicht um ein in sich geschlossenes System handelt – wenigstens hilfreiche Anhaltspunkte für eine befriedigende Lösung der im Rahmen der vorliegenden Arbeit behandelten Fälle liefern können.

Die hier einschlägigen Fallkonstellationen wurden bereits eingehend geschildert[379]. Dabei war es jeweils so, dass der Geschäftsführer einer GmbH den Rechtsanwalt beauftragt, für die Gesellschaft tätig zu werden und für diese ein „privates Insolvenzverfahren" durchzuführen. Der Rechtsanwalt nimmt das Mandat an und verfasst ein Rundschreiben an sämtliche Gläubiger mit dem Ziel der Erreichung eines allgemeinen (Teil-) Forderungsverzichts zum Zwecke der Beseitigung der Überschuldung bzw. Zahlungsunfähigkeit. In der Folge kommt es zu einer Verwirklichung des Straftatbestandes der §§ 64 Abs.1, 84 Abs.1 Nr.2 GmbHG durch den Geschäftsführer. Wie auch immer die weiteren Umstände des Geschehens im Einzelnen sind, so zeigt sich dennoch, dass die von *Schu-*

---

[376] vgl. nur *LK-Roxin*, StGB, 11. Aufl. 2003, § 27 Rz. 19; *Roxin*, Miyazawa-FS, S.501, 514
[377] *Roxin*, Miyazawa-FS, S.501, 515
[378] in diesem Sinne wohl auch *Otto*, Lenckner-FS, S. 193, 206
[379] Teil 1, 1. Kapitel

mann erarbeiteten Kriterien nicht weiterhelfen. Denn zum einen bleibt die Tätigkeit des Rechtsanwaltes als solche immer dieselbe. Mithin ändert sich auch ihr äußeres Erscheinungsbild unter dem Gesichtspunkt der Eindruckstheorie nicht, und dies, obwohl dem Rechtsgefühl nach die Strafwürdigkeit des Verhaltens des Rechtsanwaltes unterschiedlich ausgeprägt sein dürfte. Ähnliches gilt für das Kriterium der Tatnähe. Zwar besteht in zeitlicher Hinsicht ein Unterschied, ob die Dreiwochenfrist des § 64 Abs.1, Satz 1 GmbHG bei Verfahrensbeginn – also zum Zeitpunkt der Versendung des Rundschreibens an die Gläubiger – schon abgelaufen war oder nicht. Denn im ersten Fall war das Delikt durch den Haupttäter bereits vollendet und die Rechtsgutsverletzung (so denn überhaupt eine vorliegt) wurde durch den Rechtsanwalt insofern perpetuiert; im zweiten Fall hingegen erfolgte die Gehilfenhandlung sozusagen im Vorbereitungsstadium. In allen anderen Fällen hingegen erlaubt das Kriterium der Tatnähe unter zeitlichen Gesichtspunkten keine zuverlässige Differenzierung. Auch führt der (zweite) Unteraspekt der „Förderung der Tat in ihrem Unrechtskern" an dieser Stelle nicht weiter.

Es bleibt daher festzuhalten, dass die von *Schumann* entwickelte Lehre jedenfalls für die vorliegenden Fälle nur eine sehr begrenzt einsetzbare Hilfestellung zur Ausgrenzung strafunwürdig erscheinender Beihilfehandlungen bietet[380].

6. Kapitel : Deliktischer Sinnbezug bzw. erkennbare Tatgeneigtheit als konstitutive Elemente der Beihilfe

Ein anderes Konzept zur Begrenzung der Beihilfestrafbarkeit vertritt *Roxin*, der ebenfalls der Auffassung ist, dass eine kausale Risikosteigerung alleine für eine strafbare Beihilfe noch nicht genügend ist, sondern dass vielmehr gewisse äußerlich „neutrale" Handlungen oder „Alltagshandlungen" unter bestimmten Voraussetzungen auch dann straflos ein müssen, wenn sie bewusst zu einer Deliktsverwirklichung beitragen[381]. *Roxin* differenziert dabei – und insofern wird er der oben an der Lehre *Schumanns* geäußerten Kritik gerecht, indem er objektive und subjektive Elemente miteinander kombiniert – zunächst auf der Vorsatzseite

---

[380] ähnlich für andere "neutrale" Handlungen auch *Meyer-Arndt*, wistra 1989, S. 281, 285

[381] Vgl. *LK-Roxin*, 11. Aufl. 2003, § 27 Rz. 16; siehe auch die Zusammenfassung bei *Otto*, Lenckner-FS, S. 207 ff.

und im Grundsatz danach, ob der die Tat Fördernde bei der Erbringung seiner Handlung von den deliktischen Absichten des Täters definitiv weiß (also mit *dolus directus* handelt), oder ob er lediglich mit einer Ausnutzung seiner Leistung für deliktische Zwecke im Sinne einer Möglichkeit rechnet (also die deliktischen Absichten bloß mit *dolus eventualis* in Rechnung stellt)[382]. Kennt der Beteiligte den Deliktsplan des Täters, so soll trotz Förderung der Haupttat durch seinen Tatbeitrag eine strafbare Beihilfe nur dann anzunehmen sein, wenn der Tatbeitrag einen eindeutig „deliktischen Sinnbezug" hat. Handelt der Außenstehende hingegen mit *dolus eventualis*, so ist eine strafbare Beihilfe nur dann anzunehmen, wenn eine „erkennbare Tatgeneigtheit" des Haupttäters vorliegt.

I. Der deliktische Sinnbezug

Weiß derjenige, der eine Handlung erbringt, dass er mit ihr ein deliktisches Handeln unterstützt, so ist nach *Roxin* darauf abzustellen, ob sein Tun einen „deliktischen Sinnbezug" aufweist[383]. Nur, aber auch immer dann ist strafbare Beihilfe gegeben. Ein solcher „deliktischer Sinnbezug" liegt vor, wenn der fördernde Beitrag ohne die strafbaren Handlungen des Täters für diesen keinen Sinn mehr hat und der Teilnehmer dies auch weiß, er fehlt hingegen, wenn er unabhängig davon für den Täter sinnvoll bleibt. Mit anderen Worten, der deliktische Sinnbezug ist gegeben, wenn der Beitrag für den Haupttäter allein unter der Voraussetzung der geplanten Straftat von Wert ist; hinzukommen muss, dass der potentielle Gehilfe von diesem Wert seiner Handlung auch weiß[384]. Beschäftigt also jemand einen Handwerker, von dem er weiß, dass er den Arbeitslohn nicht versteuern wird oder liefert jemand Material an einen Fabrikanten, von dem ihm bekannt ist, dass dieser bei der Verarbeitung ständig gegen Umweltvorschriften verstößt[385], so ist nach der Konzeption *Roxins* keine Beihilfestrafbarkeit anzunehmen, denn den Handlungen beider Personen fehlt der „deliktische Sinnbezug" insofern, als die Entlohnung eines Handwerkers bzw. die Lieferung von Rohstoffen an einen Fabrikanten auch dann sinnvolle und nützliche Leistungen bleiben, wenn man von ihren Delikten absieht. Denn den Auftraggeber bzw. den Lieferanten gehe es nichts an, ob der Partner für sich gesehen ordnungsgemäßer Geschäfte die geltenden Steuer- bzw. Umweltschutzbestimmungen einhält oder

---

[382] vgl. *LK-Roxin*, 11. Aufl. 2003, § 27 Rz. 16; *Roxin*, Miyazawa-FS, S. 501, 513
[383] vgl. hierzu und im folgenden *LK-Roxin*, 11. Aufl. 2003, § 27 Rz. 17; *Roxin*, Miyazawa-FS, S. 501, 513 ff.
[384] *Roxin*, Miyazawa-FS, S. 501, 513
[385] vgl. Die Beispiele bei *LK-Roxin*, 11. Aufl. 2003, § 27 Rz. 16 f.

nicht. Die Beiträge des Außenstehenden haben keinen deliktischen, sondern einen legalen Sinnbezug, weil die Verarbeitung von Material durch einen Fabrikanten und die Ausführung von Aufträgen durch einen Handwerker durchaus rechtmäßige Tätigkeiten sind. Die Delikte werden nur gelegentlich der durch den Beitrag ausgelösten Handlungen begangen und liegen allein in der Verantwortung des Täters. Die Beiträge des Lieferanten und des Auftraggebers beziehen sich nicht auf das nachfolgende deliktische Handeln des Täters, sondern auf ordnungsgemäßes Verhalten. Sie werden rechtlich nicht missbilligt und stellen keinen Rechtsgutsangriff dar[386].

Auf der anderen Seite macht sich nach dem Konzept *Roxins* der Bäcker wegen Totschlagsteilnahme strafbar, wenn er beim Verkauf seiner Brötchen weiß, dass der Käufer diese vergiften und sodann seinen Gästen servieren wird; gleiches gilt für den Verkäufer eines Schraubenziehers, wenn dieser auch nur zufällig erfahren hat, dass der Erwerber damit einen Einbruchsdiebstahl begehen will[387]. Denn der Erwerb hätte in beiden Fällen für den Erwerber einen ausschließlich deliktischen Sinn; die gekauften Waren sollten einen Einbruch bzw. einen Totschlag fördern und wurden nur zu diesem Zweck gebraucht. Ebensolches gilt für den Taxifahrer, der den Täter, in dessen geplante oder durchgeführte Tat er eingeweiht ist, zu normalem Fahrpreis zum Tatort fährt[388] oder von dort mit der Beute abholt[389]. Denn er weiß, dass die Fahrten ohne den deliktischen Zweck für den Täter sinnlos sind. Damit bezieht er auch sein eigenes Tun ausschließlich auf diesen deliktischen Zweck; es stellt sich als Rechtsgutsangriff und damit als Beihilfe dar. Die scheinbare „Alltäglichkeit" und Harmlosigkeit beider Geschäfte, so *Roxin*, ändern an der Strafbarkeit nichts; denn diese Harmlosigkeit verliert sich, sobald der Verkäufer den Verwendungszweck kennt (Aber: Was ist, wenn der Käufer des Schraubenziehers diesen auch noch für andere, erlaubte Zwecke benötigt?).

II. Die erkennbare Tatgeneigtheit

Anders ist es hingegen, wenn der Außenstehende kein sicheres Wissen von einem Deliktsplan hat, sondern die deliktische Verwendung seines Tatbeitrages

---

[386] *Roxin*, Miyazawa-FS, S. 501, 513 f.
[387] vgl. *LK-Roxin*, 11. Aufl. 2003, § 27 Rz. 17
[388] BGH GA 1981, 133f.; *Roxin*, Miyazawa-FS, S. 501, 513
[389] BGHSt 4, 107; *Roxin*, Miyazawa-FS, S. 501, 513

nur für möglich hält, also mit *dolus eventualis* handelt[390]. So etwa, wenn in dem oben beschriebenen Schraubenziehergeschäft der Verkäufer zwar keine Kenntnis von den deliktischen Plänen des Käufers hat, der Verkauf jedoch an einen für ihn verdächtig aussehenden Menschen erfolgt und in ihm deshalb die Überlegung hervorruft, ob dieser damit nicht einen Einbruch begehen wolle und er dies in Kauf nimmt. Wird der Einbruch tatsächlich begangen, so hat der Verkäufer nach der Konzeption *Roxins* hierzu grundsätzlich keine strafbare Beihilfe mit *dolus eventualis* geleistet. Der Tatbeitrag ist vielmehr durch den Vertrauensgrundsatz gedeckt und dem Außenstehenden deshalb nicht zuzurechnen. Denn jedermann dürfe im Regelfall darauf vertrauen, dass andere keine vorsätzlichen Straftaten begehen. Anderenfalls wäre ein Verkauf und die Weitergabe gefährlicher Gegenstände wie z.B. von Messern, Streichhölzern, Brennspiritus, Feuerzeugen etc. nicht durchführbar, obwohl derartige Tätigkeiten für ein modernes Sozialleben ebenso unentbehrlich sind wie andere Verhaltensweisen, die Straftäter sich zunutze machen können. Wenn trotzdem durch solche Verhaltensweisen im Einzelfall eine strafbare Handlung ermöglicht oder erleichtert wird, so liegt die Förderungshandlung des Außenstehenden im Rahmen des durch den zuvor genannten Vertrauensgrundsatz geschaffenen erlaubten Risikos. Etwas anderes gelte erst dann, wenn mit dem Tatbeitrag des Außenstehenden die Förderung eines *erkennbar tatgeneigten* Täters einhergeht; dann ist die Handlung vom Vertrauensgrundsatz nicht mehr gedeckt und das erlaubte Risiko folglich überschritten[391]. Im oben geschilderten Fall genügt jedoch ein auf subjektiven Einschätzungen beruhendes „verdächtiges Aussehen“ nicht zur Begründung erkennbarer Tatgeneigtheit; dazu bedürfte es konkreterer Anhaltspunkte, die die Wahrscheinlichkeit eines deliktischen Verwendungszwecks nahe legen[392]. Andererseits, um bei den oben beschriebenen Verkaufsgeschäften des täglichen Lebens zu bleiben: Betritt jemand ein Geschäft, verlangt den Verkauf eines Messers und gibt dabei unzweideutig zu erkennen, dass vor dem Laden gerade eine Schlägerei im Gange ist, an der er beteiligt ist (etwa weil er völlig außer Atem ist und schon Verletzungen davongetragen hat), und erkennt der Verkäufer dies, so ist letzterer wegen Beihilfe mit Eventualvorsatz zu bestrafen, wenn es tatsächlich zu einer Körperverletzung mit dem verkauften Messer kommt[393].

---

[390] vgl. hierzu und im folgenden *LK-Roxin*, 11. Aufl. 2003, § 27 Rz. 21; *Roxin*, Miyazawa-FS, S. 501, 516 f.
[391] vgl. *LK-Roxin*, 11. Aufl. 2003, § 27 Rz. 21
[392] vgl. *Roxin*, Miyazawa-FS, S. 501, 516
[393] vgl. auch das ähnliche Beispiel bei *Roxin*, Miyazawa-FS, S. 501, 516

III. Hintergrund

Roxin begründet seinen Lösungsansatz mit den Regeln der objektiven Zurechnung[394]: Fehlt dem Tatbeitrag des Außenstehenden der deliktische Sinnbezug oder aber ist der spätere Täter für ihn bei der Vornahme des Tatbeitrages nicht erkennbar tatgeneigt (stellt also seine Handlung ein durch den Vertrauensgrundsatz erlaubtes Risiko dar), fehlt es an einem Rechtsgutsangriff, denn ein solcher ist nur die vorsätzliche Schaffung eines unerlaubten Risikos als Grundvoraussetzung der objektiven Zurechnung. Hintergrund ist das von *Roxin* vertretene Verständnis vom Rechtsgrund der Teilnahme: Nur wer vorsätzlich die Chancen des Täters verbessert und das Opferrisiko erhöht, unternimmt einen selbständigen Rechtsgutsangriff, wie er für jede Teilnahme erforderlich ist. Wie jedoch an anderer Stelle bereits angedeutet wurde, kann im Rahmen der vorliegenden Arbeit eine detaillierte Auseinandersetzung mit dem Strafgrund der Teilnahme nicht erfolgen. Die vorstehenden kurzen Ausführungen sollen daher lediglich dazu dienen, den Hintergrund des Konzepts von *Roxin* kurz zu erläutern.

IV. Bedeutung für die vorliegende Arbeit

Die Lehre von *Schumann* hat sich wegen ihrer mangelnden Berücksichtigung subjektiver Elemente als weitestgehend untauglich für die Lösung der im Rahmen der vorliegenden Arbeit interessierenden Fälle erwiesen[395]. Dieses Manko wird durch den Ansatz *Roxins* ausgeglichen, indem er subjektive und objektive Elemente miteinander kombiniert. Es bleibt deshalb zu prüfen, ob auf diese Weise eine sinnvolle Lösung jener Fälle erfolgen kann.

1. *Dolus directus*

Die erste Weichenstellung bei der Anwendung des Konzepts von *Roxin* auf die hier näher behandelten Fälle ergibt sich im Rahmen der Frage, ob der handelnde Rechtsanwalt im Hinblick auf die nachfolgende Haupttat mit *dolus directus*[396] oder mit *dolus eventualis* gehandelt hat.

---

[394] Vgl. *LK-Roxin*, 11. Aufl. 2003, § 27 Rz. 22

[395] 5. Kapitel, Ziff. V

[396] Gemeint ist hierbei *dolus directus* zweiten Grades; ein Handeln des Rechtsanwaltes mit Absicht (*dolus directus* ersten Grades) im Hinblick auf die Verwirklichung des Straftatbestandes der Insolvenzverschleppung dürfte praktisch nicht vorkommen.

Zu prüfen ist also zunächst, ob der Rechtsanwalt bei der Erbringung seiner Leistung, sprich bei der Abfassung des Rundschreibens an die Gläubiger, in dem diese zu einem (Teil-) Forderungsverzicht binnen einer bestimmten Frist aufgefordert bzw. nachgesucht werden, *sicher weiß*, dass es zu einer Vollendung des Straftatbestandes der Insolvenzverschleppung gemäß §§ 64 Abs.1, 84 Abs.1 Nr.2 GmbHG durch den Geschäftsführer der GmbH als Haupttäter kommt. Dies ist zum einen dann der Fall, wenn die Dreiwochenfrist schon bei Vornahme des Beitrags durch den Rechtsanwalt abgelaufen ist. Zwar ist hier die Haupttat bereits vollendet, dies ändert jedoch nichts daran, dass eine Beihilfe im Sinne einer Perpetuierung bis zum Zeitpunkt der materiellen Beendigung weiterhin möglich bleibt[397]. Materielle Beendigung des Tatbestandes der Insolvenzverschleppung als Dauerdelikt tritt jedoch erst bei Beseitigung von Überschuldung bzw. Zahlungsunfähigkeit oder bei tatsächlicher Eröffnung des (gerichtlichen) Insolvenzverfahrens ein[398]. Eine definitive Kenntnis des Rechtsanwaltes von der (späteren) Vollendung des Delikts durch den Haupttäter liegt zum zweiten dann vor, wenn mit Sicherheit ausgeschlossen werden kann (und der Rechtsanwalt dies erkennt), dass eine Sanierung durch Beseitigung von Überschuldung bzw. Zahlungsunfähigkeit innerhalb der Dreiwochenfrist erfolgreich sein wird[399] und der Geschäftsführer gleichwohl erklärt hat, keinen Insolvenzantrag stellen zu wollen, obwohl er hierzu unverzüglich verpflichtet ist.

Eine Strafbarkeit des Rechtsanwaltes ist in den beiden zuvor beschriebenen Fällen nach der Konzeption *Roxins* allerdings nur dann anzunehmen, wenn ein deliktischer Sinnbezug zu bejahen ist. Dies bedeutet, dass die Handlung bzw. das Tätigwerden des Rechtsanwaltes *ohne* nachfolgende strafbare Handlung des Haupttäters für diesen gleichwohl noch sinnvoll sein muss. Mit anderen Worten, es ist zu fragen, ob der Beitrag des Rechtsanwaltes für den Haupttäter allein unter der Voraussetzung der geplanten Straftat von Wert ist oder auch darüber hinaus Sinn macht. Von Wert ist das Tätigwerden des Rechtsanwaltes für den Geschäftsführer der GmbH als Haupttäter *ohne* nachfolgende strafbare Handlung seinerseits aber nur, wenn es auch dann noch einen Zweck für den Haupttäter erfüllt, er die Tätigkeit mithin auch dann noch gebrauchen kann, wenn er die Straftat gerade nicht begeht. Ein Unterlassen der Straftat durch den Geschäftsführer würde aber bedeuten, dass dieser den Insolvenzantrag tatsächlich stellt.

---

[397] St. Rspr., vgl. nur BGHSt 3, 40, 43 f.; 19, 323, 325
[398] S.o. 2. Kapitel, Ziff. II, 5.
[399] Etwa weil die den Gläubigern in dem Rundschreiben gesetzte Frist schon über den Zeitpunkt des Ablaufes der Dreiwochenfrist gem. § 64 Abs.1 S.1 GmbHG hinausgeht.

Zwar kann im ersten Fall die Straftat wegen bereits eingetretener formeller Vollendung nicht mehr vollständig unterlassen werden, gleichwohl würde das unverzügliche Stellen des Insolvenzantrages zumindest zur materiellen Beendigung des Rechtsgutsangriffes führen. Stellt aber der Geschäftsführer den Insolvenzantrag, kommt es bei tatsächlichem Vorliegen von Zahlungsunfähigkeit bzw. Überschuldung zur Eröffnung des Insolvenzverfahrens oder zur Abweisung des Antrages mangels Masse. In beiden Fällen wird jedoch ein „privates Insolvenzverfahren" spätestens dann für alle Beteiligten sinnlos. Als logische Folge ist der deliktische Sinnbezug und damit eine Beihilfestrafbarkeit des Rechtsanwaltes zu bejahen.

2. *Dolus eventualis*

In der zweiten, von *Roxin* genannten Fallgruppe handelt der potentielle Gehilfe lediglich mit *dolus eventualis*. Er hat kein sicheres Wissen von einem Deliktsplan des späteren Haupttäters, sondern hält die deliktische Verwendung seines Tatbeitrages nur für möglich. In den hier interessierenden Fällen der Durchführung privater Insolvenzverfahren durch Rechtsanwälte ist dies dann zu bejahen, wenn die avisierte Sanierung zum Zwecke der Beseitigung der Insolvenzantragspflicht innerhalb der Dreiwochenfrist des § 64 Abs.1 Satz 1 zwar möglicherweise Erfolg hat, andererseits aber auch scheitern kann. Entscheidend ist an dieser Stelle, ob eine erkennbare Tatgeneigtheit des Haupttäters (Geschäftsführers) gegeben ist oder nicht. Liegen also *konkrete* Anhaltspunkte vor, die die Wahrscheinlichkeit eines deliktischen Verwendungszwecks *nahe legen*, so ist die Beihilfestrafbarkeit dem Grundsatz nach zu bejahen.

An dieser Stelle ist zunächst weiter danach zu differenzieren, welchen tatsächlichen Kenntnisstand der Rechtsanwalt von den Plänen seines Mandanten hat. Hat letzterer ihm von vornherein zu verstehen gegeben, dass er in dem Zeitpunkt, in dem absehbar wird, dass eine Sanierung innerhalb der Dreiwochenfrist ausgeschlossen ist, den Antrag auf Eröffnung des Insolvenzverfahrens sofort einzureichen gedenkt, liegen keinerlei Anhaltspunkte für eine wahrscheinliche deliktische Verwendung des Tatbeitrages vor. Gleiches gilt für den Fall, dass der Mandant sich hierüber vollständig ausgeschwiegen hat. Denn auch dann sind aus Sicht des Rechtsanwaltes – und auf diese Sicht kommt es hier an, handelt es sich doch um das Kriterium der *erkennbaren* Tatgeneigtheit – solche Anhaltspunkte zu verneinen. In diesem Falle durfte der Rechtsanwalt mangels entgegenstehender Indizien auch darauf vertrauen, dass sich sein Mandant rechtskonform verhalten wird.

Hat der Geschäftsführer hingegen vor Tätigwerden des Rechtsanwaltes klargemacht, dass er auch dann nicht beabsichtigt, seiner Insolvenzantragspflicht nachzukommen, wenn sich herauskristallisieren sollte, dass eine Sanierung innerhalb der Dreiwochenfrist nicht mehr machbar ist, sind solche *konkreten* Anhaltspunkte für eine *überwiegende Wahrscheinlichkeit* der Deliktsbegehung jedoch gleichwohl dann nicht ersichtlich, wenn der Rechtsanwalt aus einer *ex-ante*-Sicht mit guten Gründen annehmen durfte, dass die Sanierung tatsächlich fristgerecht zu einer Beseitigung von Zahlungsunfähigkeit bzw. Überschuldung und damit einem Erlöschen der Insolvenzantragspflicht führen wird. Eine andere Beurteilung ergäbe sich allenfalls, wenn entweder von vornherein nur eine verschwindend geringe Aussicht bestand, die Sanierung rechtzeitig zu schaffen, oder wenn sich dies später herausstellt und der Rechtsanwalt trotzdem weiterhin aktiv für seinen Mandanten tätig wird. Dann und nur dann ist eine erkennbare Tatgeneigtheit im Sinne *Roxins* zu bejahen.

3. Ergebnis

Die Anwendung des dogmatischen Ansatzes von *Roxin* hat ergeben, dass hierdurch bestimmte Beihilfehandlungen des Rechtsanwaltes im Rahmen seines Tätigwerdens in „privaten Insolvenzverfahren“ treffsicher aus dem Bereich strafbarer Beihilfe ausgeschieden werden können. Auch werden die Schwächen der Lehre *Schumann*s ausgemerzt, indem zur Beurteilung der Beihilfestrafbarkeit nicht nur objektive, sondern auch subjektive Kriterien herangezogen werden.

Was aber gleichwohl bleibt, ist ein unter Strafwürdigkeitsgesichtspunkten ungutes Empfinden. Denn der Rechtsanwalt bleibt strafbar in den Fällen, in denen zwar die Haupttat vollendet wird und ein deliktischer Sinnbezug oder eine erkennbare Tatgeneigtheit auch nicht zu leugnen ist, in denen aber gleichwohl das private Insolvenzverfahren erfolgreich und zur Zufriedenheit *aller* Beteiligten (Gesellschaft und Gläubiger) zuende geführt wird. Dies ist jedoch nicht primär ein Problem der Beihilfe sondern tritt in ähnlicher Form auch beim Haupttäter auf. Es soll hierauf deshalb an anderer Stelle im Rahmen des von der vorliegenden Arbeit entwickelten Konzepts gesondert eingegangen werden.

7. Kapitel : Die Rechtsprechung

Auch die Rechtsprechung hat verschiedene Ansätze zur Begrenzung der Beihilfestrafbarkeit entwickelt, und zwar zum einen explizit in Bezug auf die Tätigkeit des Rechtsanwaltes, zum anderen aber auch allgemein für „alltägliche“, „neutrale“ oder „sozialadäquate" Handlungen.

I. Die Beihilfestrafbarkeit des Rechtsanwaltes in der Rechtsprechung

Schon das Reichsgericht hat grundlegende Ausführungen zur Teilnahmestrafbarkeit des Rechtsanwaltes im Rahmen der Ausübung seiner beruflichen Tätigkeit sowie zur Einschränkung dieser Strafbarkeit gemacht. Dabei hat es als Kriterium der Strafbarkeitsbegrenzung eine Differenzierung im Vorsatzbereich vorgenommen. Diese Rechtsprechung wurde in neuerer Zeit vom BGH und verschiedenen Oberlandesgerichten fortgeführt.

1. RGSt 37, 321

Bereits im Jahre 1904 hatte das Reichgericht über die Frage zu entscheiden, ob sich ein Rechtsanwalt der Beihilfe zu einer strafbaren Handlung schuldig machen kann, indem er in Ausübung seines Berufes in einer Rechtssache Rat[400] erteilt. Dem lag folgender Sachverhalt zugrunde: Ein rechtskräftig wegen Betruges Verurteilter verbüßte die ihm auferlegte Gefängnisstrafe. Seine Ehefrau und seine Söhne beabsichtigten, ihm bei der Flucht aus dem Gefängnis behilflich zu sein. Sie begaben sich deshalb zu dem angeklagten Rechtsanwalt und baten ihn um Auskunft hinsichtlich der Strafbarkeit ihres Vorhabens. Der Rechtsanwalt erteilte seinen „Rat“ dahingehend, dass die Fluchthilfe nach damals geltendem Recht nicht bestraft werden könne. Dabei stützte er sein Gutachten jedoch offensichtlich allein auf das Angehörigenprivileg nach § 258 Abs.6 StGB, übersah

---

[400] Mit dem Begriff "Rat" meint das Reichsgericht in der im Rahmen der vorliegenden Arbeit verwendeten Terminologie die Erteilung einer reinen Rechts*auskunft*. Zwar wird letztere hier nur am Rande behandelt, aufgrund der Tatsache aber, dass die Entscheidung von grundlegender Bedeutung ist und einschlägige Entscheidungen zur Frage der Beihilfestrafbarkeit von Rechtsanwälten im Rahmen "privater Insolvenzverfahren" – soweit ersichtlich – nicht vorliegen, wird die Entscheidung gleichwohl umfassend behandelt. Gleiches gilt jedenfalls zum Teil auch für die im Folgenden behandelten Entscheidungen.

aber den Straftatbestand der Gefangenenbefreiung gemäß § 120 StGB. Durch die Auskunft des Rechtsanwaltes wurden Ehefrau und Söhne in ihrem Tatentschluss bestärkt; dessen war sich der angeklagte Rechtsanwalt bewusst.

Das Reichsgericht hat eine Strafbarkeit des Rechtsanwaltes verneint und dazu ausgeführt[401], dass es zwar nicht zu den Rechten und Pflichten eines Rechtsanwaltes gehört, durch seinen Rat zur Begehung einer strafbaren Handlung wissentlich Hilfe zu leisten. Andererseits aber sei es selbstverständlich, dass das – nach bestem Wissen abgegebene – richtige oder unrichtige – Rechtsgutachten eines Rechtsanwaltes darüber, ob eine gewisse Handlung strafbar sei oder nicht, „an und für sich" nicht als Beihilfe im Sinne des § 49 StGB a.F. angesehen werden darf, und zwar auch dann, wenn das Gutachten die Ausführung der Tat zur Folge hat, der Gutachter diesen bevorstehenden Erfolg bereits bei seiner Ratserteilung wusste und die Tat in Wahrheit ein strafbares Delikt ist.

Die entscheidende Korrektur aber nimmt das Reichsgericht im Bereich des Vorsatzes des Rechtsanwaltes vor. Ausgehend von dem Grundsatz, dass der Beihilfevorsatz im allgemeinen das Wissen *und* Wollen der Tatbestandsverwirklichung durch den Haupttäter erfordert, wird das Wollenselement vorliegend mit folgender Begründung verneint: Da es unzweifelhaft zu den Berufshandlungen und Berufspflichten eines Rechtsanwalts gehöre, denjenigen, die um seinen Rat bitten, diesen Rat nach bestem Wissen zu erteilen, werde man „von vornherein und präsumtiv davon ausgehen müssen, daß das Bewusstsein und der Wille des Anwaltes in solchen Fällen lediglich darauf gerichtet ist, pflichtgemäß Rat zu erteilen, insbesondere nicht darauf, auf das, was der Klient infolge der rechtsgutachtlichen Äußerung seines Rechtsbeistandes tut, einzuwirken"[402]. Dies werde man auch dann annehmen müssen, wenn dem Anwalt bewusst ist, dass er durch seinen Rat objektiv zur Ausführung einer strafbaren Handlung Beihilfe leisten wird[403]. Das Reichsgericht verneint also das Wollen der Tatbestandsverwirklichung durch den Haupttäter trotz entsprechendem Wissen des Rechtsanwaltes hierum, sofern dieser nichts weiter tun will, „als seinen berufs- und pflichtmäßigen Rat (d. i. Belehrung) erteilen". Auch wenn ihm dabei bekannt sei, dass sein Gutachten zur Begehung eines Delikts führt, habe „sein Wille mit dieser Folge seiner rechtlichen Begutachtung oder Ratserteilung nichts zu schaf-

[401] RGSt 37, 321, 322
[402] RGSt 37, 321, 323
[403] RGSt 37, 321, 323

fen". Von einer wissentlichen Beihilfe könne folglich nicht die Rede sein[404]. Nur dann, wenn die Tätigkeit des Rechtsanwaltes nicht allein darauf abzielt, durch die Erteilung des Rechtsrates seinen Beruf zu erfüllen, sondern darüber hinaus auch *bezweckt*, die Begehung einer Straftat zu fördern, liege eine strafbare Beihilfe vor[405].

Unter Bezugnahme auf die berufliche Stellung des Rechtsanwaltes erhöht das Reichsgericht auf die zuvor geschilderte Weise also die Anforderungen, die an das Vorliegen des Gehilfenvorsatzes zu stellen sind, und verneint diesen Vorsatz immer dann, wenn es dem Rechtsanwalt lediglich um die Erfüllung seiner beruflichen Pflichten geht. Freilich behandelt die Entscheidung allein den Fall der reinen Rechtsauskunft durch den Rechtsanwalt, wobei hierfür dort die missverständliche Bezeichnung „Rechtsrat" gebraucht wird. Gleichwohl ist die Entscheidung insofern wegweisend, als Besonderheiten bzw. Einschränkungen im subjektiven Bereich mit dem Beruf des Rechtsanwaltes begründet werden.

Ähnlich argumentiert das Reichsgericht im übrigen auch in dem vielzitierten und oben bereits erwähnten Weinhändlerfall[406]. Dort ging es um die Strafbarkeit eines Händlers wegen Beihilfe zur Kuppelei (§ 180 StGB a.F.), weil dieser ein Bordell mit Wein belieferte. Zwar bejahte das Gericht eine solche Strafbarkeit im konkreten Fall, wies jedoch darauf hin, dass damit keineswegs ausgesprochen sein sollte bzw. notwendige Konsequenz sei, dass sich jeder Lieferant eines Bordells schon durch die Warenlieferung schlechthin der Beihilfe zur Kuppelei strafbar macht[407]. Vielmehr sei danach zu differenzieren, ob der Lieferant mit der Lieferung lediglich sein Gewerbe ausüben wolle, weshalb eine *wissentliche* Beihilfe zu verneinen sei[408], oder er darüber hinaus auch den Willen hatte, den Bordellbetrieb überhaupt oder den Weinausschank in diesen zu ermöglichen und hierdurch das "kupplerisches Treiben" der Bordellbetreiber zu unterstützen[409]. Auch hier verneint das Reichsgericht also den Gehilfenvorsatz dann, wenn es lediglich um die Erfüllung beruflicher Pflichten geht, und zwar unabhängig da-

[404] RGSt 37, 321, 324
[405] RGSt 37, 321, 324
[406] RGSt 39, 45
[407] RGSt 39, 45, 48
[408] Das Reichsgericht nimmt an dieser Stelle (Seite 49) explizit Bezug auf die oben bereits behandelte Entscheidung RGSt 37, 321 und zieht auf diese Weise eine Parallele zu dem Rechtsanwalt, der "lediglich in Ausübung seines Berufs seinem Klienten nach bestem Wissen ein Rechtsgutachten darüber abgibt, ob eine geplante Handlung mit Strafe belegt ist oder nicht".
[409] RGSt 39, 45, 48 f.

von, ob der Gehilfe im Hinblick auf die Haupttat mit bedingtem oder direktem Vorsatz handelt. Auf diese Weise wird – was noch im Einzelnen zu zeigen sein wird – systemwidrig ein zusätzliches Strafbarkeitserfordernis im Sinne einer Absicht im Hinblick auf den tatbestandsmäßigen Erfolg der Haupttat aufgestellt. Denn nach der Argumentation des Reichsgerichts macht sich der Lieferant nur dann strafbar, wenn es ihm gewissermaßen zumindest auch auf diesen Erfolg *ankommt*.

2. RGSt 60, 6

In einer weiteren Entscheidung aus dem Jahr 1925 ging das Reichsgericht der ähnlich gelagerten Frage nach, ob ein Rechtsanwalt und Notar sich durch Ausübung seiner Berufstätigkeit der Beihilfe zur Steuerhinterziehung schuldig machen kann. Abweichend von der Entscheidung in RGSt 37, 321 ging es hier jedoch nicht um eine reine Rechtsauskunft; vielmehr wurde der Rechtsanwalt und Notar auch „aktiv rechtsgestaltend" tätig.

Die Parteien eines Grundstückskaufvertrages hatten, um Grunderwerbssteuer zu sparen, im notariellen Vertrag den Kaufpreis niedriger angegeben als in dem gleichzeitig geschlossenen privatschriftlichen Vertrag. Der angeklagte Rechtsanwalt und Notar, der davon wusste, war ihnen bei diesem Vorhaben insofern behilflich, als er entsprechend dem Willen der Parteien der Steuerbehörde zum Zwecke der Täuschung eine Veräußerungsanzeige vorlegte, in der als Kaufpreis lediglich der im notariellen Vertrag genannte Betrag angegeben war.

Das Reichsgericht hat hier eine Beihilfe des Rechtsanwaltes und Notars zur – versuchten – Steuerhinterziehung (zur Vollendung des Delikts durch die Parteien kam es indes nicht) bejaht und dabei zur Begründung die bereits in der zuvor behandelten Entscheidung ins Feld geführten Argumente herangezogen. Danach gehöre zur Annahme einer wissentlichen Hilfeleistung nicht bloß die Kenntnis des Gehilfen, der Haupttäter wolle die strafbare Handlung begehen. Vielmehr müsse auch sein *Wille* dahin gehen, die Vollbringung der vom Täter beabsichtigten Straftat zu fördern, also seinerseits einen Beitrag zu Tat zu leisten und in diesem Sinne die Ausführung der Haupttat zu erleichtern oder zu unterstützen[410]. Diese Voraussetzungen – und insbesondere ein entsprechender Wille des Angeklagten – seien hier deshalb erfüllt gewesen, weil der Rechtsanwalt und Notar

[410] RGSt 60, 6, 8

selbst beabsichtigt hat, der Steuerbehörde zunächst einen zu niedrigen Kaufpreis anzugeben und sie so über den Maßstab der Steuer zu täuschen[411].

Auf die in der zuvor genannten Entscheidung hergeleitete Privilegierung des Rechtsanwaltes dahingehend, dass unter Bezugnahme auf seine berufliche Stellung die Anforderungen, die an das Vorliegen des Gehilfenvorsatzes (und dort insbesondere an das Wollenselement) zu stellen sind, erhöht werden und der Vorsatz des Rechtsanwaltes immer dann zu verneinen ist, wenn es ihm lediglich um die Erfüllung seiner beruflichen Pflichten geht, wird freilich in der Entscheidung nicht eingegangen. Dies dürfte daran liegen, dass im zu entscheidenden Fall selbst diese höheren Voraussetzungen erfüllt waren, zumal der Rechtsanwalt und Notar geradezu beabsichtigte, die Steuerbehörde zu täuschen, er sich mithin nicht darauf beschränkte, lediglich seine beruflichen Pflichten zu erfüllen. Das Reichsgericht brauchte also zu einer eventuellen berufsrechtlichen Einschränkung der Beihilfestrafbarkeit gar nicht Stellung nehmen[412]. Gleichwohl ist das Urteil insofern von Bedeutung und verdient daher an dieser Stelle Erwähnung, als es eine der wenigen Entscheidungen darstellt, die überhaupt zum Problemkreis der Beihilfestrafbarkeit von Rechtsanwälten im Rahmen ihrer Berufsausübung ergangen sind.

3. OLG Düsseldorf JR 1984, S. 257 f.[413]

An die vom Reichsgericht gewonnenen Erkenntnisse knüpft das OLG Düsseldorf in einer neueren Entscheidung aus dem Jahr 1983 an. Dort ging es um die gutachterliche Stellungnahme eines Rechtsanwaltes zu der Frage, ob bestimmte, zu Werbezwecken zu verwendende papiergeldähnliche Drucksachen bzw. Abbildungen als solche im Sinne von § 128 Abs.1 Nr.1a OWiG anzusehen sind mit der Folge, dass ihre Verbreitung eine Ordnungswidrigkeit darstellt. Der Rechtsanwalt gab hierauf die – rechtsirrige – Auskunft, dass Bedenken gegen die Verbreitung nicht bestünden. Die Werbedrucksache wurde daraufhin vom Mandanten entgegen der zuvor genannten Vorschrift des Gesetzes über Ordnungswidrigkeiten verteilt.

---

[411] RGSt 60, 6, 8
[412] so auch *Rogat*, Die Zurechnung bei der Beihilfe, S. 172
[413] = NStZ 1984, S. 29

Im Rahmen der Prüfung der Beihilfestrafbarkeit des Rechtsanwaltes modifiziert das OLG Düsseldorf wie schon zuvor das Reichsgericht das Wollenselement des Beihilfevorsatzes und stellt fest, dass allein der Umstand, dass der Rechtsanwalt die Absicht seines Mandanten kannte, die ihm bekannte Drucksache zu verbreiten, und in Kenntnis dieses Umstandes seinen wenn auch unrichtigen Rechtsrat erteilte, nicht darauf schließen lasse, dass er dies auch „wollte". Zumindest ließen sich hierfür – so das OLG – den Feststellungen der Vorinstanz keine Anhaltspunkte entnehmen. Als Begründung hierfür wird angegeben, dass es zu den Berufshandlungen und Berufspflichten eines Rechtsanwaltes gehöre, demjenigen, der seinen Rechtsrat erbittet, diesen Rat nach bestem Wissen zu erteilen. Dabei sei jedoch grundsätzlich davon auszugehen, dass das Bewusstsein und der Wille des Rechtsanwaltes in solchen Fällen allein darauf gerichtet ist, pflichtgemäß Rat zu erteilen und nicht darauf, auf das, was der Ratsuchende aufgrund des erteilten Rates tut, einzuwirken. Dies gelte selbst dann, wenn wie im zu entscheidenden Fall der Rechtsanwalt *weiß*, dass sein Rat den Mandanten zu einem bestimmten Tun (hier die Verbreitung der Werbedrucksache) veranlassen wird. Denn vorsätzlich leiste er dem Haupttäter nur dann Beihilfe, wenn sein *Wille* auch dahin geht, die Vollbringung der vom Täter beabsichtigten Tat zu fördern[414]. An dieser Stelle zitiert das OLG Düsseldorf im Übrigen wörtlich die entsprechende Passage des reichsgerichtlichen Urteils aus dem Jahr 1904[415]. Dies unterstreicht, dass es sich der dort entwickelten Theorie einer Vorsatzmodifikation uneingeschränkt anschließt.

Bereits an dieser Stelle ist anzumerken, dass es dieses Korrektivs im Rahmen der vorliegenden Entscheidung gar nicht bedurft hätte. Denn selbst wenn man das Vorliegen einer tatbestandsmäßigen und rechtswidrigen Haupttat hier unterstellt und wenn man weiterhin die Frage außer Acht lässt, ob es sich tatsächlich um eine (objektive) Gehilfen- oder nicht doch eher um eine Anstiftungshandlung des Rechtsanwaltes handelte, ist zu berücksichtigen, dass dieser im Rahmen der Erstellung seines Gutachtens die Verwechslungsfähigkeit der von ihm geprüften Werbedrucksache nicht erkannt hat. Das aber bedeutet, das der Rechtsanwalt schon gemäß § 11 Abs.1 Satz 1 OWiG[416] nicht vorsätzlich gehandelt hat, weil er eine maßgebliche *Tatsache*, die die Tat seines Mandanten zu einer Ordnungswidrigkeit nach § 128 OWiG machte, nämlich die Verwechslungsfähigkeit der Drucksache, nicht erkannt hat. Es fehlte daher gewissermaßen

---

[414] vgl. OLG Düsseldorf, JR 1984, S. 257, 258
[415] RGSt 37, 321
[416] Die Vorschrift entspricht im Wesentlichen § 16 Abs.1 Satz 1 StGB.

schon am Willenselement des Vorsatzes, so dass ein Rückgriff auf die Entscheidung des Reichsgerichts zumindest unnötig, wenn nicht gar fehlerhaft war[417].

4. BGH NJW 1992, S. 3047 f.

Ebenfalls angeknüpft an die Auffassung des Reichsgerichts hat der BGH in einem Beschluss aus dem Jahr 1992. In dem dort zu beurteilenden Sachverhalt ging es wiederum um die Frage, ob in der Erteilung einer bloßen Rechtsauskunft eine strafbare Beihilfe des Rechtsanwaltes zu der von seinem Mandanten begangenen Straftat zu sehen sei. Der BGH hat dies im Anschluss an die zuvor besprochenen Entscheidungen verneint und erneut betont, dass bei Erteilung eines Rechtsrates das Bewusstsein *und* der Wille eines Rechtsanwaltes in der Regel lediglich darauf gerichtet seien, pflichtgemäß Rat zu erteilen und nicht darauf, eine Straftat zu fördern[418].

5. OLG Stuttgart, NJW 1987, S. 2883 f.

Das zuvor Gesagte gilt auch für die Entscheidung des OLG Stuttgart vom 18. Dezember 1986. Dort ging es erneut um die Erteilung eines (unrichtigen) Rechtsrates durch einen Rechtsanwalt, diesmal in seiner Eigenschaft als Strafverteidiger[419]. Das Gericht gelangt zu dem Ergebnis, dass die Beratung auch dann nicht strafbar sei, wenn sie dazu führe, dass der Beratene eine strafbare Handlung begeht. Denn da es zu den Berufs- und Standespflichten des Rechtsanwaltes gehöre, den erbetenen Rechtsrat nach bestem Wissen zu erteilen, sei davon auszugehen, dass der Verteidiger die Rechtslage geprüft und die von ihm sodann gegenüber seinem Mandanten geäußerte Überzeugung gewonnen hat. Daraus aber sei zu folgern, dass das Bewusstsein und der Wille des Verteidigers ausschließlich dahin ging, nach den Regeln seiner Standespflicht Rechtsauskunft und Rechtsrat zu erteilen und nicht etwa dahin, seine Mandantin zu einer strafbaren Handlung zu bestimmen oder eine solche zu fördern.

---

[417] *Hruschka*, JR 1984, S. 259 f.

[418] BGH NJW 1992, S. 3047

[419] Dabei ist jedoch zu berücksichtigen, dass in dieser Entscheidung verteidigerspezifische Aspekte keine nennenswerte Rolle spielten.

6. Einschub : Parallelen in der Rechtsprechung des BGH zur Tätigkeit des Strafverteidigers

Eine ähnliche Konstruktion mit dem Ergebnis einer Modifikation des voluntativen Vorsatzelementes wie in den zuvor genannten und im Hinblick auf die Beihilfestrafbarkeit des Rechtsanwaltes ergangenen Entscheidungen entwickelt der BGH[420] auch in einem ganz anderen Zusammenhang. Dabei geht es um die Frage, ob für den Strafverteidiger - jenseits des § 258 StGB - auch im Zusammenhang mit anderen Straftatbeständen ein so genanntes Verteidigerprivileg gilt, ob mit anderen Worten für den Verteidiger im Rahmen seiner beruflichen Tätigkeit besondere Regeln gelten, die in strafrechtlicher Hinsicht größere Freiräume mit sich bringen.

Ausgangspunkt war folgender, hier verkürzt wiedergegebener Sachverhalt: Der angeklagte Rechtsanwalt war als Verteidiger für einen wegen zahlreicher Betrugstaten und Wechselfälschungen gesuchten Beschuldigten tätig. Nachdem dieser sich gestellt hatte, wurde er zu einer zeitigen Freiheitsstrafe verurteilt; der daraufhin sofort ergangene Haftbefehl wurde jedoch gegen eine vom Angeklagten als Eigenhinterleger gestellte Sicherheitsleistung außer Vollzug gesetzt. Der verurteilte Mandant setzte sich ins Ausland ab. In der Folge erreichte der Angeklagte zunächst durch die Vorlage verschiedener spanischer Atteste einen Aufschub der Vollstreckung. Anlässlich eines Besuches bei seinem Mandanten erkannte er jedoch, dass dieser völlig gesund war und dass die Atteste mithin gefälscht sein mussten. Da ein Strafantritt nicht erfolgte, beantragte die Staatsanwaltschaft den Verfall der Kaution; dem Antrag wurde stattgegeben. Im Rahmen des sich auf die sofortige Beschwerde des Angeklagten anschließenden Verfahrens legte der angeklagte Strafverteidiger mehrere Dokumente vor, unter anderem eine mit einem Beglaubigungsvermerk der Deutschen Botschaft versehene Sterbeurkunde eines spanischen Krankenhauses betreffend seinen Mandanten. Dabei nahm er billigend in Kauf, – was tatsächlich auch zutreffend war – dass die Urkunde falsch war.

Im Rahmen der Lösung des Falles stellt der BGH zunächst fest (und insofern ist die Entscheidung auch im Rahmen der vorliegenden Arbeit von Relevanz), dass

---

[420] BGHSt 38, 345; zum Problemkreis des Fälschens bzw. der Vorlage gefälschter Urkunden siehe *Beulke*, Die Strafbarkeit des Verteidigers, 1989, S. 53 Rz. 60 und S. 54 Rz. 61; ders., in: Die Strafbarkeit des Verteidigers, 1980, S. 152; vgl. auch die Anmerkungen von *Scheffler*, StV 1993, S. 470 und *Stumpf*, NStZ 1997, S. 7

in Anbetracht dessen, dass der Angeklagte die ihm zur Last gelegten Handlungen *in Ausübung* seiner Tätigkeit als Strafverteidiger begangen hat, die Frage bedingt vorsätzlichen Handels *besonderer Prüfung* bedurfte[421]. Es werden deshalb vom BGH als erstes die im Rahmen von § 258 StGB für den Verteidiger geltenden privilegierenden Besonderheiten[422] zusammenfassend dargelegt. Sodann stellt der BGH fest, dass sich diese Besonderheiten nicht auf andere Straftatbestände (wie beispielsweise die §§ 153 ff., 267 ff. StGB) und deshalb im konkreten Fall auch nicht auf den Tatbestand der Urkundenfälschung in der Variante des Gebrauchens einer unechten Urkunde nach § 267 StGB übertragen ließen[423]. Dies ergebe sich schon daraus, dass für dieses Delikt – im Gegensatz zur Begünstigung, die stets direkten Vorsatz voraussetzt[424] – *dolus eventualis* ausreichend sei. Auch verneint der BGH die Existenz eines besonderen Rechtfertigungsgrundes der Wahrnehmung von Verteidigerpflichten, da hierfür eine gesetzliche Grundlage fehle.

Zutreffend erkennt der BGH andererseits aber an, dass sich der Strafverteidiger gleichwohl oftmals in einem spezifischen Dilemma befindet. Denn im Rahmen seiner Verteidigertätigkeit gerät er vielfach in Situationen, in denen er dem Gericht etwas vortragen muss, was er für möglicherweise falsch hält, weil er subjektiv an der Wahrheit der Beschuldigteneinlassung zweifelt[425]. Dabei kommt ihm jedoch zumindest im Rahmen des *eigenen* Vortrags der Vorteil zugute, dass § 258 StGB, wie oben schon erwähnt, lediglich Handeln mit direktem Vorsatz für strafbar erklärt. Dies hat für den Verteidiger die positive Konsequenz, dass er seine einseitige Tätigkeit zugunsten des Beschuldigten uneingeschränkt und bis hin zum Verstoß gegen die Wahrheitspflicht straflos ausüben darf, solange ihm nur bezüglich der Vereitelungshandlung der direkte Vorsatz fehlt[426] und dass er nicht schon dann in die Gefahr eigener Strafbarkeit gerät, wenn er ihm selbst zweifelhafte Behauptungen aufstellt[427]. Dies gilt umso mehr, als er aufgrund des ihm erteilten Mandats dazu *verpflichtet* ist, den Angeklagten entlastende Tatsachen dem Gericht vorzutragen, solange er deren Richtigkeit nicht für ausgeschlossen hält[428]. Dem Verteidiger zugleich übermittelte schriftliche, seiner

---

[421] BGHSt 38, 345, 347
[422] BGHSt 38, 345, 347 f.
[423] BGHSt 38, 345, 348
[424] BGHSt 38, 345, 348; *Schönke-Schröder-Eser*, 26. Aufl. (2001), § 258 Rz. 22
[425] Vgl. *Beulke*, Anmerkung zu BGHSt 38, 345, in: JR 1994, S. 116, 118
[426] Vgl. *Beulke*, Anmerkung zu BGHSt 38, 345, in: JR 1994, S. 116, 118
[427] BGHSt 38, 345, 348
[428] BGHSt 38, 345, 348

Meinung nach jedoch möglicherweise gefälschte *Unterlagen* soll er aber im Hinblick auf § 267 StGB, der *dolus eventualis* ausreichen lässt, nicht straflos vorlegen dürfen. Um mit den Worten des BGH zu sprechen: „Macht der Mandant ein Alibi geltend, darf der Verteidiger darauf zurückgreifen, mag es ihm auch eher unwahrscheinlich erscheinen; mit ihm gleichfalls in ihrer Richtigkeit zweifelhaften Urkunden soll er es nicht belegen dürfen“[429]. Dieses ungerecht erscheinende Ergebnis sucht der BGH dadurch zu vermeiden, dass er eine strenge Prüfung der Frage anmahnt, ob bedingt vorsätzliches Verhalten des Verteidigers in solchen Fällen tatsächlich vorliegt[430].

Zu unterscheiden ist deshalb – so der BGH[431] – zwischen den begrifflichen Voraussetzungen des *dolus eventualis* einerseits und den Anforderungen, die an seinen Beweis zu stellen sind andererseits. Zur Bejahung des Vorsatzes wird gemeinhin das Wissen um die Erfüllung der objektiven Merkmale des Tatbestandes als kognitives Element sowie das entsprechende Wollen als voluntatives Element gefordert[432], wobei im Hinblick auf das Wollenselement bedingter Vorsatz nach der Rechtsprechung dann vorliegt, wenn der Täter den Erfolg „billigend in Kauf nimmt“[433]. In beweisrechtlicher Hinsicht soll die Annahme einer Billigung des Erfolges nahe liegen, wenn der Täter das Vorhaben trotz äußerster Gefährlichkeit durchführt; dann aber – also wenn ein solcher Schluss beweisrechtlich gezogen werden soll – müsse sich die tatrichterliche Würdigung zum voluntativen Vorsatzelement mit den Feststellungen des Urteils zur Persönlichkeit des Täters auseinandersetzen und auch die zum Tatgeschehen bedeutsamen Umstände mit in Betracht ziehen[434]. Als solchen bedeutsamen und in der Persönlichkeit des Täters liegenden Umstand sieht der BGH dessen Tätigkeit als Strafverteidiger an. Als solcher ist er – wie oben bereits angedeutet wurde – verpflichtet, seinen Mandanten bestmöglich zu verteidigen und ihm vorliegende oder zugängliche Beweismittel zu dessen Gunsten einzubringen. Dabei ist er zwar gehalten, darauf zu achten, dass er nicht gefälschte oder sonst als unrichtig erkannte Beweismittel vorlegt; hegt er aber insoweit lediglich Zweifel an der Echtheit, ist er nicht befugt, ein Beweismittel zurückzuhalten, weil er anderenfalls in Kauf nehmen würde, ein möglicherweise echtes, entlastendes Beweis-

---

[429] BGHSt 38, 345, 349
[430] BGHSt 38, 345, 350
[431] BGHSt 38, 345, 350
[432] Vgl. *Beulke*, Anmerkung zu BGHSt 38, 345, in: JR 1994, S. 116, 119
[433] vgl. nur BGHSt 21, 283, 285
[434] BGHSt 38, 345, 350

mittel zu unterdrücken[435]. Aufgrund dieser berufsrechtlichen Stellung hat der Strafverteidiger deshalb – und an dieser Stelle befindet sich der BGH immer noch auf der beweisrechtlichen Seite des voluntativen Vorsatzelementes – eine höhere innere Ablehnung bzw. Hemmschwelle[436], gefälschte oder unechte Urkunden vorzulegen als andere Personengruppen. Diese innere, aus seiner beruflichen Stellung hergeleitete Hemmschwelle des Strafverteidigers führt den BGH zu der Annahme, dass in der Regel davon auszugehen sein wird, dass der Verteidiger, der sich darauf beschränkt, ihm von seinem Mandanten zur Verfügung gestellte oder benannte Beweismittel in ein gerichtliches Verfahren einzubringen, strafbares Verhalten selbst bei erheblichen Zweifeln an der Richtigkeit oder Zuverlässigkeit der eingeführten Beweise *nicht billigt*. Vielmehr werde er sie im Regelfall mit dem inneren Vorbehalt verwenden, das Gericht werde sie seinerseits einer kritischen Prüfung unterziehen und ihre Fragwürdigkeit nicht übersehen. Anders sei möglicherweise nur dann zu entscheiden, wenn der Verteidiger über zusätzliche Informationen verfügt, etwa, wenn ihm der Mandant zu erkennen gegeben hat, das Vorbringen sei erlogen, die Beweismittel seien gefälscht[437].

Im Ergebnis erhöht der BGH also die beweisrechtlichen Anforderungen an das Wollenselement des Vorsatzes und führt auf diese Weise eine Einschränkung der Strafbarkeit des Verteidigers herbei. Wie in den oben geschilderten Entscheidungen des Reichsgerichts zur Beihilfestrafbarkeit des Rechtsanwaltes findet jedoch auch hier eine Modifikation auf der Vorsatzebene statt.

II. Kritik an der Vorsatzmodifikation der Rechtsprechung

In beiden Fällen, also sowohl wenn es um die Vorsatzeinschränkung im Bereich der Beihilfe durch Rechtsanwälte geht, als auch wenn hieraus ein Verteidigerprivileg hergeleitet wird, stößt die Rechtsprechung jedoch auf grundlegende Bedenken.

---

435 BGHSt 38, 345, 350
436 zu dem Begriff und dessen Herleitung vgl. *Beulke*, Anmerkung zu BGHSt 38, 345, in: JR 1994, S. 116, 120
437 BGHSt 38, 345, 351

1. Kritik an der Rechtsprechung zur Beihilfestrafbarkeit von Rechtsanwälten

Die bereits vom Reichsgericht[438] begründete und später von der Rechtsprechung aufgegriffene These besagt kurz gewendet, dass der *Wille* des Anwaltes regelmäßig lediglich darauf gerichtet sei, pflichtgemäß Rat zu erteilen, nicht hingegen darauf, auf das, was sein Mandant infolge dieser rechtsgutachtlichen Äußerung tut, einzuwirken. Zutreffend weist *Hruschka*[439] in diesem Zusammenhang jedoch darauf hin, dass dies letztlich darauf hinausläuft, dass jemand, der die Wirkung seiner Handlung vorausgesehen und trotzdem gehandelt hat, diese Wirkung gleichwohl nicht gewollt haben können muss. Diese Folge mutet paradox an, hätte sie doch die Möglichkeit zur Konsequenz, dass jemand, der einem anderen vergiftetes Essen zubereitet und gleichzeitig damit rechnet, dass dieser daraufhin stirbt, dennoch den Tod seines Opfers nicht „will". Die Ausübung einer Tätigkeit in Kenntnis der dadurch bewirkten Folgen beinhaltet logisch zwingend aber immer auch einen entsprechenden Willen des Täters. Dabei ist zu berücksichtigen, dass der Begriff des „Wollens" keineswegs mit einer entsprechenden, auf den Eintritt des Erfolges gerichteten *Absicht* dahingehend gleichzusetzen ist, dass es dem Täter oder Teilnehmer auf die Erzielung des kausal verursachten Erfolges ankommt[440]. Auch hat der Handlungswille als voluntatives Element des Vorsatzes mit der Erwünschtheit oder Unerwünschtheit des Erfolges nichts zu tun[441]. Das faktische Handeln trotz des Wissens um den Charakter dieses Handelns stellt also bereits eine hinreichende Bedingung für die Annahme dar, dass der Handelnde die Handlung auch vornehmen will. Die Feststellung des Handelns und des Wissens um das Handeln und die Handlungsfolgen genügt mithin zur Feststellung, dass der Handelnde die Handlung und ihre Folgen auch gewollt hat. Es kann denknotwendig daher auch kein zusätzliches Kriterium geben, mit dessen Hilfe die Frage der Willentlichkeit oder Nicht-Willentlichkeit des Handelns beantwortet werden könnte. Die Argumentation der Rechtsprechung zur Problematik der Beihilfestrafbarkeit von Rechtsanwälten ist daher logisch nicht nachvollziehbar und folglich abzulehnen.

---

[438] RGSt 37, 321

[439] *Hruschka*, Anm. zu OLG Düsseldorf, JR 1984, S. 257, 262

[440] *Hruschka*, a.a.O., führt in diesem Zusammenhang zutreffend aus, dass derjenige, der meint, es käme darauf an, ob die vorausgesehene Wirkung der Handlung dem Handelnden erwünscht sei oder nicht, einer Suggestion erliegt, die von der alltagssprachlichen Vieldeutigkeit des deutschen Verbs „wollen" herkommt.

[441] Vgl. hierzu und im folgenden *Hruschka*, Anm. zu OLG Düsseldorf, JR 1984, S. 257, 263

Auf die Widersinnigkeit der Argumentation des Reichsgerichts hatte im Übrigen schon *Galli* in einer Anmerkung aus dem Jahr 1906[442] hingewiesen und dies sogar anhand einer anderen reichsgerichtlichen Entscheidung[443] aufgezeigt. Dort[444] hatte nämlich das Reichsgericht ausdrücklich darauf hingewiesen, dass dann, wenn der Gehilfe weiß, dass der Täter eine bestimmte Straftat ausführen will, und er ihm hierbei in dem Bewusstsein Hilfe leistet, dass durch diese seine Tätigkeit die Vollbringung der vom Täter beabsichtigten Straftat gefördert wird, auch sein *Wille* auf diesen Erfolg gerichtet ist, mag er auch an der Ausführung der Tat weiter kein *Interesse* haben. Auch *Galli* zieht daraus den zutreffenden Schluss, dass gleich jedem anderen auch der berufsmäßige Gutachter, der einen Rat mit dem Bewusstsein erteilt, dass eben dieser Rat seinen Mandanten zur Begehung eines von ihm geplanten Delikts bestimmen[445] wird, nicht bloß objektiv, sondern vorsätzlich, also wissentlich und willentlich[446] im Sinne des § 49 StGB a.F. Hilfe leistet. Die Theorie einer Vorsatzmodifikation der Rechtsprechung führt nach alledem nicht weiter.

2. Kritik an der Rechtsprechung zum Verteidigerprivileg

Auch die oben geschilderte Entscheidung des BGH[447] zur Strafbarkeit des Strafverteidigers wegen Urkundenfälschung im Zusammenhang mit der Vorlage möglicherweise gefälschter oder unechter Urkunden ist zu kritisieren. Ihr ist zunächst entgegenzuhalten, dass sie in konsequenter Anwendung der dort entwickelten Grundsätze selbstverständlich auch für andere Straftatbestände Geltung haben müsste. Es wäre nämlich systemwidrig, dem Verteidiger ein derartiges Privileg im Vorsatzbereich nur bei § 267 StGB zu gewähren, bei anderen Delikten hingegen zu verweigern[448]. Dem schiebt der BGH jedoch in der Entscheidung selbst zumindest stillschweigend schon einen Riegel vor, indem er auf diese Möglichkeit bei der Prüfung von § 263 StGB noch nicht einmal eingeht. Zum zweiten leuchtet nicht ein, weshalb aus der Organeigenschaft des Verteidigers

[442] *Galli*, Anmerkung zu RGSt 37, 321, in: GS 67 (1906), S. 371, 372
[443] RGSt 32, 353
[444] RGSt 32, 353, 355
[445] Durch die Verwendung des Wortes „bestimmen“ werden an dieser Stelle freilich von *Galli* die Grenzen zwischen Beihilfe und Anstiftung ein wenig verwischt, an der Schlüssigkeit seiner Argumentation ändert sich dadurch jedoch nichts.
[446] Obwohl *Galli* die Bezeichnung „willentlich“ hier nicht gebraucht, dürfte dies angesichts seiner übrigen Ausführungen von ihm im Ergebnis so gemeint sein.
[447] BGHSt 38, 345
[448] *Beulke*, Anm. zu BGHSt 38, 345, in: JR 1994, S. 116, 120

soll gefolgert werden können, dass dessen innere Willensrichtung regelmäßig darauf gerichtet sei, strafbares Verhalten selbst bei erheblichen Zweifeln an der Richtigkeit oder Zuverlässigkeit der eingeführten Beweise *nicht* billigend in Kauf zu nehmen. *Beulke*[449] weist in diesem Zusammenhang zutreffend darauf hin, dass auch der Verteidiger, der von seiner Notwendigkeit im Strafverfahren überzeugt ist und aufgrund seiner Organstellung bisweilen sogar seinem Mandanten mit einer gewissen Distanz gegenübersteht, doch nicht in stärkerem Maße darauf vertraut, dass sein Auftraggeber die Wahrheit sagt und dass die benutzten Urkunden echt sind. Vielmehr stelle sich mit zunehmender Berufstätigkeit eher eine größere Skepsis des Verteidigers ein. Der vorsatzmodifizierende Ansatz des BGH zum Verteidigerprivileg ist aus den vorgenannten Gründen daher insgesamt ebenfalls abzulehnen.

III. Die Rechtsprechung zur Strafbarkeit „alltäglicher", „neutraler" bzw. „berufsspezifischer" Handlungen

Neben der unter Ziffer I. geschilderten Rechtsprechung zur Beihilfestrafbarkeit von Rechtsanwälten (bzw. zum Strafverteidigerprivileg) und der dort vorgenommenen Modifikation des voluntativen Vorsatzelementes sind auch eine Reihe von Entscheidungen beachtenswert, die insbesondere der Bundesgerichtshof im Zusammenhang mit der Strafbarkeit „alltäglicher", „neutraler" bzw. „berufsspezifischer" Verhaltensweisen getroffen hat. Da es sich bei der Durchführung eines „privaten Insolvenzverfahrens" durch einen Rechtsanwalt offensichtlich um eine berufsspezifische, äußerlich neutrale Handlung handelt, sollen diese Entscheidungen hier besprochen werden.

1. BGHSt 46, 107

Von großem Interesse ist dabei zunächst das Grundsatzurteil des BGH hinsichtlich der Strafbarkeit der Beihilfe zur Steuerhinterziehung durch Mitarbeiter von Kreditinstituten in Form des Kapitaltransfers ins Ausland.

Ein Mitarbeiter einer Sparkasse hatte in mehreren Fällen Kunden des Geldinstituts auf deren Wunsch beim anonymen Kapitaltransfer nach Luxemburg und in die Schweiz unterstützt. Hierbei griff er auf ein bestehendes Verschleierungssys-

---

[449] a.a.O.

tem zurück und splittete die Übertragung der Kundengelder – obwohl auch die Möglichkeit einer direkten Überweisung bestand – in zwei unabhängige Geschäftsvorfälle, nämlich zwei Barzahlungen auf. Unter seiner Anleitung hob der Kunde jeweils zunächst den gewünschten Betrag in bar von seinem Konto ab und zahlte ihn dann sofort wieder auf das Konto der Auslandsbank ein. Eine zwischenzeitliche Aushändigung des Geldes erfolgte nicht. Bei der Einzahlung auf das Konto der Auslandsbank wurde auf dem Einzahlungsbeleg im Feld für den Namen des Einzahlers statt dessen Namen lediglich ein Codewort oder eine Kunden- bzw. Referenznummer vermerkt. Sämtliche Unterlagen füllte der angeklagte Mitarbeiter selbst für seine Kunden aus und legte sie ihnen zur Unterschrift vor. Dabei war er sich der Tatsache bewusst, dass durch die gewählte Vorgehensweise das Entdeckungsrisiko für die Verheimlichung von Kapitalerträgen stark verringert werden sollte. Soweit die Kunden das nicht ausdrücklich bereits ausgesprochen hatten, rechnete er jedenfalls damit, dass diese ihre Zinserträge nicht versteuern wollten und er deshalb bei dem Transfer helfen sollte. Sofern Kunden steuerliche Fragen ansprachen, „wies er zwar auf die Steuerpflichtigkeit von Zinserträgen hin, verstand dies aber nur als ‚formalen Fingerzeig'"[450].

Der BGH hat die Entscheidung zunächst zum Anlass genommen, die in ständiger Rechtsprechung[451] geltenden, grundsätzlichen Voraussetzungen einer strafbaren Beihilfe nochmals aufzuzeigen. Eine Hilfeleistung im Sinne von § 27 StGB sei danach jede Handlung, die die Herbeiführung des Taterfolgs des Haupttäters objektiv fördert[452], ohne dass sie für den tatbestandlichen Erfolg selbst ursächlich sein muss. Ein entsprechender Vorsatz des Gehilfen liege dann vor, wenn dieser die Haupttat in ihren wesentlichen Merkmalen kennt und in dem Bewusstsein handelt, durch sein Verhalten das Vorhaben des Haupttäters zu fördern[453]. Ob der Gehilfe den Erfolg der Haupttat wünscht, ihn lieber vermeiden würde oder sogar missbilligt, sei nicht entscheidend; es genüge, dass die Hilfe an sich geeignet ist, die fremde Haupttat zu fördern oder zu erleichtern und der Hilfeleistende dies weiß[454].

Die zuvor erläuterten Voraussetzungen der Beihilfe sind – so der BGH – jedoch nicht bei jeder Mitwirkung eines Bankangestellten an einem Kapitaltransfer ins

[450] BGHSt 46, 107, 109
[451] vgl. nur BGHSt 8, 390
[452] BGHSt 42, 135, 136
[453] RGSt 72, 20, 24; BGHSt 11, 66; BGHR StGB § 27 Abs.1 Vorsatz 2
[454] BGHSt 46, 107, 109; BGHR StGB § 27 Abs.1 Vorsatz 5 m.w.N.

Ausland zugunsten von Bankkunden, die ihre Kapitalerträge gegenüber dem Finanzamt verheimlichen, erfüllt. Zur (erstmaligen[455]) Lösung eines solchen Falles greift der BGH auf die von ihm an anderer Stelle[456] (dort ging es um Beihilfe zum Betrug) aufgestellten, allgemein für berufstypische „neutrale" Handlungen geltenden Grundsätze zurück. Danach sei ein derartiger Tatbeitrag dann als Hilfeleisten im Sinne von § 27 StGB einzustufen, wenn das Handeln des Haupttäters ausschließlich darauf abzielt, eine strafbare Handlung zu begehen, und der Hilfeleistende dies weiß. In diesem Fall verliere das Tun stets seinen Alltagscharakter und sei als Solidarisierung[457] mit dem Täter zu deuten und dann nicht mehr als sozialadäquat[458] anzusehen. Weiß der Hilfeleistende hingegen nicht, wie der von ihm geleistete Beitrag vom Haupttäter verwendet wird und hält er es lediglich für möglich, dass sein Tun zur Begehung einer Straftat genutzt wird, dann ist sein Handeln regelmäßig noch nicht als strafbare Beihilfe zu werten. Dies ändere sich erst dann, wenn das von ihm erkannte Risiko strafbaren Verhaltens des von ihm Unterstützten derart hoch war, dass er sich mit seiner Hilfeleistung die Förderung eines erkennbar tatgeneigten Täters angelegen sein ließ[459].

Der BGH löst deshalb auf der Grundlage der zuvor erläuterten Kriterien den eingangs geschilderten Sachverhalt dahingehend, dass die Tätigkeit des angeklagten Bankmitarbeiters nicht mehr als „neutrale" Tätigkeit zu werten sei[460]. Durch sein Tätigwerden habe er die Taten der Haupttäter objektiv gefördert. Und auch den subjektiven Beihilfetatbestand bejaht der BGH. Wie oben dargelegt differenziert er dabei danach, ob der Mitarbeiter wusste, dass die Bankkunden in der Absicht handelten, die zukünftigen Zinserträge gegenüber dem Finanzamt nicht anzugeben, oder ob er dies zumindest für überaus wahrscheinlich hielt. In beiden Fällen jedoch ließ er sich nach Auffassung des BGH die Förderung dieser Taten angelegen sein und solidarisierte sich mit den Tätern. Denn er

---

[455] Der BGH (BGHSt 46, 107, 112) führt selbst aus, er habe zur Beihilfestrafbarkeit von Bankangestellten beim Kapitaltransfer ins Ausland bisher noch nicht Stellung genommen.

[456] BGHR StGB § 27 Abs.1 Hilfeleisten 20

[457] Der BGH greift hier auf die in erster Linie von *Schumann* gebrauchte Terminologie zurück (vgl. dazu oben 5. Kapitel), zitiert jedoch lediglich *Roxin* (in: LK, 11. Aufl. 2003, § 27 Rz. 19), der den Begriff innerhalb seines dogmatischen Ansatzes eher am Rande erwähnt.

[458] Auch der Begriff der Sozialadäquanz wird zur Begründung der vom BGH vorgenommenen Differenzierung herangezogen. Vgl. zur Lehre von der Sozialadäquanz im einzelnen oben 1. Kapitel

[459] BGHSt 46, 107, 112; ähnlich zur Tätigkeit eines Notars auch BGH wistra 1999, S. 103, 108

[460] vgl. hierzu und im folgenden BGHSt 46, 107, 113 ff.

benutzte ein besonderes Verschleierungssystem und passte damit sein berufliches Verhalten dem ihm bekannten oder zumindest von ihm angenommenen deliktischen Ziel der Kunden an.

2. BGH wistra 1999, S. 459 ff.

Auf dieselben Kriterien griff der BGH[461] – wie soeben unter Ziffer 1 hervorgehoben – bereits in einer anderen Entscheidung aus dem Jahr 1999 zurück. Dabei ging es sogar um den hier besonders interessierenden Fall eines Rechtsanwaltes und dessen Beihilfevorsatz, allerdings in einem völlig anderen Zusammenhang. Denn dort übte der angeklagte Rechtsanwalt eine gerade nicht spezifisch anwaltliche Tätigkeit aus: Er erstellte nämlich im Auftrag seines Mandanten eine Broschüre über Warentermingeschäfte, die der Mandant sodann in betrügerischer Absicht an seine (potentiellen) Kunden verteilte. Im Rahmen von nachfolgenden Geschäftsabschlüssen erlitten die Kunden einen Vermögensschaden. Der BGH wendet im Ergebnis jedoch auch auf ihn die allgemein für berufstypische „neutrale“ Handlungen geltenden Grundsätze an, wie sie wortgleich bereits in der zuvor wiedergegebenen Entscheidung genannt wurden.

Es kam deshalb in Anwendung dieser Kriterien auch hier darauf an, ob der Rechtsanwalt – wobei nochmals zu betonen ist, dass die Anwaltseigenschaft für den BGH keinerlei Rolle spielte und auch jeder beliebige Dritte entsprechend behandelt worden wäre[462] – bei Überlassung der Broschüre an seinen Mandanten von dem ausschließlich betrügerischen Zweck Kenntnis hatte bzw. diesen für hochgradig wahrscheinlich hielt und sich so die betrügerischen Geschäfte des Mandanten angelegen sein ließ.

---

[461] BGH wistra 1999, S. 459, 460 = BGHR StGB § 27 Abs. 1 Hilfeleisten 2

[462] Allerdings ist zuzugeben, dass auch der BGH (wistra 1999, S. 459, 460) zunächst Rückgriff nimmt auf die speziell zur Anwaltstätigkeit ergangene und oben bereits mit guten Gründen abgelehnte Rechtssprechung, der zufolge das Bewusstsein und der Wille eines Rechtsanwaltes bei Erteilung eines Rechtsrates in der Regel darauf gerichtet seien, pflichtgemäß Rat zu erteilen und nicht etwa darauf, eine Straftat zu fördern (vgl. RGSt 37, 321). Er verwirft diesen Gedanken jedoch deshalb wieder, weil es im zu beurteilenden Fall gerade nicht um eine spezifisch anwaltliche Tätigkeit ging, die zudem über eine bloße Rechtsberatung hinausging. Aus diesem Grund wird der Entscheidung im Rahmen der vorliegenden Arbeit auch kein breiterer Raum gewidmet.

3. BVerfG, NJW 2004, S. 1305 ff.

Einen völlig anderen und eher tatbestandsorientierten Weg geht im Hinblick auf die Strafbarkeit berufstypischen Verhaltens, diesmal von Strafverteidigern und losgelöst von der Problematik der Beihilfe – das BVerfG in seinem bahnbrechenden Urteil aus dem Jahr 2004 betreffend die Strafbarkeit wegen Geldwäsche gemäß § 261 Abs.2 Nr.1 StGB durch die Annahme von Honoraren, die aus einer Katalogtat stammen.

In dem Urteil ging es um den Fall zweier Rechtsanwälte, die nach der Verhaftung ihrer Mandanten jeweils einen nennenswerten Betrag in bar als Honorarvorschuss für die Vertretung im Haftbefehlsverfahren entgegennahmen, obwohl sie sicher wussten, dass das Geld aus den durch ihre Mandanten begangenen Betrugstaten herrührte.

Das BVerfG nahm diesen Fall zum Anlass, die Grenzen zulässigen Verteidigerhandelns im Hinblick auf den Straftatbestand des § 261 StGB bei der Entgegennahme von Honoraren im Rahmen der Wahlverteidigung neu zu bestimmen. Dabei wird vom Gericht die besondere Stellung des Strafverteidigers zur Begründung seiner Abgrenzung herangezogen. Das BVerfG gelangt zu dem Ergebnis, dass sich der Strafverteidiger lediglich dann gemäß § 261 Abs.1 Nr.1 StGB strafbar macht, wenn er im Zeitpunkt der Annahme des Honorars von dessen (bemakelter) Herkunft sichere Kenntnis hat. Nur auf diese Weise sei der Straftatbestand im Hinblick auf Art.12 Abs.1 Satz 1 GG verfassungskonform auszulegen.

Zwar gehört nach Auffassung des BVerfG auch der Strafverteidiger wie jeder andere am Wirtschaftsleben Teilnehmende grundsätzlich zum tauglichen Täterkreis des § 261 StGB[463]. Andererseits bedeutet § 261 Abs.1 Nr.1 StGB für den Strafverteidiger aber einen Eingriff in sein Recht auf freie Berufsausübung (Art. 12 Abs.1 S.1 GG)[464]. Denn das Risiko, sich durch die Entgegennahme eines Honorars oder Honorarvorschusses im Rahmen eines Wahlmandats wegen Geldwäsche strafbar zu machen, gefährdet das Recht des Strafverteidigers, seine berufliche Leistung in angemessenem Umfang wirtschaftlich zu verwerten[465].

---

463 BVerfG a.a.O., S. 1306f.
464 BVerfG a.a.O., S. 1307
465 Vgl. hierzu und im Folgenden BVerfG a.a.O., S. 1308

Zum einen beeinträchtigt das für alle am Wirtschaftsverkehr Teilnehmenden gleichermaßen geltende gesetzliche Verbot, sich aus bestimmten Vortaten stammende, bemakelte Vermögenswerte zu verschaffen, beim Strafverteidiger wegen der Eigenart seiner beruflichen Tätigkeit in besonderer Weise seine Entschließungsfreiheit bei der Übernahme eines Mandats. Denn zu seinem Mandantenkreis zählen typischerweise Personen, die in den Verdacht einer Katalogtat der Geldwäsche geraten sind und gegen die deshalb ein Ermittlungsverfahren geführt wird. Dies erhöht das Risiko des Strafverteidigers signifikant, selbst in den Anfangsverdacht einer Geldwäsche zu geraten. Er wird vor der Übernahme eines solchen Mandats deshalb vor die Frage gestellt, ob er die Verteidigung überhaupt übernehmen will; dadurch wird seine Entscheidungsfreiheit für oder gegen die Übernahmen des Mandats empfindlich berührt.

Zum anderen kann durch die Vorwirkungen des Straftatbestandes der Geldwäsche das berufliche Leitbild des Strafverteidigers, das sich insbesondere durch das Gebot umfassender und ausschließlicher Wahrnehmung der Interessen seines Mandanten und seine absolute Pflicht zur Verschwiegenheit auszeichnet, erschüttert werden. Die Gefahr möglicher eigener Strafbarkeit birgt die Gefahr eines Interessenkonflikts in sich, der die professionelle Arbeit des Strafverteidigers erheblich erschweren oder sogar unmöglich machen kann, weil Freiheit und Unabhängigkeit eingeschränkt werden. Dies liegt daran, dass der Verteidiger nicht allein die Interessen seines Mandanten in den Blick nehmen, sondern zum Schutz vor eigener Strafverfolgung auch seine eigenen Belange wird berücksichtigen müssen. Dadurch würde die Wahrnehmung der ihm anvertrauten Aufgabe, dem Beschuldigten uneigennützig einseitig und umfassend Beistand zu leisten, erheblich erschwert[466].

Der Straftatbestand der Geldwäsche ist insofern auch geeignet, das Vertrauensverhältnis zwischen Mandant und Anwalt zu gefährden, dessen zwingende Voraussetzung die anwaltliche Pflicht zur Verschwiegenheit ist[467]. Denn sobald gegen einen Verteidiger wegen Verdachts der Geldwäsche in demjenigen Tatkomplex ermittelt wird, in dem die Verteidigung stattfinden soll, wird sich ein besonnener Mandant fragen, ob er ernstlich mit der Verschwiegenheit seines Verteidigers rechnen kann, und sich deshalb nicht in gleicher Weise auf ihn verlassen bzw. von einer offenen und freien Kommunikation mit ihm absehen; effek-

[466] BVerfG a.a.O., S. 1309
[467] BVerfG a.a.O., S. 1309; BVerfGE 76, 171, 189f.

tive Strafverteidigung ist unter diesen Bedingungen nicht mehr gewährleistet[468]. Noch schlimmer wird es, wenn gegen den Verteidiger bereits staatsanwaltschaftliche Ermittlungsmaßnahmen eingesetzt haben. Durchsuchungen der Kanzleiräume und Beschlagnahme von Handakten können Einblicke in das Verteidigungskonzept gewähren. Muss ein Mandant aber fürchten, dass der strafverfolgende Staat sich Zugang zu vertraulichen Informationen in der Hand seines Verteidigers verschaffen kann, so wird er sich an vertrauensvoller Offenheit gehindert sehen[469].

Das BVerfG gelangt aufgrund der zuvor dargelegten Umstände sodann zu dem Ergebnis, dass ein derart starker Eingriff in die Berufsausübungsfreiheit des Strafverteidigers verfassungsrechtlich nicht in vollem Umfang gerechtfertigt wäre, sondern ohne verfassungskonforme Reduktion gegen den Grundsatz der Verhältnismäßigkeit verstieße[470]. Andererseits fordert – so das BVerfG – das Prinzip der Verhältnismäßigkeit keine völlige Freistellung des Strafverteidigers von der Strafdrohung des § 261 Abs.2 Nr.1 StGB. Der mit § 261 StGB verbundene Eingriff in die Berufsausübungsfreiheit der Strafverteidiger und die Institution der Wahlverteidigung ist allerdings verfassungsrechtlich dann und nur dann gerechtfertigt, wenn der Strafverteidiger im Zeitpunkt der Entgegennahme des Honorars bzw. Honorarvorschusses sicher weiß, dass dieses aus einer Katalogtat herrührt[471]. Denn die bewusste Übertragung bemakelter Vermögenswerte unter dem Schirm des verfassungsrechtlich geschützten Vertrauensverhältnisses ist ein Missbrauch der privilegierten Verteidigerstellung, der vor der Verfassung keinen Schutz verdient[472].

Im Ergebnis ist somit festzuhalten, dass das BVerfG im Falle des Handelns mit direktem Vorsatz eine Strafbarkeit des Verteidigers bejaht, während bei bloß indirekt vorsätzlicher Tatbestandsverwirklichung der Verteidiger straffrei bleibt.

Noch weiter als das BVerfG ging im übrigen das OLG Hamburg in einem zuvor ergangenen Beschluss[473]. Sich ebenfalls auf die Berufsausübungsfreiheit gemäß Art. 12 Abs.1 GG sowie das Recht des Beschuldigten auf einen Wahlverteidiger nach § 137 StPO berufend gelangte das Gericht zu dem Ergebnis, dass die Be-

---

[468] BVerfG a.a.O., S. 1309
[469] BVerfG a.a.O., S. 1310
[470] Vgl. hierzu und im Folgenden BVerfG a.a.O., S. 1310f.
[471] BVerfG a.a.O., S. 1311
[472] BVerfG a.a.O.
[473] OLG Hamburg StV 2000, S. 205 m. Anm. *Lüderssen*

strafung eines Rechtsanwaltes, der sich lediglich seine verfassungsrechtlich geschützte Verteidigertätigkeit angemessen honorieren lasse, einen weder erforderlichen noch verhältnismäßigen Eingriff in die freie Berufsausübung darstelle. Bereits der objektive Tatbestand des § 261 Abs.2 Nr.1 StGB müsse verfassungskonform dahingehend ausgelegt werden, dass das angemessene Verteidigerhonorar nicht der Geldwäsche-Strafdrohung unterfalle[474]. Hiervon sei nur im Falle kollusiver Verfahrensmanipulationen abzuweichen sowie dann, wenn das bemakelte Geld dem Tatopfer zurückzugewähren oder ihm als Schadensersatz zuzubilligen sei. Bereits im Vorgriff auf die Kritik an dem soeben erörterten Urteil des BVerfG sei jedoch angemerkt, dass die vom OLG Hamburg vorgeschlagene Lösung – mag sie auch ausgesprochen strafverteidigerfreundlich sein – im Ergebnis abzulehnen ist. Denn ein genereller Ausschluss der Strafverteidigung aus dem objektiven Tatbestand des § 261 StGB hat die inakzeptable Folge, dass auf diese Weise diejenigen Strafverteidiger grundsätzlich privilegiert würden, die bewusst bemakeltes Geld in Empfang nehmen[475]. Dies wäre mit dem Selbstverständnis überwiegender Teile der Anwaltschaft jedoch nicht vereinbar[476].

IV. Kritik an der Rechtsprechung des BVerfG bzw. des BGH zu „neutralen" bzw. „berufsspezifischen" Handlungen

1. Kritik am Urteil des BVerfG

Das oben behandelte Urteil des BVerfG[477] ist wie folgt zu kritisieren[478]:

Zum einen sucht das BVerfG die Lösung des Problems offenbar ausschließlich auf der subjektiven Tatseite, indem es die Strafbarkeit des Verteidigers verneint, sofern dieser nicht mit direktem Vorsatz (positiver Kenntnis) im Hinblick auf die Bemakelung des Honorars handelt. Wie *Beulke*[479] zutreffend ausführt, ist jedoch die „Abfederung" im subjektiven Tatbestand psychologisch weniger wert als eine teleologische Reduktion des objektiven Tatbestands. Letztere bringt nämlich den Respekt, den die Allgemeinheit für die Tätigkeit des Strafverteidi-

---

474 Vgl. dazu auch *Beulke*, Rudolphi-FS, S. 391ff., 394
475 Ebenso *Beulke*, Rudolphi-FS, S. 391ff., 396
476 *Beulke*, Rudolphi-FS, S. 391ff., 396
477 BVerfG, NJW 2004, S. 1305ff.
478 Vgl. zum Problemkreis „Geldwäsche durch Strafverteidiger" auch *Hefendehl*, Roxin-FS, S. 145ff.
479 Rudolphi-FS, S. 391ff., 397

gers empfindet, stärker zum Ausdruck[480]. „Die anderen Verfahrensbeteiligten, insbesondere die staatlichen Strafverfolgungsorgane, sollen nie aus den Augen verlieren, dass wir den Verteidiger nicht nur dulden, sondern ihn bei gravierenden Tatvorwürfen für unverzichtbar halten und dass wir deshalb seinem Wirken schon den Vorwurf der Erfüllung des objektiven Tatbestandes einer Strafnorm ersparen wollen.[481]" Die Vorverlagerung des Problems vom subjektiven in den objektiven Tatbestand ist demzufolge keine überflüssige juristische Spitzfindigkeit, sondern Ausdruck eines bestimmten Verteidigerleitbildes[482]. Eine eingeschränkte Tatbestandslösung mit der Begrenzung bereits des objektiven Tatbestandes ist deshalb vorzugswürdig[483].

Zum anderen wird in der Entscheidung des BVerfG die Abgrenzung zwischen strafbarem und straflosem Verhalten allein materiell-rechtlich begründet[484]. Denn die Reduktion des Anwendungsbereiches von § 261 StGB auf Strafverteidiger begründet das Gericht zunächst mit den strafprozessualen Auswirkungen der Strafdrohung. Dieser Maßstab wird allerdings in dem Moment verlassen, in dem das BVerfG sodann versucht, eine Begründung für den verbleibenden Anwendungsbereich der Norm zu geben: Dann nämlich wird eine rein materiellrechtliche Argumentation herangezogen, wonach eine Freistellung des Strafverteidigers, der sich bewusst bemakeltes Geld verschaffe und damit seine Rolle als Strafverteidiger zur Geldwäsche missbrauche, nicht geboten sei bzw. Eingriffe in die Berufsausübungsfreiheit und das Institut der Wahlverteidigung verfassungsrechtlich gerechtfertigt seien, wenn der Strafverteidiger im Zeitpunkt der Entgegennahme des Honorars positives Wissen von der bemakelten Herkunft habe. Diese Argumentation stellt jedoch im Grunde darauf ab, dass der Verteidiger *weiß*, wann er sich strafbar macht und wann nicht. Wie *Gräfin von Galen* zu Recht meint[485], hätte man auf diese Weise die Strafbarkeit jeglicher Vorsatzform begründen könne, denn auch dann hätte der Verteidiger zumindest wissen können, was er darf und was nicht. Eine Erörterung der strafprozessualen Auswirkungen des reduzierten Anwendungsbereiches der Norm, mithin die Untersuchung der Frage, ob das Berufsbild des Strafverteidigers nicht auch hierdurch in Gefahr geraten kann, findet hingegen nicht statt. Für den verbliebenen Straf-

---

[480] *Beulke*, Rudolphi-FS, S. 391ff., 403

[481] *Beulke*, Rudolphi-FS, S. 391ff., 403

[482] *Beulke*, Rudolphi-FS, S. 391ff., 403

[483] Dazu ausführlich *Beulke*, Rudolphi-FS, S. 391ff., 401ff.

[484] Vgl. hierzu und im Folgenden *Gräfin von Galen*, NJW 2004, S. 3304; siehe auch die Anmerkungen von *Fahl*, JA 2004, S. 704ff. und Wohlers, JZ 2004, S. 670

[485] A.a.O., S. 3306

barkeitsbereich bleibt also die Gefahr verfassungswidriger Eingriffe bestehen. Zwar wird durch die Reduktion des Tatbestandes diese Gefahr faktisch und zahlenmäßig beschränkt; die verfassungswidrige Beeinträchtigung der Berufsausübungsfreiheit und des Instituts der Wahlverteidigung, die allein von der Gefahr ausgeht, dass strafprozessuale Maßnahmen greifen können, bleibt hingegen im Grundsatz bestehen. Den durch die Tatbestandsreduktion verbliebenen Fällen wird auf diese Weise – zumindest in abstrakter Form – der Schutz versagt, auch wenn man dem BVerfG im Ergebnis beipflichten kann, dass – wie *Beulke* es zutreffend formuliert[486] - eine generelle Ablehnung der Strafbarkeit des mit Absicht oder dolus directus handelnden Strafverteidigers nicht sachgerecht erscheint.

Nach alledem ist deshalb auch die Entscheidung des Bundesverfassungsgerichts zur Geldwäsche durch Strafverteidiger zwar nicht zwangsläufig hinsichtlich des Ergebnisses, jedenfalls im Hinblick auf ihre Begründung, nicht überzeugend.

2. Kritik an den Entscheidungen des BGH

Die oben geschilderte Grundsatzentscheidung des BGH[487] hat in der Literatur naturgemäß ein breites Echo hervorgerufen[488]. Was im Rahmen der Begründung des Urteils und der dort aufgestellten Kriterien für die Strafbarkeit „neutraler" Verhaltensweisen zunächst auffällt, ist die Tatsache, dass das Gericht – ähnlich wie *Roxin*[489] – die entscheidende Weichenstellung für ein Strafbarkeitskorrektiv bei den subjektiven Anforderungen vornimmt. Es kommt entscheidend darauf an, ob der potentielle Gehilfe mit *dolus directus* im Hinblick auf die Verwirklichung des Tatbestandes durch den Haupttäter handelt oder insoweit lediglich Eventualvorsatz hat. Das innere Tatbild des Hilfeleistenden ist bei äußerlich neutralen Handlungen also entscheidend für das objektive Unwerturteil über sein Verhalten[490]. Weiß er, dass das Handeln des Haupttäters ausschließlich darauf abzielt, eine strafbare Handlung zu begehen, ist seine Tätigkeit stets als strafbare Beihilfehandlung zu bewerten. Hält er dies lediglich für möglich, muss als ein die Beihilfestrafbarkeit begründendes Kriterium hinzukommen, dass das

---

[486] *Beulke*, Rudolphi-FS, S. 391ff., 403
[487] BGHSt 46, 107
[488] vgl. beispielsweise die Anmerkungen von *Behr*, BB 2000, S. 2240; *Jäger*, wistra 2000, S. 344; *Kudlich*, JZ 2000, S. 1178; *Lesch*, JR 2001, S. 383
[489] vgl. 6. Kapitel
[490] *Jäger*, wistra 2000, S. 344, 345

vom Hilfeleistenden erkannte Risiko strafbaren Tuns derart hoch ist, dass er sich die Förderung eines erkennbar tatgeneigten Täters angelegen sein lässt.

Wie oben bereits angedeutet wurde, weist die Lösung des BGH Parallelen zum dogmatischen Ansatz *Roxins* auf. Auch dort wird nämlich in Fällen, in denen der Gehilfe lediglich mit *dolus eventualis* im Hinblick auf die Verwirklichung des Tatbestandes durch den Haupttäter handelt, als zusätzliches strafbarkeitseinschränkendes Kriterium eine erkennbare Tatgeneigtheit des Haupttäters gefordert. Ähnlich argumentiert der BGH, indem er den Gehilfen nur dann bestrafen will, wenn diese sich die Förderung eines erkennbar tatgeneigten Täters angelegen sein lässt. Wenn an dieser Stelle der Ansatz des BGH also noch akzeptabel erscheint, ist er dies spätestens dann nicht mehr, wenn der Gehilfe mit direktem Vorsatz handelt. *Roxin* hat für diese Fallgruppe zutreffend als ein die Strafbarkeit einschränkendes Kriterium den „deliktischen Sinnbezug" gefordert. Eine solche Strafbarkeitseinschränkung nimmt hingegen der BGH dann nicht vor, wenn der Gehilfe mit sicherem Wissen um die Deliktsbegehung durch den Haupttäter handelt. Im Bereich des *dolus directus* bei neutralen, alltäglichen oder berufsspezifischen Beihilfehandlungen aber keinerlei Korrektur der Strafbarkeit vorzunehmen, erscheint nicht sachgerecht. Dies verdeutlicht der von *Roxin* gegebene und oben[491] bereits geschilderte Beispielsfall: Beschäftigt jemand einen Handwerker, von dem er definitiv weiß, dass dieser den Arbeitslohn nicht versteuern wird, so kann am Vorliegen eines direkten Vorsatzes des Bestellers im Hinblick auf die Verwirklichung des Tatbestandes durch den Handwerker als Haupttäter der Steuerhinterziehung kein Zweifel bestehen. Nach der Konzeption des BGH wäre folglich eine strafbare Beihilfe zu bejahen. Dies wird der Sachlage bei einer derartigen neutralen Handlung jedoch nicht gerecht. Insbesondere ist auch zu berücksichtigen, dass unter Wertungsgesichtspunkten das eigenverantwortliche Handeln des Handwerkers dem Besteller nicht mehr zugerechnet werden kann. Dies deshalb, weil die Beauftragung des Handwerkers ebenso wie die Ausführung der diesem aufgetragenen Arbeiten für sich gesehen völlig legale Handlungen sind. Gleiches gilt für die nachfolgende Zahlung des Werklohnes. Das Delikt der Steuerhinterziehung wird, wie *Roxin* es formuliert[492], nur *gelegentlich* der durch den Beitrag des Bestellers ausgelösten Handlungen begangen und liegt allein in der Verantwortung des Täters. Der Beitrag des Bestellers hingegen bezieht sich allein auf ein völlig legales Verhalten, nämlich den Abschluss eines zivilrechtlichen Werkvertrages, nicht hingegen auf das deliktische

---

[491] Teil 2, 6. Kapitel, Ziff. I

[492] s.o. Teil 2, 6. Kapitel, Ziff. I

Handeln des Täters. Er stellt somit keinen Rechtsgutsangriff dar und ist mithin nicht strafbar.

Die Notwendigkeit dieser Konsequenz erkennt der BGH an anderer Stelle[493] übrigens selbst, indem er formuliert, dass jemand allein durch den Abschluss eines Werkvertrages noch nicht zum Gehilfen einer von dem Werkunternehmer später begangenen Steuerhinterziehung wird, und zwar deshalb nicht, weil die Tätigkeit des Werkunternehmers nicht ausschließlich dem Ziel dient, eine Steuerhinterziehung vorzubereiten.

Es bleibt deshalb zunächst an der von *Roxin* vertretenen Auffassung festzuhalten. Auch wenn die prinzipielle Anerkennung der Notwendigkeit von Strafbarkeitseinschränkungen im Bereich des neutralen, berufstypischen bzw. "rollenadäquaten" Verhaltens durch die Rechtssprechung Zustimmung verdient[494], vermag ihr Ansatz aus den dargelegten Gründen nicht zu überzeugen.

---

[493] BGH NStZ 1992, S. 498

[494] so auch *Lesch*, Anmerkung zu BGHSt 46, 107, in: JR 2001, S. 383

Teil 3 : Einschränkungen der Beihilfestrafbarkeit aus der berufsrechtlichen Stellung des Rechtsanwalts

Die Grenzen zulässigen Handelns eines Rechtsanwaltes bei der Beratung und Vertretung von Mandanten im Rahmen bzw. im Vorfeld von Insolvenzverfahren können, abgesehen von den im zweiten Teil der Arbeit behandelten Theorien zur grundsätzlichen Begrenzung der Beihilfestrafbarkeit bei neutralen, sozialadäquaten oder berufsspezifischen Handlungen, möglicherweise auch allgemeinen Erwägungen über dessen Aufgaben und Stellung in der Rechtsordnung entnommen werden.

Der Rechtsanwalt übt in der deutschen Rechtsordnung eine besondere Funktion aus. Er ist nach § 1 der Bundesrechtsanwaltsordnung (BRAO) ein unabhängiges Organ der Rechtspflege und gemäß § 3 Abs.1 BRAO der berufene unabhängige Berater und Vertreter in allen Rechtsangelegenheiten. Es stellt sich deshalb die Frage, ob sich aus dieser besonderen Stellung auch besondere Rechte des Rechtsanwaltes ergeben, die eine Einschränkung der Beihilfestrafbarkeit im Rahmen „privater Insolvenzverfahren" rechtfertigen. Dabei soll wegen der mit seiner Position verbundenen Besonderheiten zunächst auf den Strafverteidiger eingegangen werden, um hieraus gegebenenfalls Rückschlüsse auf den zivilrechtlich tätigen Rechtsanwalt ziehen zu können. Im Anschluss wird die berufsrechtliche Stellung des Rechtsanwaltes als Institution an sich behandelt werden.

1. Kapitel : Der Strafverteidiger

Anerkannt ist zunächst , dass der Strafverteidiger[495], also die vom Beschuldigten oder seinem gesetzlichen Vertreter gewählte bzw. durch das Gericht bestellte und zur Vornahme von Prozesshandlungen mit Wirkung für und gegen den Beschuldigten befugte Person[496], im Strafverfahren eine besondere verfahrensrechtliche Stellung einnimmt, mit der gewisse sog. Verteidigerprivilegien, also spezifische Verteidigerrechte[497], einhergehen. So hat ein Verteidiger beispiels-

---

[495] Vgl. zum ganzen umfassend *Beulke*, Der Verteidiger im Strafverfahren, 1980; *Wolf*, Das System des Rechts der Strafverteidigung, 2000

[496] *Wolf*, Das System des Rechts der Strafverteidigung, 2000, S. 141

[497] Vgl. näher zu den einzelnen Verteidigerrechten *Beulke*, StPO, 7. Aufl. (2004), § 9 IV Rz. 156 ff.; ders., in: Die Strafbarkeit des Verteidigers, 1989; ders., in: Roxin-FS, S. 1173ff.,

weise bestimmte Anwesenheitsrechte (vgl. §§ 168c Abs.1, 163a Abs.3 S.2 iVm. 168c Abs.1, 168c Abs.2, 168d StPO) oder ein umfassendes Akteneinsichtsrecht (§ 147 StPO) und ein eigenes Beweisantragsrecht[498]. Besonderheiten gelten insbesondere auch im Rahmen des § 258 StGB (Strafvereitelung durch einen Verteidiger). Im folgenden soll daher untersucht werden, ob sich aus dieser bevorrechtigten Stellung des Strafverteidigers möglicherweise Schlussfolgerungen auch für den zivilrechtlich tätigen Rechtsanwalt ableiten lassen, die letzterem im Rahmen der Durchführung „privater Insolvenzverfahren" bzw. bei der Beratung von Gesellschaften, die vor bzw. in der Insolvenz stehen, einen größeren Gestaltungsspielraum und weiteren Schutz vor einer Strafbarkeit wegen Beihilfe zur Insolvenzverschleppung gewähren. Dazu ist zunächst die Funktion und Stellung des Verteidigers in der deutschen Strafrechtspflege näher zu beschreiben.

Zur Beschreibung dieser Funktion und Stellung des Strafverteidigers werden in der strafrechtlichen Literatur unterschiedliche theoretische Ansätze vertreten[499], die es zunächst gilt, kurz aufzuzeigen. Im Anschluss daran soll der besondere Problemkreis des Spannungsfeldes zwischen Strafverteidigung und Strafvereitelung kurz behandelt werden.

I. Prinzip der Waffengleichheit

Gemäß § 137 Abs.1 S.1 StPO kann sich der Beschuldigte in jeder Lage des Verfahrens des Beistandes eines Verteidigers bedienen. Dieser grundlegende Anspruch, der sich bereits aus dem gemäß Art. 2 Abs. 1 GG in Verbindung mit Art. 20 Abs. 3 GG verfassungsrechtlich abgesicherten Recht auf ein faires, rechtsstaatliches Verfahren ergibt, soll in erster Linie eine gewisse *Waffengleichheit*[500] zwischen den staatlichen Strafverfolgungsorganen und dem Beschuldigten gewährleisten[501]. Zwar sind Staatsanwaltschaft und Gericht gemäß § 160 Abs.2 bzw. § 244 Abs.2 StPO grundsätzlich gehalten, nicht nur die zur *Be*lastung des Beschuldigten, sondern auch die zu seiner *Ent*lastung dienenden Umstände zu

---

1178ff.; ders., in: Rudolphi-FS, S. 391ff., 394ff. mit besonderem Bezug zum Problemkreis der Geldwäsche durch Strafverteidiger

[498] siehe dazu auch BGH NJW 1953, 1314

[499] vgl. dazu *Wolf*, Das System des Rechts der Strafverteidigung, S. 13ff.

[500] Eingehend dazu *Beulke*, Der Verteidiger im Strafverfahren, S. 37 ff.

[501] vgl. hierzu und im folgenden *Beulke*, StPO, 7. Aufl. (2004), § 9 Rz. 147 f.; auch das BVerfG (E 63, 45, 61) bezeichnet die Waffengleichheit als ein im Grundsatz anzustrebendes Verfahrensziel.

ermitteln; der Schutz des Beschuldigten erfordert es jedoch gleichwohl, ihm einen eigenen, mit besonderen Rechten ausgestatteten und im Verfahren besonders hervortretenden Prozessbeteiligten zur Seite zu stellen. Denn sobald ein Betroffener die Beschuldigteneigenschaft erhält, verliert er gleichsam automatisch die Souveränität eines (persönlich unbeteiligten) taktisch geschickt agierenden Prozessbeteiligten[502]. Zudem fehlen ihm im Regelfall die notwendigen Rechtskenntnisse und ausreichende Erfahrungen im Umgang mit den Strafverfolgungsorganen. Schließlich ist er auch zumindest als Untersuchungshäftling in seinen Aktionsmöglichkeiten entscheidend beschnitten. Eine zweckentsprechende materielle Verteidigung des Beschuldigten erfordert also die Unterstützung durch einen Strafverteidiger.

II. Organtheorie

1. Definition

Nach der herrschenden Organtheorie[503] erschöpft sich die Funktion des Verteidigers jedoch nicht in der Herstellung einer gewissen Waffengleichheit zwischen Beschuldigtem und staatlichen Strafverfolgungsorganen. Er nimmt vielmehr darüber hinaus auch *öffentliche Interessen und Funktionen* wahr. § 1 BRAO spricht insoweit von dem Rechtsanwalt als einem „unabhängigen Organ der Rechtspflege". Als solches ist der Strafverteidiger dem Gericht und der Staatsanwaltschaft nach herrschender Meinung grundsätzlich gleichgeordnet und zwar in dem Sinne, dass er Teilhaber, nicht Gegner einer funktionsfähigen Strafrechtspflege ist[504]. Er handelt unabhängig und unter eigener Verantwortung, untersteht nicht der Kontrolle des Gerichts und ist an Weisungen des Beschuldigten nicht gebunden[505]. Inhaltlich ist mit der Beschreibung des Strafverteidigers als unabhängiges Organ der Rechtspflege gemeint, dass die oben beschriebene einseitige Unterstützung des Beschuldigten zum Zwecke der Sicherung der Waffengleichheit auch der Allgemeinheit zugute kommen soll. Der Strafvertei-

---

[502] vgl. *Beulke*, StPO, 7. Aufl. (2004), § 9 Rz. 148

[503] vgl. *Beulke*, Der Verteidiger im Strafverfahren, S. 164 ff.; *ders.* in: StPO, 7. Aufl. (2004), § 9 Rz. 150 mit umfassenden Nachweisen

[504] BVerfGE 38, 105, 119 = NJW 1975, S. 103; BVerfGE 53, 207, 214 = NJW 1980, S. 1677; BGHSt 9, 20, 22; 15, 326; *Augstein*, NStZ 1981, S. 52; *Beulke*, Der Verteidiger im Strafverfahren, S. 163 ff., 200; *ders.*: Anmerkungen zu BGHSt 38, 345, in: JR 1994, S. 117; *Meyer-Goßner*, StPO, 47. Aufl. 2004, vor § 137, Rz. 1

[505] vgl. *Meyer-Goßner*, 47. Aufl. 2004, vor § 137, Rz. 1 m.w.N.

diger hat also einen gesetzlichen Auftrag zu erfüllen, der nicht nur im Interesse des Beschuldigten, sondern auch in dem einer am Rechtsstaatsgedanken ausgerichteten Strafrechtspflege liegt[506]. Er erfüllt diesen Auftrag, indem er im Interesse aller Bürger (und damit auch im Interesse aller potentiell Beschuldigten) darüber wacht, dass das Verfahren sachdienlich und in prozessual geordneten Bahnen durchgeführt[507] und dass im Rahmen eines fairen Prozesses um die Erforschung der materiellen Wahrheit gerungen wird[508]. Fehlt er, muss der Richter zwangsläufig seine neutrale Position in weitem Umfang aufgeben und eine Parteirolle einnehmen, um dem Beschuldigten den rechtsstaatlich gebotenen Schutz zu gewähren. Durch diese Durchbrechung des Prinzips der Arbeitsteilung verringerte sich aber die Gewähr für ein gerechtes Ergebnis. Der Verteidiger garantiert somit die rechtsstaatliche Strafrechtspflege[509].

Andererseits darf der Strafverteidiger aber auch keine Verfahrensobstruktion betreiben, also insbesondere die ihm eingeräumten Rechte nicht missbräuchlich ausnutzen[510] und die Rechtspflege nicht dadurch behindern, dass er die Wahrheitsforschung erschwert[511], Beweisquellen trübt oder verfälscht[512], die Flucht oder Verdunklungsmaßnahmen des Angeklagten fördert u.s.w.

Des weiteren darf die gleichzeitige Wahrnehmung öffentlicher Funktionen durch den Strafverteidiger auch nicht dazu führen, dass legitime Interessen des Beschuldigten beschnitten werden. Der Verteidiger nimmt deshalb öffentliche Interessen nur insoweit wahr, als einerseits die Effektivität der Rechtspflege *in ihrem Kernbereich* gewährleistet wird, andererseits aber auch die Effektivität der Verteidigung bestehen bleibt (sog. eingeschränkte Organtheorie)[513]. Die Aufgabe des Strafverteidigers besteht also einerseits darin, die Rechte des Beschuldigten allseitig zu wahren und zur Berücksichtigung aller ihm günstigen rechtlichen und tatsächlichen Umstände beizutragen, andererseits aber auch auf strenge Ju-

---

[506] BGHSt 29, 99, 106
[507] BGHSt 38, 111, 115
[508] vgl. *Beulke*, StPO, 7. Aufl. (2004), § 9 Rz. 150
[509] vgl. *Beulke*, StPO, 7. Aufl. (2004), § 9 Rz. 150
[510] vgl. *Meyer-Goßner*, 47. Aufl. 2004, vor § 137 Rz. 1
[511] BGHSt 9, 20, 22
[512] *Seelmann*, NJW 1979, S. 1128, 1130
[513] vgl. *Beulke*, Der Verteidiger im Strafverfahren, S. 200 ff.; *ders.*: StPO, 7. Aufl. (2004), § 9 Rz. 150 mit näheren Ausführungen und Nachweisen dazu, was vom Strafverteidiger auf dem Boden der eingeschränkten Organtheorie verlangt werden kann und was nicht.

stizförmigkeit des Verfahrens hinzuwirken[514]. In diesem Spannungsfeld bewegt sich die Tätigkeit des Strafverteidigers.

2. Bedeutung für den (zivilrechtlich tätigen) Rechtsanwalt

Welche Folgerungen aber lassen sich nun hieraus vorab für den zivilrechtlich tätigen Rechtsanwalt ziehen? Die Forderung nach Schaffung einer Waffengleichheit gibt hierfür wenig her, denn bei der Beratung und Vertretung insolventer Gesellschaften wie auch sonst bei der zivilrechtlichen Tätigkeit des Anwaltes zeichnet sich ein Verhältnis, wie es zwischen Beschuldigtem und staatlichen Strafverfolgungsorganen im Rahmen des Strafverfahrens besteht, nicht ab. Auch der in diesem Bereich tätige Rechtsanwalt ist jedoch gemäß § 1 BRAO ein unabhängiges Organ der Rechtspflege und übt – wie noch genauer zu zeigen sein wird – insoweit auch öffentliche (nicht staatliche) Funktionen aus. Aus der für spezifisches Verteidigerhandeln entwickelten eingeschränkten Organtheorie lassen sich aber jedenfalls direkt keine besonderen Befugnisse des Rechtsanwaltes ableiten, mit Hilfe derer man eine Einschränkung seiner Beihilfestrafbarkeit begründen könnte. Sie könnte nur insofern von Nutzen sein, als sie bei der Bestimmung von Funktion, Aufgaben und Pflichten des Strafverteidigers auf allgemeine Prinzipien (hier: „unabhängiges Organ der Rechtspflege“) zurückgreift und so den auch beim zivilrechtlich tätigen Rechtsanwalt einzuschlagenden Weg vorzeichnet.

II. Verfassungsrechtlich-prozessuale Theorie

1. Definition

Neben der oben erläuterten Organtheorie werden zur Beschreibung der Tätigkeiten und Funktionen des Strafverteidigers sowie zur Begrenzung seiner Rechte und Pflichten weitere Ansätze vertreten. Hierzu[515] zählt auch die sog. verfas-

---

[514] BGHSt 12, 367, 369; 15, 326, 327; BGH NJW 1964, 2402, 2403

[515] Daneben wird auch die Parteiinteressenvertretertheorie und – als gemäßigte Form – die Vertragstheorie sowie weitere Mindermeinungen vertreten. Auf diese Theorien wird jedoch im Rahmen der vorliegenden Arbeit nicht eingegangen, da sie keinerlei Hilfestellung bei der Bestimmung der Grenzen der Beihilfestrafbarkeit des – zivilrechtlich tätigen - Rechtsanwaltes geben. Zur näheren Erläuterung vgl. *Beulke*, StPO, 7. Aufl. (2004), § 9 Rz. 151, 151a m.w.N. sowie auch *Wolf*, Das System des Rechts der Strafverteidigung, S. 13ff., der der Auffassung

sungsrechtlich-prozessuale Theorie. Ihr zufolge ergibt sich die Antwort auf die Frage, wie eine gesetzeskonforme Strafverteidigung ausgestaltet sein muss, aus Art. 2 Abs.1 GG iVm. dem aus dem Rechtsstaatsprinzip ableitbaren fairen Verfahren. Danach sei jede Prozesshandlung statthaft, solange sie vom Verteidigungszweck getragen werde und kein ausdrückliches gesetzliches Verbot entgegenstehe[516].

2. Kritik

Viel gewonnen ist mit dieser Feststellung zunächst allerdings noch nicht. Denn das Spannungsfeld, in dem sich die Tätigkeit des Strafverteidigers zwischen Verteidigungszweck einerseits und gesetzlichen Verboten andererseits bewegt, wird dadurch lediglich beschrieben, jedoch nicht ansatzweise aufgelöst. Denn es ist ja gerade fraglich, ob die ubiquitär geltenden gesetzlichen Gebote und Verbote in ihrer Reichweite modifiziert werden, wenn das Handeln des Strafverteidigers von einem (legitimen) Verteidigungszweck getragen wird. Für den Verteidiger sollen ja gerade gewisse Sonderrechte gelten, beispielsweise auch im Rahmen des § 258 StGB. Wann er die Grenze zur Strafbarkeit überschreitet, lässt die verfassungsrechtlich-prozessuale Theorie jedoch völlig offen[517]; vielmehr stellt sie lediglich fest, *dass* die Tätigkeit des Strafverteidigers durch dem Verteidigungszweck entgegenstehende Gesetze begrenzt werde.

Immerhin aber nennt der Ansatz der verfassungsrechtlich-prozessualen Theorie den „Verteidigungszweck“ als einen der beiden Leitpfosten (neben der Gesamtheit der gesetzlichen Verbote) bei der Bestimmung zulässigen Verteidigerhandelns. Die Rechte und Pflichten des Verteidigers ergeben sich also – abgesehen von den wenigen in der StPO enthaltenen ausdrücklichen Vorschriften – im übrigen aus seiner gesetzlichen Aufgabe und finden ihre Grenzen in den Vorschriften des StGB (v.a. § 258) und den Grundsätzen für das anwaltliche Standes-

---

ist, dass die Hartnäckigkeit, mit der in Rechtsprechung und Schrifttum über die Theorien zur Rechtsstellung des Verteidigers gstritten wird, beruhe auf dem Missverständnis, die Bezeichnung des Verteidigers als "Beistand", "Organ der Rechtspflege" bzw. "Vertreter" sage etwas über die Rechtsverhältnisse zwischen Verteidiger und Beschuldigtem bzw. Das Verhältnis des Verteidigers zum Staat aus. Dies gelte insbesondere deshalb, weil sich hinter derselben Bezeichnung teilweise völlig gegensätzliche Meinungen sammelten, während umgekehrt viele Auffassungen trotz ihrer unterschiedlichen Kennzeichnung in zentralen Grundfragen übereinstimmten.(S.47)

516 Nachweise bei *Beulke*, StPO, 7. Aufl. (2004), § 9Rn 151b

517 vgl. *Beulke*, StPO, 7. Aufl. 2004, § 9 Rz. 151b

recht[518]. Damit aber wird deutlich, dass letztlich allein eine Beschäftigung mit den Grundlagen des Berufsbildes des Strafverteidigers bei der Bestimmung der Grenzen zulässigen Verteidigerhandelns erfolgversprechend sein kann.

3. Bedeutung für den (zivilrechtlich tätigen) Rechtsanwalt

Maßstab der verfassungsrechtlich-prozessualen Theorie ist also der „Verteidigungszweck", der durch sie zu einer der Grundlagen für rechtmäßiges Handeln des Strafverteidigers erhoben wird. Einen solchen Verteidigungszweck kennt und verfolgt die Tätigkeit eines zivilrechtlich tätigen Rechtsanwaltes jedoch nicht. Will man aus der verfassungsrechtlich-prozessualen Theorie gleichwohl Früchte für die vorliegende Arbeit ziehen, ist also nicht auf einen irgendwie gearteten Verteidigungszweck, sondern auf den Handlungszweck des so tätigen Rechtsanwaltes abzustellen. An dieser Stelle hilft § 3 Abs.1 BRAO weiter: Danach ist der Rechtsanwalt der berufene unabhängige Berater und Vertreter in allen Rechtsangelegenheiten. Bei seiner Tätigkeit verfolgt er also die unabhängige und umfassende Beratung und Vertretung seiner Mandanten. Abstellend auf diesen Handlungszweck würde eine griffige Formel, die die Erkenntnisse der verfassungsrechtlich-prozessualen Theorie übernimmt und auf den zivilrechtlich tätigen Rechtsanwalt überträgt, daher wie folgt lauten:

> *Es ist jede Handlung eines Rechtsanwaltes statthaft, die aus seiner Stellung als berufenem unabhängigem Berater und Vertreter in allen Rechtsangelegenheiten folgt und nicht gegen ein ausdrückliches Verbot verstößt.*

Zu prüfen bleibt nur, welche Schlüsse hieraus gezogen werden können bzw. welche Ergebnisse sich aus der zuvor entwickelten Definition ableiten lassen. Es ist zunächst jede Beratung eines Rechtsanwaltes bei der Vertretung insolventer Gesellschaften bzw. im Rahmen „privater Insolvenzverfahren" daraufhin zu untersuchen, ob sie mit der von § 3 Abs.1 BRAO generalklauselartig gegebenen Definition der Funktion des Rechtsanwaltes in Einklang zu bringen ist. In einem weiteren Schritt wäre zu prüfen, ob eben jene Tätigkeit gegen ein ausdrückliches gesetzliches Verbot verstößt oder nicht. Will man jedoch – wie es hier geschehen soll – Grundsätze entwickeln, die der Beihilfestrafbarkeit des Rechtsanwaltes neue und angemessene Konturen verleihen, begibt man sich an dieser Stelle

---

[518] vgl. *Meyer-Goßner*, 47. Aufl. 2004, vor § 137, Rz. 1

– wie bereits beschrieben – in einen Zirkelschluss. Denn es soll ja gerade erst noch definiert werden, welche Tätigkeit des Rechtsanwaltes als Beihilfe zur Insolvenzverschleppung strafrechtlich relevant (also verboten) ist und welche nicht. Die oben entwickelte Formel setzt jedoch bereits genau definierte Verbote voraus und kann daher im vorliegenden Fall keinen Beitrag zur Entwicklung der Grenzen zulässigen Handelns eines Rechtsanwaltes liefern.

Immerhin aber bleibt festzuhalten, dass § 3 Abs.1 BRAO hierfür gewisse Anhaltspunkte liefern könnte. Die Vorschrift soll deshalb im Folgenden noch genauer untersucht werden.

IV. Strafverteidigung und Strafvereitelung

Besondere Beachtung in der strafrechtlichen Literatur und Rechtsprechung findet des weiteren das Spannungsfeld zwischen Strafverteidigung und Strafvereitelung[519]. § 258 StGB schützt die Verwirklichung des staatlichen Strafanspruches zum Zwecke der Erfüllung der general- und spezialpräventiven Aufgaben des Strafrechts[520]. Auf der anderen Seite ist es die Aufgabe des Strafverteidigers, gerade diese Durchsetzung des Strafanspruches zu erschweren. Der Verteidiger macht daher oftmals eine gefährliche Gratwanderung zwischen erlaubtem (weil im Rahmen des Verteidigungszweckes liegendem) und strafbarem (weil die Verwirklichung des Strafanspruches unzulässig behinderndem) Tun[521]. In Rechtsprechung und Literatur ist deshalb anerkannt, dass die Stellung als Verteidiger in einem Strafprozess und das damit verbundene Spannungsverhältnis zwischen Organstellung und Beistandsfunktion eine besondere Abgrenzung zwischen erlaubtem und unerlaubtem Verhalten insbesondere in Bezug auf den Straftatbestand der Strafvereitelung (§ 258 StGB) erforderlich macht[522]. Um der Stellung des Strafverteidigers im Rahmen des Strafverfahrens gerecht zu werden und um eine effektive Verteidigung des Beschuldigten, Angeschuldigten oder Angeklagten zu sichern, genießt er daher eine Reihe von *Sonderrechten* im Rahmen des Tatbestandes des § 258 StGB. Nach herrschender Auffassung kann deshalb die Beeinträchtigung des staatlichen Strafanspruches nicht als Strafver-

---

[519] vgl. hierzu *Beulke*, Der Verteidiger im Strafverfahren, 1980, S. 98f., 150ff.; ders., in: Die Strafbarkeit des Verteidigers, 1989, S. 5ff.; ders., in: *Roxin*-FS, S. 1173ff.; *Wolf*, Das System des Rechts der Strafverteidigung, S. 261 ff.

[520] BGHSt 45, 97, 100; MüKo-*Cramer*, StGB, 1. Aufl. 2003, § 258 Rz. 2

[521] vgl. *Beulke*, StPO, 7. Aufl. (2004), § 9 Rz. 174

[522] vgl. hierzu umfassend *Beulke*, Die Strafbarkeit des Verteidigers, 1989, S. 5 ff., 18 ff.

eitelung gemäß § 258 StGB eingestuft werden, soweit und solange sich der Verteidiger *prozessual zulässiger Mittel* bedient[523]. Ordnungsgemäßes und pflichtentsprechendes Verteidigerhandeln erfüllt daher schon nicht den Tatbestand des § 258 StGB[524]. Begründet wird dies damit, dass der Verteidiger (wie oben schon ausgeführt wurde) gemäß §§ 1, 31 BRAO ein unabhängiges Organ der Rechtspflege ist[525].

Das Kriterium des *prozessual zulässigen Mittels* gibt also den Ausschlag dafür, ob ein bestimmtes Verteidigerhandeln eine tatbestandsmäßige Strafvereitelung darstellt oder nicht. Die oben entwickelte Definition birgt somit eine Verweisung auf das Prozessrecht in sich; der Straftatbestand der Strafvereitelung ist insoweit akzessorisch[526]. Danach darf der Verteidiger grundsätzlich alles tun, was in gesetzlich nicht zu beanstandender Weise seinen Mandanten nützt. So ergeben sich insbesondere die Zulässigkeit der Verteidigung des schuldigen Angeklagten und des Hinwirkens auf einen Freispruch trotz Kenntnis von der Schuld des Mandanten aus der wichtigen Aufgabe, welche dem Verteidiger in einem rechtsstaatlichen Strafverfahren zukommt. Andererseits hat sich der Verteidiger nach allgemeiner Auffassung jeder aktiven Verdunkelung und Verzerrung des Sachverhalts zu enthalten[527]. Hierzu zählt auch die Verfälschung von Beweismitteln oder die Verwendung verfälschter Beweismittel, insbesondere von Urkunden. Ein Strafverteidiger ist verpflichtet, seinen Mandanten bestmöglich zu verteidigen. Ihm vorliegende oder zugängliche Beweismittel zu Gunsten seines Mandanten muss er einbringen. In diesem Rahmen ist er zwar verpflichtet, darauf zu achten, dass er nicht gefälschte oder sonst als unrichtig erkannte Beweismittel vorlegt. Hat er aber insoweit lediglich Zweifel an der Echtheit, ist er deshalb nicht befugt, ein Beweismittel zurückzuhalten. Anderenfalls würde er in Kauf nehmen, ein möglicherweise echtes, entlastendes Beweismittel zu unterdrücken. Wird ein Strafverteidiger in dieser Weise tätig, wird in der Regel davon auszugehen sein, dass der Verteidiger, der sich darauf beschränkt, ihm von seinem Mandanten zur Verfügung gestellte oder benannte Beweismittel in ein gerichtliches Verfahren einzubringen, strafbares Verhalten nicht billigt, selbst bei erheblichen Zweifeln an der Richtigkeit oder Zuverlässigkeit der eingeführten Beweise. Vielmehr wird der Verteidiger solche Beweismittel im Re-

---

[523] vgl. *Beulke*, StPO, 7. Aufl. (2004), § 9 Rz. 174 m.w.N.
[524] BGHSt 29, 102; 38, 347; 46, 53, 54 f.; BGH NJW 1992, S. 3047; KG NStZ 1988, S. 178; *Tröndle/Fischer*, StGB, 51. Aufl. 2003, § 258 Rz. 8a m.w.N.
[525] *Tröndle/Fischer*, a.a.O. Rz. 8
[526] vgl. *Beulke*, StPO, 7. Aufl. (2004), § 9 Rz. 174 m.w.N.
[527] *Feuerich/Weyland*, BRAO, 6. Aufl. 2003, § 43 Rz.12

gelfall mit dem inneren Vorbehalt verwenden, das Gericht werde sie seinerseits einer kritischen Prüfung unterziehen und ihre Fragwürdigkeit nicht übersehen. *Dieser Vorbehalt ergibt sich daraus, dass der Verteidiger als Organ der Rechtspflege fremde Interessen wahrnimmt.* Etwas anderes könnte dann gelten, wenn der Verteidiger über zusätzliche Informationen verfügt, etwa, wenn ihm der Mandant mehr oder weniger deutlich zu erkennen gegeben hat, das Vorbringen sei erlogen, die Beweismittel seien gefälscht[528].

Die oben beschriebene Verweisung auf das Prozessrecht hilft jedoch bei der Bestimmung der Erlaubtheit eines bestimmten Verhaltens kaum weiter, denn dort fehlen ebenfalls ausdrückliche Regelungen über die Grenzen zulässigen Verteidigerhandelns im Rahmen des § 258 StGB. Dies beruht auf einem einfachen Grund, denn die Strafprozessordnung wird im allgemeinen für lückenhaft und mit lediglich punktuelle Regelungen bzw. Befugnissen ausgestattet gehalten[529]. Die Bestimmung der Grenzen zulässigen Verteidigerhandelns im Bereich von § 258 StGB, mithin eine Ausfüllung der Lücken der Strafprozessordnung kann daher nur über einen Rückgriff auf allgemeine Erwägungen über Aufgabe und Rechtsstellung des Verteidigers erfolgen[530].

Zur Ausfüllung des „Vakuums", das die Strafprozessordnung hinsichtlich der Rechtsstellung des Verteidigers enthält, werden im Wesentlichen folgende Kriterien herangezogen[531]: die Aufgaben des Verteidigers, die gegeneinander abzuwägenden Interessen der Beteiligten, Sinn und Zweck des Strafverfahrens, Sinn und Zweck der Verteidigung, Begriff und Wesen der Verteidigung, der Grundsatz der Waffengleichheit sowie die historische Entwicklung von Strafverfahren und Verteidigung. Dabei wird im Grundsatz folgender Gedankengang vollzogen[532]: Die Verteidigung dient ebenso wie das Strafverfahren insgesamt bestimmten Zwecken. Aus den wenigen Anhaltspunkten im Gesetz wird dabei im Wege einer „Gesamtschau" auf ein bestimmtes, der Prozessordnung zugrun-

---

528 BGH NJW 1993, S. 273, 274

529 *Wolf*, Das System des Rechts der Strafverteidigung, S. 48, wendet dies wie folgt: Dieser Vorwurf beruht im wesentlichen auf folgendem unbestreitbaren Befund: Durch Gesetzesauslegung lassen sich zwar einige einzelne Rechte des Verteidigers (vgl. z.B. §§ 147, 148 StPO) ermitteln. Ob der Verteidiger aber beispielsweise einen Beweisantrag auch gegen den Willen des Beschuldigten stellen oder ein Plädoyer halten kann, das dessen Verteidigungskonzept widerspricht, ist gesetzlich nicht ausdrücklich geregelt.

530 vgl. *Beulke*, StPO, 7. Aufl. (2004), § 9 Rz. 174; kritisch *Jahn,* ZRP 1998, 103

531 vgl. *Wolf*, Das System des Rechts der Strafverteidigung, S. 51

532 *Wolf*, a.a.O.

de liegendes „Verteidigerleitbild“[533] geschlossen. Das so ermittelte Leitbild ermöglicht es der herrschenden Auffassung zufolge, eine Reihe von Aufgaben im einzelnen abzuleiten[534]. Die Zusammenfassung der so ermittelten einzelnen Rechte und Beschränkungen kann nach Rechtsprechung und Schrifttum sodann dazu verwandt werden, weitere Einzelkonsequenzen zu begründen[535]. Zu Recht meint *Beulke*[536], dass es sich bei dieser Argumentationsweise um den bekannten Zirkelschluss handelt.

V. Ergebnis

Die vorstehenden Ausführungen ergeben folgendes Bild:

Nach der herrschenden Organtheorie ist es zunächst Aufgabe des Strafverteidigers, eine gewisse Waffengleichheit zwischen Beschuldigtem und staatlichen Strafverfolgungsorganen herzustellen. Darüber hinaus verfolgt der Verteidiger als unabhängiges Organ der Rechtspflege jedoch auch öffentliche Interessen mit dem Ziel, die Effektivität der Rechtspflege in ihrem Kernbereich zu gewährleisten. Dies gilt allerdings nur, solange und soweit die Effektivität der Strafverteidigung bestehen bleibt. Grundlage der Organtheorie sind dabei allgemeine, auf § 1 BRAO aufbauende Erwägungen.

Nach der verfassungsrechtlich-prozessualen Theorie ist jede Verteidigungshandlung zulässig, die vom Verteidigungszweck getragen wird und der kein ausdrückliches Verbot entgegensteht. Ihre Grundlage ist also der „Verteidigungszweck“, der sich nur über eine Auseinandersetzung mit den Grundlagen der Aufgaben und Funktion des Strafverteidigers bestimmen lässt. Übertragen auf den zivilrechtlich tätigen Rechtsanwalt ist – wie oben dargelegt – insoweit auf den allgemeinen Handlungszweck des Rechtsanwaltes abzustellen, der sich § 3 Abs.1 BRAO (berufener unabhängiger Berater und Vertreter in allen Rechtsangelegenheiten) entnehmen lässt.

Schließlich erfolgt auch die Auflösung des Spannungsfeldes zwischen Strafverteidigung und Strafvereitelung über einen Rückgriff auf allgemeine Erwägungen

---

[533] *Beulke*, Der Verteidiger im Strafverfahren, S. 19
[534] *Beulke*, a.a.O., S. 41
[535] vgl. *Wolf*, Das System des Rechts der Strafverteidigung, S. 53
[536] Der Verteidiger in Strafsachen, S. 34

über Aufgabe und Rechtsstellung des Verteidigers. Es wird also offenkundig, dass bei der Bestimmung der Grenzen zulässigen Verteidigerhandelns eine Auseinandersetzung mit den Grundlagen des Berufsbildes des Strafverteidigers unerlässlich ist, vielmehr noch, dass sich nur aus ihnen jene Grenzen bestimmen lassen.

Für den zivilrechtlich tätigen Rechtsanwalt, der sich – was insbesondere hier von Interesse ist – mit der Beratung und Vertretung insolventer Gesellschaften befasst, kann nichts anderes gelten. Die Abgrenzung zulässigen von unzulässigem Handeln bzw. eine zuverlässige Grenzziehung bei der Bestimmung einer etwaigen Täterschaft oder Beihilfestrafbarkeit kann also auch beim zivilrechtlich tätigen Rechtsanwalt – wenn überhaupt – in jedem Fall nur über einen Rückgriff auf allgemeine Prinzipien und Erwägungen über Aufgaben und Rechtsstellung des Rechtsanwaltes erfolgen. Dieser Versuch soll im folgenden unternommen werden, indem der Frage nachgegangen wird, ob die Grundlagen des Berufsbildes als Mittel zur Grenzziehung zulässigen Verhaltens auch des zivilrechtlich tätigen Rechtsanwaltes, und insbesondere was die hier behandelten Fälle anbelangt, geeignet ist.

2. Kapitel : Die berufsrechtliche Stellung des Rechtsanwaltes und eine evtl. daraus resultierende Bestimmung seiner Befugnisse im Rahmen privater Insolvenzverfahren

Das Berufsbild des Rechtsanwaltes wird grundlegend in den §§ 1 bis 3 BRAO normiert[537]. Danach ist der Rechtsanwalt ein unabhängiges Organ der Rechtspflege und als solcher der unabhängige, berufene Berater und Vertreter in allen Rechtsangelegenheiten. Die Berufsbildbestimmung des Rechtsanwaltes bzw. der Rechtsanwaltschaft als eines unabhängigen Organs der Rechtspflege und als unabhängigem, berufenen Berater und Vertreter der Rechtssuchenden in allen Rechtsangelegenheiten hat Literatur und Judikatur von jeher in dem Versuch, dies begrifflich einzuordnen, vielfach beschäftigt[538].

---

[537] vgl. *Henssler/Prütting*, BRAO, 1. Aufl. (1997), Vorbemerkung § 1, Rz. 4; *Redeker*, NJW 1987, S. 2611

[538] vgl. beispielsweise BVerfG NJW 1973, S. 696; NJW 1975, S. 103; NJW 1983, S. 1535; AnwBl. 1987, S. 598 und 603; AnwBl. 1993, S. 120; *Friese*, Die Freiheit der Advokatur in Deutschland, 1989; *Fuhrmann*, Die Rechtsstellung des angestellten Rechtsanwaltes, 1989;

I. Rechtsgeschichte und Rechtsgrundlagen

Die Bezeichnung des Rechtsanwalts als Organ der Rechtspflege findet sich erstmals in der allgemeinen Begründung der Motive zur RAO 1878[539] und wurde unter anderem von der Ehrengerichtsbarkeit im Jahre 1883 aufgegriffen[540]. Auch schon das Reichsgericht nannte den Rechtsanwalt bzw. Verteidiger neben dem Gericht und der Staatsanwaltschaft ein gleichberechtigtes Organ der Rechtspflege[541]. Andere Gerichte und die Literatur schlossen sich dem an[542]. Der heutige Wortlaut des Gesetzes, in dem der Rechtsanwalt in § 1 BRAO als *unabhängiges* Organ der Rechtspflege bezeichnet wird, geht zum einen auf das Zweite Gesetz zur Änderung der Reichsrechtsanwaltsordnung vom 13. 12. 1935[543] zurück, in dessen Präambel bzw. Vorspruch der Rechtsanwalt als der berufene, unabhängige Vertreter in allen Rechtsangelegenheiten bezeichnet wird, dessen Beruf kein Gewerbe, sondern Dienst am Recht ist. Zum anderen hat die heutige Normierung ihren Ursprung in der Rechtsanwaltsordnung für die Britische Zone vom 10. März 1949[544], die in ihrem § 1 die Rechtsanwaltschaft als ein Organ der Rechtspflege, als einen freien Beruf und kein Gewerbe definiert, und in § 2 den Rechtsanwalt als den berufenen unabhängigen Berater und Vertreter in allen Rechtsangelegenheiten bezeichnet, von dem sich jedermann in allen Rechtsangelegenheiten vor allen Gerichten und Behörden vertreten lassen könne. Nahezu wortgleiche Formulierungen wurden von der Bundesrechtsanwaltsordnung vom 1. August 1959[545] übernommen. Von den inzwischen erfolgten mehr als 50 Änderungen der BRAO seit ihrem Inkrafttreten sind die §§ 1-3 nicht berührt worden, auch nicht durch die einschneidende Berufsrechtsnovelle im Jahre 1994[546].

Über die grundlegende Normierung der §§ 1-3 BRAO hinaus findet sich in § 43 BRAO eine Regelung über die allgemeine Berufspflicht des Rechtsanwaltes.

Krämer, NJW 1975, S. 849; *Pfeiffer*, BRAK-Mitt. 1987, S. 102; *Quack*, NJW 1975, S. 1337; *Redeker*, NJW 1987, S. 2610; *Schneider*, Der Rechtsanwalt, ein unabhängiges Organ der Rechtspflege, 1976; *Stern*, Anwaltschaft und Verfassungsstaat, 1980

[539] vgl. Stenographische Berichte über die Verhandlungen des Deutschen Reichstages, 3. Legislaturperiode, II. Session 1878, 3. Band, Aktenstück Nr.5, S. 66, 73

[540] vgl. EGH I 140 („Als Organ der Rechtspflege hat der Rechtsanwalt bei seiner Berufsausübung auf ein äußerlich geordnetes Verfahren hinzuwirken.")

[541] RG JW 1926, 2756, 2757

[542] vgl. *Henssler/Prütting*, BRAO, 1. Aufl. (1997), § 1 Rz. 64

[543] RGBl. I, S.1470

[544] VOBl. für die Britische Zone 1949, S. 80

[545] BGBl. I, S. 565

Danach hat jener seinen Beruf gewissenhaft auszuüben und sich innerhalb und außerhalb des Berufes der Achtung und des Vertrauens, welche die Stellung des Rechtsanwalts erfordert, würdig zu erweisen. § 43a Abs.1 BRAO vertieft seit der Berufsrechtsnovelle im Jahre 1994 die bereits in § 1 BRAO festgeschriebene Unabhängigkeit des Rechtsanwaltes und verbietet ihm die Eingehung solcher Bindungen, die eben jene berufliche Unabhängigkeit gefährdet. Hinzu kommen punktuelle, also einzelne konkrete Pflichten des Rechtsanwaltes betreffende Vorschriften in den §§ 43a ff. BRAO sowie in der aufgrund § 59b BRAO ergangenen Berufsordnung der Rechtsanwälte (BORA)[547].

II. Materieller Gehalt der berufsrechtlichen Vorschriften

Fraglich ist nun, welchen *materiellen* Gehalt die zuvor erwähnten und das Berufsbild des Rechtsanwaltes eher allgemein und generalklauselartig skizzierenden Vorschriften der §§ 1-3 BRAO tatsächlich besitzen und ob sich hieraus Ansätze für die Bestimmung der Strafbarkeit des Rechtsanwaltes in den hier interessierenden Fällen gewinnen lassen. Zusätzlich bleibt zu prüfen, ob die in der BRAO und BORA verstreut enthaltenen punktuellen Bestimmungen eine entsprechende Hilfestellung leisten können.

1. Allgemeines

Die zuerst aufgeworfene Frage des materiellen Gehaltes der berufsrechtlichen Generalklauseln ist in Literatur und Rechtssprechung umstritten.

a) Literatur

Zum Teil wird in der Literatur die dort vorgenommene Berufsbildbestimmung als „widersprüchlich und diffus" bezeichnet[548]. *Herzog*[549] ist der Auffassung, § 1 BRAO habe einen ausschließlich standesideologischen Hintergrund und entbeh-

---

[547] Berufsordnung für Rechtsanwälte in der Fassung der Bekanntmachung vom 1.November 2001, zuletzt geändert durch Beschlüsse der 5. Sitzung der 2. Satzungsversammlung der Bundesrechtsanwaltskammer am 7. November 2002 in Berlin, BRAK-Mitt. 2003, S. 67

[548] *Kleine-Cosack*, BRAO, 4. Aufl. 2003, vor § 1, Rz. 1

[549] vgl. *Herzog* in: *Maunz/Dürig*, GG, Art. 92, Rz. 98

re jeden rechtlichen Inhalts. *Redeker*[550] nennt die Bezeichnung des Rechtsanwaltes als eines Organs der Rechtspflege „dunkel und schillernd". *Müller*[551] vertritt die Auffassung, aus der Bezeichnung „Organ der Rechtspflege" lasse sich die Grundlage einer sachgerechten Bestimmung der Verteidigeraufgabe nicht herleiten. *Hartstang*[552] schließlich nennt den Organbegriff des § 1 BRAO eine programmatische Leerformel ohne sachlichen Gehalt, ein Prokrustesbett der freien Advokatur, ein Gängelband und Mittel zur Disziplinierung der Anwaltschaft.

Auf der anderen Seite sind beispielsweise *Borgmann-Haug*[553] der Auffassung, der Begriff des Rechtsanwaltes als eines Organs der Rechtspflege sei dahingehend zu verstehen, dass der Rechtsanwalt ein „Organ der Gerechtigkeitspflege" sei und als solcher zwar keine staatlichen Aufgaben erfülle, als Streiter für eine rechtsstaatliche Rechtspflege aber einen freien Beruf mit zugewiesenen öffentlichen Aufgaben ausübe.

b) Rechtsprechung des Bundesverfassungsgerichts

Das Bundesverfassungsgericht hat zur Frage der berufsrechtlichen Stellung des Rechtsanwaltes im Laufe seiner Rechtssprechung eine Kehrtwende vollzogen. In einer Entscheidung aus dem Jahr 1974[554] führte es zunächst aus:

> *„Nach § 1 BRAO ist der Rechtsanwalt ein Organ der Rechtspflege. Sein Beruf ist ein* ***staatlich gebundener Vertrauensberuf****, der ihm eine auf Wahrheit und Gerechtigkeit verpflichtete* ***amtsähnliche*** *Stellung zuweist."* (Hervorhebung d. Verf.)

Heftige Kritik[555], insbesondere auch aus den Reihen der Anwaltschaft selbst, führte im Jahr 1983 zu einer korrigierenden Entscheidung des Bundesverfassungsgerichts[556], in der es feststellte, dass

---

550 NJW 1987, S. 2610
551 NJW 1981, S. 1801, 1802
552 *Hartstang*, Anwaltsrecht, 1991, S. 284
553 *Borgmann/Haug*, Anwaltspflichten Anwaltshaftung, 1979, § 3 Ziff. 1, S. 7 unter Berufung auf *Abegg*, Lehrbuch des gemeinen Kriminalprozesses, Königsberg 1833
554 BVerfG NJW 1975, S. 103, 105
555 vgl. z.B. *Krämer*, NJW 1975, 849
556 BVerfG NJW 1983, S. 1535, 1536

> *„die anwaltliche Berufsausübung unter der Herrschaft des Grundgesetzes der freien und unreglementierten Selbstbestimmung des einzelnen unterliegt, soweit sie nicht durch verfassungskonforme Regelungen im Sinne des Grundrechts der Berufsfreiheit beschränkt ist.“*
>
> ...
>
> *„An dieser grundsätzlichen Beurteilung ändert sich auch nichts dadurch, daß die BRAO den Rechtsanwalt als unabhängiges „Organ der Rechtspflege“ einstuft und daß in der Rechtsprechung gelegentlich von einem „staatlich gebundenen Vertrauensberuf“ die Rede ist. Die im ersten Entwurf der BRAO noch nicht vorgesehene Anerkennung als Organ der Rechtspflege bringt zum Ausdruck, daß im freiheitlichen Rechtsstaat die Rechtsanwälte als berufene Berater und Vertreter der Rechtssuchenden neben Richtern und Staatsanwälten eine eigenständige wichtige Funktion im Kampf um das Recht ausüben und dass ihnen deshalb* ***weitergehende Befugnisse und damit korrespondierende Pflichten als ihren Mandanten*** *zukommen.“ (Hervorhebung d. Verf.)*

Welche weitergehenden Befugnisse und damit korrespondierende Pflichten dem einzelnen Rechtsanwalt damit im allgemeinen, insbesondere aber auch in dem hier behandelten Bereich einer möglicherweise dadurch bedingten Strafbarkeitseinschränkung zukommen, sagt das Bundesverfassungsgericht an dieser Stelle nicht und es liegen auch – soweit ersichtlich – zumindest in Bezug auf den zivilrechtlich tätigen Rechtsanwalt keine weiteren Entscheidungen vor.

Allerdings hat das BVerfG[557] eine derartige Privilegierung bzw. Beschränkung der Strafbarkeit in dem oben[558] bereits behandelten Urteil aus dem Jahr 2004 betreffend den Strafverteidiger angenommen und festgestellt, dass sich der Verteidiger bei der Annahme von Honoraren oder Honorarvorschüssen lediglich dann gemäß § 261 Abs.2 Nr.1 StGB wegen Geldwäsche strafbar macht, wenn er von der bemakelten Herkunft des Geldes *sicher* weiß. Das BVerfG hat also die Strafbarkeit des Verteidigers auf Fälle direkten Vorsatzes beschränkt und bloß indirekt vorsätzliches Handeln für straflos erklärt. Auf diese Weise hat es dem Strafverteidiger die zuvor angedeuteten weitergehende Rechte im Vergleich zu allen anderen am Wirtschaftsleben teilnehmenden Personen unter Hinweis auf

---

[557] NJW 2004, S. 1305 ff.

[558] Teil 2, 7. Kapitel, Ziff. III 3.

die Berufsausübungsfreiheit gemäß Art. 12 Abs.1 Satz 1 GG bzw. die Stellung des Strafverteidigers im Rechtsleben eingeräumt.

Vorliegend soll es allerdings in erster Linie um den zivilrechtlich tätigen Rechtsanwalt gehen, bei dem sich ein Rückgriff auf Stellung und Befugnisse des Strafverteidigers zunächst verbietet. Immerhin aber kann in der Formulierung des BVerfG in der zuvor erwähnten Entscheidung[559] („weitergehende Befugnisse ... als ihren Mandanten") doch ein gewisser Ansatzpunkt für eine – unter Umständen auch strafrechtliche – Privilegierung des so tätigen Rechtsanwaltes gesehen werden. Ob eine solche Privilegierung gerechtfertigt ist und sich auch aus den das Berufsbild des zivilrechtlich tätigen Rechtsanwaltes regelnden Normen tatsächlich ergibt, wird noch zu prüfen sein.

Die Vorgaben, die das Bundesverfassungsgericht in den beiden Entscheidungen vom 14. Juli 1987[560] macht, nämlich das anwaltliche Berufsrecht auf eine formell und materiell einwandfreie Rechtsgrundlage zu stellen, wurden im folgenden vom Gesetz zur Neuordnung des Berufsrechts der Rechtsanwälte und Patentanwälte vom 2. September 1994[561] erfüllt[562]. Am anwaltlichen Berufsbild, wie es die §§ 1-3 BRAO zeichnen, hat die Berufsrechtsnovelle 1994 jedoch nichts Grundlegendes geändert[563], so dass es im Wesentlichen seit dem Inkrafttreten der BRAO 1959 beibehalten und lediglich durch die Einfügung des § 43a im Bereich der Unabhängigkeit des Rechtsanwaltes weiter vertieft wurde[564].

Den berufsbildbestimmenden Normen der §§ 1-3 BRAO keinerlei rechtlichen Inhalt zuzumessen, scheint aber jedenfalls nach den zuvor zitierten Entscheidungen des Bundesverfassungsgerichts nicht gerechtfertigt. Sie geben zumindest einen Anhalt für die nähere Bestimmung von Funktion, Aufgaben und Befugnissen des Rechtsanwaltes. Zusammen mit den weiteren in diesem Zusammenhang einschlägigen Normen der BRAO (§§ 43 ff.) sowie den Bestimmungen der BORA zeichnen sie somit das Berufsbild des Rechtsanwaltes vor; aus ihnen ergeben sich die Grundlinien anwaltlicher Berufsausübung und der Status der Rechtsanwälte als eine Art Programm[565]. Dieses Programm ist allerdings ange-

---

559 BVerfG NJW 1983, S. 1535, 1536
560 BVerfGE 76, 171; 76, 196
561 BGBl. I, S. 2278
562 vgl. BR-Drucks 93/93, S. 2, 63; BT-Drucks 12/1994
563 vgl. *Henssler/Prütting*, vor §1, Rn 14
564 vgl. *Henssler/Prütting*, vor §1, Rn 15
565 vgl. *Henssler/Prütting*, vor §1, Rn 17; Redeker NJW 1987, 2610, 2611

sichts der sich stets im Wandel befindenden Anwaltschaft nicht statisch zu verstehen, sondern muss veränderte soziale und ökonomische Bedingungen berücksichtigen[566].

2. Die Normen im Einzelnen

Ob und gegebenenfalls welche Erkenntnisse die das Berufsbild des Rechtsanwaltes regelnden Normen für die vorliegende Arbeit liefern, soll nun anhand einer getrennten Untersuchung jeder einzelnen Vorschrift überprüft werden.

a) § 1 BRAO

Nach § 1 BRAO ist der Rechtsanwalt ein unabhängiges Organ der Rechtspflege. Die Vorschrift beinhaltet somit zwei Komponenten: die Unabhängigkeit des Rechtsanwaltes einerseits und seine Eigenschaft als Organ der Rechtspflege andererseits.

aa) Die Unabhängigkeit des Rechtsanwaltes

Die Freigabe der Rechtsanwaltschaft und ihre Selbstverwaltung zählte zu den wichtigsten verfassungsrechtlichen und justizpolitischen Forderungen des Liberalismus[567]. Die anwaltliche Freiheit ohne staatliche Einwirkungen umfasste bereits nach *Gneist*[568] vier grundlegende Elemente: Die Freiheit von der Ernennung und der Anstellung durch den Staat, die Freiheit von der Bindung an eine beamtenähnliche Stellung, die Freiheit von der richterlichen oder staatlichen Disziplinargewalt und die Freiheit von der Kontrolle der Honorarrechnungen durch das Gericht. Diese Grundsätze wurden im Wesentlichen bereits durch die RAO von 1878 verwirklicht.

---

566 vgl. *Henssler/Prütting*, vor §1, Rn 17 m.w.N.
567 vgl. *Schubert*, Entstehung und Quellen zur Rechtsanwaltsordnung von 1878 S. 2, zitiert nach *Henssler/Prütting*, §1, Rz. 2 (FN 2)
568 *Gneist*, Freie Advocatur, S. 77, zit. nach *Henssler/Prütting*, §1, Rz. 2 (FN 4)

Eine griffige und allgemein vertretene Definition des Begriffes der anwaltlichen Unabhängigkeit ist in der juristischen Literatur heute jedoch kaum zu finden[569]. Gleichwohl lässt sich in diesem Zusammenhang Folgendes zusammenfassend festhalten:

Unabhängigkeit ist ein notwendiges Wesensmerkmal der Stellung des Rechtsanwalts und bedeutet zum einen, dass er zunächst keinerlei Weisungen *in der Sache* von keiner Seite unterliegen darf[570]. Weder Anwaltskammern noch Auftraggeber noch Kollegen oder Arbeitgeber können den Rechtsanwalt also beispielsweise dazu anweisen, vor Gericht eine bestimmte Rechtsauffassung zu vertreten. Noch wichtiger als die Weisungsfreiheit gegenüber Anwaltskammer und Mandanten ist aber zum anderen die Staatsunabhängigkeit des Rechtsanwalts als Ausfluss des Grundsatzes der freiheitlichen Advokatur, wie sie bereits von *Gneist* postuliert wurde. Anwaltliche Berufstätigkeit unterliegt danach keinerlei staatlicher Kontrolle; sie wird unter der Herrschaft des Grundgesetzes frei, unreglementiert und selbstbestimmt ausgeübt[571]. Staatsunabhängigkeit bedeutet Unabhängigkeit vom Staat und seinen Einrichtungen, Herauslösung aus der staatlichen Organisation und Freiheit von staatlichen Weisungen[572]. Der Rechtsanwalt ist auch nicht etwa durch beamtenähnliche Treuepflichten gebunden. Im Interesse des Rechtsstaatsgedankens und der Rechtspflege stehen damit dem Bürger Rechtskundige unabhängig von staatlicher Einflussnahme zur Seite[573]. Die Unabhängigkeit des Rechtsanwalts ist damit auch eine Form der rechtsstaatlichen Begrenzung staatlicher Macht[574]. Hinzu kommt schließlich auch als weiteres Element die wirtschaftliche bzw. finanzielle Unabhängigkeit des Rechtsanwaltes[575].

Koch[576] fasst die in der Literatur gegebenen begrifflichen Definitionen von Unabhängigkeit wie folgt zusammen:

> *„Die anwaltliche Unabhängigkeit bedeutet Freiheit, im wesentlichen Staatsunabhängigkeit in anwaltlicher Berufsausübung.*

---

[569] vgl. *Henssler/Prütting*, §1, Rn 37, der davon spricht, dass die Fachliteratur in begrifflicher Definition von Unabhängigkeit nicht wesentlich ergiebiger sei als die Belletristik.

[570] vgl. *Bülow*, BRAO, § 1, zit. nach *Henssler/Prütting*, §1, Rz. 37

[571] vgl. BVerfGE 34, 292, 302; 63, 266; BVerfG, AnwBl 1987, S. 598

[572] vgl. *Feuerich/Weyland*, 6. Aufl. 2003, §1 Rz. 15

[573] vgl. *Feuerich/Weyland*, 6. Aufl. 2003, §1 Rz. 2

[574] vgl. *Henssler/Prütting*, § 1 Rz. 37 m.w.N.

[575] vgl. hierzu näher *Feuerich/Weyland*, 6. Aufl. 2003, §1 Rz. 18 ff.

[576] *Henssler/Prütting*, § 1 Rz. 37

Anwaltliche Unabhängigkeit ist ein unangefochtenes, selbstverständliches Wesensmerkmal anwaltlicher Berufsausübung. Sie ist Ausfluss des Grundsatzes der freiheitlichen Advokatur. Die freie, unabhängige Berufsausübung bedeutet nicht Schrankenlosigkeit, sondern Bindung an den freiheitlich demokratischen Rechtsstaat, der eine solche anwaltliche Berufsausübung nicht nur erst ermöglicht, sondern als selbstverständlich voraussetzt."

Ob damit wirklich eine griffige Begriffsbestimmung gelungen ist, mag an dieser Stelle dahinstehen. Jedenfalls vermitteln die bisherigen Ausführungen zumindest ein grobes Bild davon, was unter anwaltlicher Unabhängigkeit zu verstehen ist.

Die gesetzlich vorgegebene Unabhängigkeit des Rechtsanwaltes bedeutet also zwar Freiheit, die andererseits jedoch nicht mit Schrankenlosigkeit zu verwechseln ist. Wie jeder Mensch ist deshalb auch der Rechtsanwalt an Recht und Gesetz sowie die staatliche Rechtsordnung gebunden[577].

Erwähnt sei schließlich noch, dass der durch die Berufsrechtsnovelle des Jahres 1994 in die BRAO eingefügte § 43a Abs. 1 den Versuch einer Konkretisierung des Begriffes anwaltlicher Unabhängigkeit dahingehend unternimmt, dass der Rechtsanwalt nach dieser Vorschrift keine Bindungen eingehen darf, die seine berufliche Unabhängigkeit gefährden können, weil nur im Vertrauen in anwaltliche Unabhängigkeit der hohe Anspruch des § 3 Abs. 1 BRAO verwirklicht werden kann, wonach der Rechtsanwalt der berufene unabhängige Berater und Vertreter in allen Rechtsangelegenheiten ist[578].

Einer eingehenderen Auseinandersetzung mit dem Begriff der Unabhängigkeit des Rechtsanwaltes bedarf es im Rahmen der vorliegenden Arbeit jedoch nicht. Denn es ist offensichtlich, dass die oben erwähnten, der Unabhängigkeit immanenten Elemente (insbesondere Weisungsunabhängigkeit und Staatsunabhängigkeit) keinerlei Aussage darüber treffen, welche (möglicherweise weitergehenden) Befugnisse und Rechte dem Rechtsanwalt zustehen und in welchem Rahmen unter Umständen eine berufsspezifische Einschränkung seiner Beihilfestrafbarkeit gerechtfertigt ist. Die Unabhängigkeit des Rechtsanwaltes im oben beschriebenen Sinne ist vielmehr Voraussetzung dafür, *dass* der Rechtsanwalt

---

[577] vgl. *Feuerich/Weyland*, 6. Aufl. 2003, § 1 Rz. 13
[578] vgl. *Henssler/Prütting*, § 1 Rz. 22

im Sinne seines Mandanten überhaupt sinnvoll tätig werden kann. Die Grenzen seiner Befugnisse bzw. deren Erweiterung gegenüber anderen Berufsgruppen oder Personen lässt sich dem Begriff der Unabhängigkeit jedoch nicht entnehmen. Im Gegenteil, die oben bereits angedeutete Einschränkung des Unabhängigkeitsbegriffes, der zufolge auch der Rechtsanwalt an Recht und Gesetz sowie die staatliche Rechtsordnung gebunden ist, deutet eher darauf hin, dass für den Rechtsanwalt jedenfalls auf berufsrechtlicher Ebene gewissermaßen keine besonderen Regeln gelten, die es gerechtfertigt erscheinen ließen, seinen Handlungsspielraum im Sinne einer Strafbarkeitseinschränkung zu erweitern.

bb) Organ der Rechtspflege

§1 BRAO nennt den Rechtsanwalt ein Organ der Rechtspflege. Die Herkunft dieser Bezeichnung, die im übrigen auch in den §§ 7 Nr.8, 14 Abs.2 Nr.8 BRAO Eingang gefunden hat, wurde bereits oben[579] erläutert. Was aber verbirgt sich im Einzelnen hinter dem Begriff?

In Rechtsprechung und Literatur wird auf verschiedene Weise versucht, den Bezeichnung des Rechtsanwaltes als Organ der Rechtspflege begrifflich zu fassen. Teilweise[580] werden darunter Tätigkeiten zusammengefasst, die zwar in engem Zusammenhang mit der (materiellen) Rechtsprechung stehen, aber entweder nicht zu verbindlichen Entscheidungen führen oder nicht von Richtern, sondern eben von besonderen Organen der Rechtspflege wahrgenommen werden. Solche besonderen Organe seien zum einen nichtrichterliche Beamte (wie z.B. Urkundsbeamte, Gerichtsvollzieher, Staatsanwälte, Rechtspfleger etc.), zum anderen aber eben auch Rechtsanwälte und Notare[581]. Sie alle seien Träger von Funktionen, die für die Rechtspflege zur *Wahrung des Rechts* wesentlich sind.

An anderer Stelle[582] wird unter Rechtspflege die Ordnung und Entscheidung rechtlicher Fragen in einem rechtsstaatlich umgrenzten Verfahren verstanden, wobei ebenjene Entscheidung im Regelfall durch den Richter, in gewissem Umfange auch durch den Staatsanwalt erfolge. Der Rechtsanwalt habe an der Erfüllung dieser Aufgaben *mitzuwirken*. Rechtspflege in diesem Sinne ist also eine

---

579 Ziff. I, II

580 vgl. *Stern*, Das Staatsrecht der Bundesrepublik Deutschland, 1980, Band II, § 43 I 5a, S. 900

581 vgl. *Stern*, a.a.O., S. 900, FN 74

582 vgl. *Kalsbach*, BRAO, § 1 Rz.2, zitiert nach *Henssler/Prütting*, § 1 Rz. 18 (FN 35)

Bezeichnung für die Gesamtheit der der rechtsprechenden Gewalt zugewiesenen Tätigkeiten, die unmittelbar der *Verwirklichung* der Rechte und *des Rechts* dienen, wobei zu den Organen der Rechtspflege im weiteren Sinne auch die Rechtsanwälte zählen[583].

Schließlich wird ausgeführt, dass zu den Tätigkeiten der Rechtspflege einerseits die Rechtsprechung selbst zähle, zum anderen aber auch damit in engem Zusammenhang stehende Aufgaben, und zwar neben denen der Staatsanwaltschaft solche der freiwilligen Gerichtsbarkeit und der Vollstreckung; hieran wirke der Rechtsanwalt mit, weil ohne ihn im ausdifferenzierten Rechtsstaat für den Bürger rechtliches Gehör nicht zu gewährleisten sei. Auch der Rechtsanwalt sei deshalb Organ der Rechtspflege (im weiteren Sinne)[584].

Das Bundesverfassungsgericht sieht die Aufgabe des Rechtsanwaltes als unabhängiges Organ der Rechtspflege und als berufenem Berater und Vertreter der Rechtssuchenden darin, zu der Findung einer sachgerechten Entscheidung beizutragen und dabei das Gericht und ebenso Staatsanwaltschaft und Behörden vor Fehlentscheidungen zu Lasten seines Mandanten zu bewahren und diesen vor verfassungswidriger Beeinträchtigung oder staatlicher Machtüberschreitung zu sichern; insbesondere soll der Rechtsanwalt *die rechtsunkundige Partei vor der Gefahr des Rechtsverlustes schützen*[585]. Ob damit der Rechtsanwalt aber nicht nur insoweit als Organ der Rechtspflege auftritt, als er beim Finden einer sachgerechten Entscheidung vor Gericht, also als Prozessbevollmächtigter mitwirkt, sondern auch im Rahmen seiner außerforensischen Tätigkeit, darüber trifft das Bundesverfassungsgericht keine Aussage. Im Gegenteil, die begrifflichen Definition des Bundesverfassungsgerichtes lässt eher darauf schließen, dass dieser Bereich – m.E. zu Unrecht – von der Tätigkeit des Rechtsanwaltes als Organ der Rechtspflege ausgeklammert ist.

Richtigerweise ist deshalb nach alledem von Folgendem auszugehen:

Zur Verwirklichung des Rechtsstaates und zur Erfüllung des Rechtsbedürfnisses seiner Bürger stellt der Staat einen Apparat zur Verfügung, innerhalb dessen dem Recht im Rahmen geordneter Verfahren zur Durchsetzung verholfen wer-

---

[583] *Meyers*, Enzyklopädisches Lexikon, 1977, Bd. 19, S.674
[584] *Zuck*, Sitzungsbericht M zum 58. DJT, S. 14; *Roesen*, AnwBl. 1957, 174, 177, bezeichnet den Rechtsanwalt als Organ der Rechtspflege in dem Sinne, in dem in einer parlamentarisch regierten Demokratie die Opposition Organ der Demokratie ist.
[585] BVerfGE 76, 171

den soll. Der Steuerung dieses Apparates dienen grundsätzlich die unmittelbaren staatlichen Organe, also im wesentlichen Gerichte und Behörden, die Rechtsentscheidungen im Einzelfall treffen. Diese Organe reichen jedoch zur tatsächlichen Verwirklichung des Rechts nicht aus; notwendig sind vielmehr auch die vom Staat mit besonderen Rechten ausgestatteten, aus der staatlichen Hierarchie aber ausgegliederten, unabhängigen beratenden Berufe wie Rechtsanwälte Notare, Steuerberater etc.[586]. Denn Voraussetzung jeden rechtsstaatlichen Verfahrens über die Geltendmachung von Rechten ist die Möglichkeit, durch die hierzu qualifizierte Vertrauensperson, den Rechtsanwalt, sich rechtliches Gehör zu verschaffen[587]. Die der Anwaltschaft dabei zukommende spezielle Aufgabe ist es, dem einzelnen rechtsuchenden Bürger rechtliches Gehör zu verschaffen. Der Rechtsanwalt ist Garant dafür, dass der Bürger seine Rechte vor Gericht und staatlichen Behörden durchsetzen kann[588]. Auf diese Weise dient er der Rechtspflege und ist deren zumindest mittelbares Organ.

Seine Aufgabe erledigt der Rechtsanwalt aber nicht erst dann, wenn der Konflikt unvermeidbar geworden ist und ein gerichtliches oder behördliches Verfahren unmittelbar bevorsteht. Er setzt vielmehr schon vorher an, nämlich im Rahmen der Beratung und Vertretung im außer- und vorgerichtlichen Bereich, im Rahmen der *Vertragsgestaltung und Konfliktvermeidung*[589]. So gesehen erfüllt der Rechtsanwalt bereits in diesem Stadium seine Funktion als (mittelbares) Organ der Rechtspflege. Nicht nur die forensische, sondern auch die außergerichtlich beratende und vertretende, vertragsgestaltende und konfliktvermeidende anwaltliche Tätigkeit, qualifiziert den Anwalt als Organ der Rechtspflege in der Erkenntnis, Garant zur Gewährung rechtlichen Gehörs für den Bürger zu sein. Diese anwaltliche Funktion ist für die Rechtspflege zur Wahrung des Rechts wesentlich und unverzichtbar[590].

Nur nebenbei sei angemerkt, dass diese besondere Stellung des Rechtsanwaltes sich auch im Tragen einer Robe nach außen hin manifestiert. Das OLG Braunschweig[591] hat in diesem Zusammenhang ausgeführt, dass hierdurch die Rechtsanwälte als Organe der Rechtspflege aus dem Kreis der übrigen Verhandlungs-

---

[586] vgl. *Redeker*, ZRP 1976, S. 97

[587] *Krämer*, Die verfassungsrechtliche Stellung des Anwalts, S. 14, zit. nach *Henssler/Prütting*, § 1 Rz. 80

[588] *Krämer*, Die verfassungsrechtliche Stellung des Anwalts, S. 16

[589] vgl. *Henssler/Prütting*, § 1 Rz. 80

[590] *Krämer*, Die verfassungsrechtliche Stellung des Anwalts, S. 15

[591] OLG Braunschweig, AnwBl. 1995, S. 371, 372

teilnehmer herausgehoben und durch die Amtstracht Richter wie Rechtsanwälte als Organe der Rechtspflege kenntlich gemacht werden. Als Organ der Rechtspflege übt der Rechtsanwalt daher im freiheitlichen Rechtsstaat als berufener Vertreter der Rechtssuchenden neben Richtern und Staatsanwälten eine eigenständige Funktion im „Kampf um das Recht" aus. Die Anwaltschaft ist Organ der Rechtspflege wegen ihrer Funktion, dem Rechtssuchenden rechtliches Gehör zu vermitteln. Diese anwaltliche Funktion ist für die Rechtspflege zur Wahrung des Rechts unverzichtbar[592].

Auf der anderen Seite bringt es die Stellung des Rechtsanwaltes als Organ der Rechtspflege an der Seite der Gerichte und der Staatsanwaltschaften mit sich, dass der Rechtsanwalt grundsätzlich nur rechtlich erlaubte Mittel einsetzen und der staatlichen Rechtsordnung nicht entgegentreten darf[593]. Selbst wenn also aus der Funktion des Rechtsanwaltes gewisse Sonderrechte fließen, so darf er diese Rechte nicht zum Angriff auf die staatliche Rechtsordnung gebrauchen. Dies lässt aber nur den Schluss zu, dass jedenfalls auf der Basis der Qualifizierung des Rechtsanwaltes als Organ der Rechtspflege gemäß § 1 BRAO keinerlei Ansatz gefunden werden kann, aufgrund dessen dem Rechtsanwalt weitergehende Befugnisse im Sinne einer Einschränkung seiner Strafbarkeit eingeräumt werden könnten. Denn auch sein Handeln findet nach der oben entwickelten Ausfüllung des Begriffes „Organ der Rechtspflege" seine Grenzen in der für alle geltenden staatlichen Rechtsordnung.

b) § 2 BRAO

Wenig ergiebig ist in diesem Zusammenhang auch die Vorschrift des § 2 BRAO, der zufolge der Rechtsanwalt einen *Freien Beruf* ausübt und seine Tätigkeit *kein Gewerbe* darstellt. Denn hierdurch wird zum einen lediglich nochmals die bereits unter den Begriff der Unabhängigkeit fallende Freiheit von staatlicher Kontrolle und Bevormundung betont. Zum anderen erfolgt durch diese Bestimmung eine Qualifizierung der Tätigkeit des Rechtsanwaltes eben als *Freier Beruf*, und zwar in Abgrenzung zu allen sonstigen Tätigkeiten, deren Ausübung ein Gewerbe darstellt und die auch sonst nicht die Kriterien eines Freien Berufes erfüllen. Eine Definition dieses Begriffes gibt im übrigen seit Inkrafttreten des Gesetzes über Partnerschaftsgesellschaften Angehöriger Freier

---

[592] vgl. *Henssler/Prütting*, § 1 Rz. 77; *Feuerich/Weyland*, BRAO, 6. Aufl. 2003, § 1 Rz. 3
[593] BGH, BRAK-Mitt. 1985, S. 231; *Feuerich/Weyland*, BRAO, 6. Aufl. 2003, § 1 Rz. 11;

Berufe (PartGG) vom 25. Juli 1994[594] dessen § 1 Abs. 2 Satz 1. Danach haben die Freien Berufe im allgemeinen auf der Grundlage besonderer beruflicher Qualifikation oder schöpferischer Begabung die persönliche, eigenverantwortliche und fachlich unabhängige Erbringung von Dienstleistungen höherer Art im Interesse der Auftraggeber und der Allgemeinheit zum Inhalt. Durch § 2 BRAO wird damit aber lediglich zum Ausdruck gebracht, dass die Tätigkeit des Rechtsanwaltes in die Kategorie der Freien Berufe einzuordnen ist, zu der auch diejenige der Ärzte, Ingenieure, Architekten etc. gehört. Ein Kriterium zur Beschreibung von Handlungsbefugnissen oder gar zur Einschränkung der Strafbarkeit lässt sich dieser Vorschrift allerdings nicht entnehmen.

c) § 3 Abs. 1 BRAO

§ 3 BRAO umschreibt den Wirkungskreis des Rechtsanwaltes und sichert zugleich sein Arbeitsgebiet vor ungerechtfertigten Einengungen[595]. Gemäß § 3 Abs.1 BRAO ist der Rechtsanwalt der berufene unabhängige Berater und Vertreter in allen Rechtsangelegenheiten. Auf diese Bestimmung soll im Folgenden näher eingegangen werden. § 3 Abs.2 BRAO sagt darüber hinaus, dass in die anwaltliche Berufsausübung und insbesondere sein Recht, in Rechtsangelegenheiten aller Art vor Gerichten, Schiedsgerichten oder Behörden aufzutreten, nur durch ein Bundesgesetz eingegriffen werden darf und verstärkt auf diese Weise den Schutz und die Bedeutung des Anwalts für das Berufsleben[596]. § 3 Abs.3 BRAO umschreibt schließlich das (nach der Bestimmung des Absatzes 1 bereits selbstverständliche) Recht jedes Einzelnen, sich in Rechtsangelegenheiten aller Art von einem Rechtsanwalt seiner Wahl vor Gerichten, Schiedsgerichten oder Behörden vertreten zu lassen.

Die Wendung des § 3 BRAO bringt zunächst zum Ausdruck, dass im Vergleich zur Regelung der RAO 1878, die in ihrem § 26 nur die Tätigkeit des Anwalts im Prozess im Blick hatte, dem in der Zwischenzeit eingetretenen Bedeutungswandel anwaltlicher Funktion[597] Rechnung getragen wurde und nunmehr auch die behördliche und außergerichtliche Tätigkeit vom gesetzlich geschützten Wirkungskreis des Rechtsanwaltes erfasst wird. Die Erweiterung des gesetzlichen

---

[594] BGBl. I, S. 1744
[595] vgl. *Feuerich/Weyland*, BRAO, 6. Aufl. 2003, § 3 Rz.1
[596] vgl. *Henssler/Prütting*, BRAO, § 3 Rz. 6
[597] so auch Feuerich/Weyland, BRAO, 6. Aufl. 2003, § 3 Rz.1

Schutzes erfolgte vor dem Hintergrund, dass im Laufe der Jahre die Vertretung des Mandanten nicht mehr ausschließlich im Prozess erfolgte, sondern immer mehr auch vor zahlreichen anderen Behörden und sonstigen staatlichen Stellen stattfand; des weiteren nahm darüber hinaus die außergerichtliche (bzw. „außerbehördliche") Beratung und Vertretung einen immer größeren Stellenwert ein. Letzteres, also die vorsorgliche Rechtspflege – so die amtliche Begründung[598] -, in der Streitigkeiten möglichst frühzeitig beigelegt und Prozesse vermieden werden, ist für die Allgemeinheit von unschätzbarem Wert. Deshalb bestimmt § 3 Abs.1 BRAO allgemein, dass der Anwalt der berufene Berater und Vertreter des rechtsuchenden Publikums in *allen* Rechtsangelegenheiten ist, ohne seinen Wirkungskreis auf bestimmte Sachgebiete oder Institutionen zu beschränken. Zwar ging die amtliche Begründung zunächst davon aus, dass das anwaltliche Recht zur Beratung nicht desselben Schutzes bedurfte wie sein Recht zur Vertretung des Rechtssuchenden[599]; diese Auffassung ist jedoch inzwischen überholt. § 3 Abs.1 BRAO bezieht sich also in demselben Maße auf die gesamte anwaltliche Berufsausübung, auch die Beratung[600].

Welche Befugnisse aber ergeben sich aus diesem Recht zur Beratung und Vertretung des Rechtsanwaltes? Mit der Realität des Rechtsberatungsmarktes stimmt es jedenfalls heute nicht mehr überein, § 3 Abs.1 BRAO (in Verbindung mit den Bestimmungen des Rechtsberatungsgesetzes) dahingehend zu verstehen, dass der Anwaltschaft vom Gesetzgeber ein *Monopol* zur rechtlichen Beratung und Vertretung eingeräumt worden ist. Dies gilt insbesondere vor dem Hintergrund der beratenden Tätigkeit anderer Berufsgruppen wie derjenigen der Steuerberater oder Wirtschaftsprüfer. Aber auch ein Vertretungsmonopol vor Gericht existiert nicht. Eine notwendige anwaltliche Prozessvertretung besteht weder vor den Amtsgerichten noch in erstinstanzlichen Streitigkeiten anderer Gerichtsbarkeiten. § 3 Abs.1 BRAO ist folglich eher als programmatische Aussage zu verstehen und beinhaltet den an die Rechtsanwaltschaft gerichteten Appell, sich allen Rechtsangelegenheiten gewachsen zu fühlen[601].

Im Hinblick auf die Mannigfaltigkeit der anwaltlichen Tätigkeit war es weder möglich noch zweckmäßig, den Wirkungskreis des Anwalts nach Sachgebieten im einzelnen festzulegen. Deshalb bestimmt § 3 Abs.1 BRAO allgemein, dass

[598] BT-Drucks. III/120, S. 49
[599] BT-Drucks. III/120, S. 49
[600] vgl. *Henssler/Prütting*, BRAO, § 3 Rz. 8 mit näheren Ausführungen dazu, worin sich dieser Meinungswandel manifestiert
[601] vgl. *Henssler/Prütting*, BRAO, § 3 Rz. 13

der Anwalt der berufene Berater und Vertreter in allen Rechtsangelegenheiten ist. Damit wird aber lediglich der Bereich des rechtlichen *Dürfens* anwaltlicher Tätigkeit umschrieben[602]: Jeder Rechtsanwalt darf auf allen Rechtsgebieten als Berater und Vertreter tätig sein, auch wenn dies in der Praxis angesichts der zunehmenden Komplexität und Schwierigkeit unserer heutigen Rechtsordnung dies kaum noch möglich ist.

Jedenfalls in der bloßen Beschreibung des Tätigkeitsfeldes kann aber noch keine irgendwie geartete Begründung eines dem Rechtsanwalt zukommenden *Sonderrechts* oder ihm zustehender *erweiterter Befugnisse* bei der Beratung und Vertretung seiner Mandanten gesehen werden. Aus § 3 BRAO lässt sich deshalb ebenso wenig wie aus den zuvor behandelten Bestimmungen des anwaltlichen Berufsrechtes ein Ansatz herleiten, mit dem die Strafbarkeit des Rechtsanwaltes in den hier interessierenden Fällen sinnvoll begrenzt werden könnte.

d) § 43 BRAO

Nach § 43 BRAO hat der Rechtsanwalt seinen Beruf gewissenhaft auszuüben und sich innerhalb und außerhalb des Berufes der Achtung und des Vertrauens, welche die Stellung des Rechtsanwaltes erfordert, würdig zu erweisen.

Gesetzeszweck der Bestimmung als typische Disziplinarvorschrift ist es zu gewährleisten, dass die Anwaltschaft die ihr im System der Rechtspflege zugewiesene Aufgabe wahrnehmen kann. Denn nur wenn das Berufsrecht im Hinblick auf Kompetenz und Integrität der Rechtsanwälte bestimmte Standards festsetzt und ihre Einhaltung mit berufsrechtlichen Sanktionen durchzusetzen versucht, ist das der Anwaltschaft eingeräumte (grundsätzliche) Monopol auf dem Gebiet der Rechtsberatung und -vertretung legitimiert[603].

Die Norm geht zurück auf die Rechtsanwaltsordnung von 1878[604], nach deren § 28 der Anwalt verpflichtet war, „seine Berufstätigkeit gewissenhaft auszuüben und durch sein Verhalten in Ausübung des Berufs sowie außerhalb desselben sich der Achtung würdig zu zeigen, die sein Beruf erfordert.“ Bei einer entsprechenden Generalklausel blieb auch die Reichsrechtsanwaltsordnung vom 13.

---

[602] vgl. *Feuerich/Weyland*, 6. Aufl. 2003, § 3 Rz.7
[603] vgl. *Henssler/Prütting*, BRAO, § 43 Rz. 3
[604] RGBl. 1878 I, S. 177

Dezember 1935[605]. Gemäß § 31 RRAO hatte der Rechtsanwalt seinen Beruf getreu seinem Eide gewissenhaft auszuüben und sich auch außerhalb seiner Berufstätigkeit des Vertrauens und der Achtung würdig zu erweisen, die sein Beruf als Diener am Recht erfordert. § 43 der Bundesrechtsanwaltsordnung ist seit dem Bestehen der BRAO nicht geändert worden. Der materielle Gehalt der Generalklausel der Rechtsanwaltsordnung von 1878 ist daher bis in die heutige Zeit erhalten geblieben; die vorgenommenen sprachlichen Änderungen haben die Norm eher dem jeweils herrschenden Zeitgeist angepasst, als dass sie einen inhaltlichen Wandel darstellen[606].

Die Konkretisierung der Generalklausel des § 43 BRAO übernahmen zunächst die früheren, gemäß § 177 Abs.2 Nr.2 BRAO a.F. festgestellten Grundsätze des anwaltlichen Standesrechts[607]. Durch das Gesetz zur Neuordnung des Berufsrechts der Rechtsanwälte und der Patentanwälte vom 2. September 1994[608] wurden diese Standesrichtlinien obsolet. Ihr Ausfall für die Konkretisierung[609] der Generalklausel hat daher den Gesetzgeber gezwungen, in der Berufsrechtsnovelle des Jahres 1994 zum einen in § 43a BRAO einige berufsrechtliche Grundpflichten[610] gesetzlich zu regeln und außerdem die Grundlage für eine ergänzende Berufsordnung zu schaffen[611]. Über den verbleibenden Anwendungsbereich der Generalklausel schweigen die Gesetzesmaterialien[612].

Fest steht aber, dass – soweit Berufspflichten nicht mehr standesrechtlich, sondern gesetzlich (wie in den §§ 7 Nr.8, 14 Abs.2 Nr.9 oder 43a BRAO) oder im Rahmen der nach § 59b BRAO erlassenen Berufsordnung besonders geregelt sind – diese dem § 43 BRAO vorgehen[613]. Dies gilt für Normen, die nicht nur

---

605 RGBl. 1936 I, S. 107

606 vgl. *Henssler/Prütting*, BRAO, § 43 Rz. 1

607 vgl. *Feuerich/Weyland*, BRAO, 6. Aufl. 2003, § 43 Rz. 2

608 BGBl. I, S. 2278

609 vgl. *Feuerich/Weyland*, BRAO, 6. Aufl. 2003, § 43 Rz. 3

610 Die in § 43a BRAO geregelten Grundpflichten des Rechtsanwaltes (Unabhängigkeitsgebot, Verschwiegenheitspflicht, Sachlichkeitsgebot, Verbot der Vertretung widerstreitender Interessen, Sorgfaltspflicht hinsichtlich fremder Vermögenswerte, Fortbildungspflicht) bieten keinen ausreichenden Anhaltspunkt für eine Herleitung besonderer berufsspezifischer Rechte im Rahmen der Beratung und Vertretung insolventer Gesellschaften durch den Rechtsanwalt. Auf eine nähere Behandlung der durch diese Vorschrift statuierten Pflichten wird daher in der vorliegenden Arbeit verzichtet. Zu näheren Ausführungen vgl. z.B. *Henssler/Prütting*, BRAO, 2. Aufl. 2003, Anmerkungen zu § 43a

611 vgl. *Henssler/Prütting*, § 43 Rz. 2

612 vgl. *Henssler/Prütting*, § 43 Rz. 2

613 vgl. *Feuerich/Weyland*, BRAO, 6. Aufl. 2003, § 43 Rz. 4; *Henssler/Prütting*, § 43 Rz. 5

den Tatbestand berufswidrigen Verhaltens, sondern auch die Rechtsfolge festlegen, gleichfalls aber auch für alle anderen speziell geregelten Berufspflichten, deren Verletzung durch die §§ 113 ff. BRAO im Rahmen von anwaltsgerichtlichen Verfahren geahndet werden kann.

Der Rechtsanwalt hat jedoch bei seiner Berufsausübung auch zahlreiche Normen außerhalb der BRAO und der Berufsordnung zu beachten, denn er unterliegt innerhalb und außerhalb seiner Berufstätigkeit grundsätzlich den für jeden Bürger geltenden Gesetzen[614]. Die Verletzung solcher Normen ist allerdings nicht in jedem Fall zugleich ein nach den §§ 113 ff. BRAO zu ahndender Verstoß gegen Berufspflichten; denn § 113 Abs.1 BRAO in seiner jetzigen Fassung mit der Möglichkeit der Verhängung anwaltsgerichtlicher Maßnahmen bezieht sich seinem Wortlaut nach schon lediglich auf die Verletzung solcher Pflichten, die sich aus der BRAO selbst oder aber aus der Berufsordnung ergeben[615]. Da Verstöße gegen nicht dem anwaltlichen Berufsrecht zugehörige Rechtsnormen gleichzeitig aber auch eine Verletzung berufsrechtlicher Pflichten darstellen können, bedarf es im Berufsrecht einer Norm, die diese aus anderen gesetzlichen Regelungen fließenden Pflichten in das Berufsrecht überträgt. Diese Transformationsfunktion wird durch die Generalklausel des § 43 BRAO wahrgenommen, die aus der Masse der Gesetzesverstöße, die einem Anwalt unterlaufen können, denjenigen den Charakter einer Berufspflichtverletzung verleiht, die mit den Anforderungen an Kompetenz und Integrität der Anwaltschaft nicht vereinbar sind[616]. § 43 BRAO statuiert also eine allgemeine Berufspflicht und übernimmt auf diese Weise die Funktion eines Auffangtatbestandes oder einer Überleitungsnorm, die sich aus anderen Gesetzen ergebende Pflichten rezipiert und die dann eingreift, wenn berufsrechtliche *leges speciales* fehlen[617]. Welche Gesetzesverstöße also berufsrechtlich nicht tolerabel sind, muss jeweils dem Sinn und Zweck der Generalklausel entnommen werden[618]. Die Wertung ist dabei an der Frage auszurichten, „ob der vom Anwalt begangene Gesetzesverstoß über seine Auswirkungen im Einzelfall hinaus geeignet ist, das Vertrauen in Kompetenz und Integrität der Anwaltschaft zu beeinträchtigen und damit die Funktion der Anwaltschaft im System der Rechtspflege zu stören[619]. Andererseits setzt die

---

614 vgl. *Henssler/Prütting*, § 43 Rz. 6; *Feuerich/Weyland*, BRAO, 6. Aufl. 2003, § 43 Rz. 6; *Kleine-Cosack*, NJW 1997, S. 1257
615 vgl. *Henssler/Prütting*, § 43 Rz. 6
616 vgl. *Henssler/Prütting*, § 43 Rz. 7; *Feuerich/Weyland*, BRAO, 6. Aufl. 2003, § 43 Rz. 7
617 vgl. *Feuerich/Weyland*, BRAO, 6. Aufl. 2003, § 43 Rz. 4, 6; *Henssler/Prütting*, § 43 Rz. 5
618 vgl. *Feuerich/ Weyland*, BRAO, 6. Aufl. 2003, § 43 Rz. 8
619 vgl. *Henssler/Prütting*, § 43 Rz. 9

Anwendung der Generalklausel zwangsläufig einen (anderweitigen) Gesetzesverstoß des Anwalts voraus; allein aus sich heraus kann § 43 BRAO keine Berufspflichten konstituieren[620]. Die Generalklausel des § 43 BRAO kann nicht mehr aus sich heraus, sondern nur noch mit Hilfe anderer Normen ausgelegt werden[621]. Sie ist jedoch trotz jetzt weitgehender Regelung in der BRAO bzw. in der Berufsordnung unverzichtbar, da eine vollständige und abschließende Aufzählung aller Berufspflichten nicht möglich ist[622].

Aufgrund der Tatsache aber, dass es sich demzufolge um eine Norm handelt, durch die die dem Rechtsanwalt obliegenden *Pflichten* in das Berufsrecht „transformiert" werden, können aus ihr keinerlei Erkenntnisse darüber gewonnen werden, ob und, wenn ja, welche besonderen *Rechte* dem Anwalt in Einzelfällen zustehen können. Im Gegenteil: Im beruflichen wie im außerberuflichen Bereich verletzt der Rechtsanwalt mit sämtlichen vorsätzlich begangenen Straftaten regelmäßig zugleich auch seine Berufspflichten[623]. Vom „Anwalt des Rechts" wird es als Selbstverständlichkeit erwartet, dass er das Recht vor allem dort respektiert, wo es die Einhaltung des ethischen Minimums verlangt. Umso sorgfältiger muss der Rechtsanwalt darauf bedacht sein, die Grenzen zur Strafbarkeit nicht zu überschreiten. Anders hingegen verhält es sich bei fahrlässig begangenen Delikten, die nicht zwangsläufig berufsrechtliche Relevanz aufweisen, insbesondere nicht Einzeltaten. Bei Mehrfach- bzw. Wiederholungstätern kann allerdings gleichwohl eine Berufspflichtverletzung gegeben sein, denn der Anwalt „zeigt damit eine bedenkliche Nachlässigkeit im Umgang mit gesetzlichen Pflichten"[624]. Dabei kommt es jedoch jeweils auf die Umstände des Einzelfalles an[625].

---

[620] vgl. *Henssler/Prütting*, § 43 Rz. 8

[621] h.M., vgl. *Henssler/Prütting/Eylmann,* a.a.O.; *Feuerich/Braun,* a.a.O.; a.A. hingegen *Henssler/Prütting/Dittmann*, § 113 Rz. 11 und *Kleine-Cosack*, NJW 1997, S. 1257, der § 43 als Auffangtatbestand bei gesetzlichen und satzungsförmigen Lücken heranziehen will; die Entscheidung dieser Streitfrage ist jedoch für den Gang der vorliegenden Arbeit ohne Bedeutung, da § 43 BRAO wenn überhaupt nach dem Mindermeinung lediglich zusätzliche Berufspflichten aus sich heraus statuieren kann, jedoch keine hier interessierenden weitergehenden berufsspezifischen *Rechte*.

[622] vgl. *Feuerich/Weyland*, BRAO, 6. Aufl. 2003, § 43 Rz. 6; so auch schon BVerfGE 26, 186; 66, 337

[623] vgl. hierzu und im folgenden *Henssler/Prütting*, § 43 Rz. 10; auch *Feuerich/Weyland*, BRAO, 6. Aufl. 2003, § 43 Rz. 9

[624] vgl. *Henssler/Prütting*, § 43 Rz. 11

[625] vgl. *Feuerich/Weyland*, BRAO, 6. Aufl. 2003, § 43 Rz. 10

Jedenfalls aber ergibt sich aus den vorstehenden Erläuterungen zu § 43 BRAO, dass diese Vorschrift dem Rechtsanwalt im Ergebnis lediglich zusätzliche „Restriktionen“ auferlegt. Denn sie geht zum einen davon aus, dass auch der Rechtsanwalt allen Ge- und Verboten der Rechtsordnung unterliegt, und zwar so, wie sie jeden Bürger treffen. Zum anderen aber transferiert sie diese Ge- und Verbote in das Berufsrecht und führt auf diese Weise dazu, dass den Rechtsanwalt über die für den Fall ihrer Verletzung generell bereits vorgesehenen Sanktionen weitere, insbesondere anwaltsgerichtliche Maßnahmen treffen können. Erweiterte Befugnisse, die eine Einschränkung seiner Strafbarkeit mit sich bringen könnten, verleiht sie jedoch nicht.

e) Berufsordnung für Rechtsanwälte

Bis zum Jahre 1987 waren Rechtsnatur und Gültigkeit der Grundsätze des anwaltlichen Standesrechts nahezu unumstritten. Die Rechtsprechung des Bundesgerichtshofes und der Ehrengerichte sah in ihnen – mit Billigung des Bundesverfassungsgerichts – eine Sammlung von Erfahrungssätzen und verwendete sie als Erkenntnisquelle für die Standesauffassung und als Hilfsmittel bei der Konkretisierung des § 43 BRAO. Das Schrifttum stimmte dieser Auffassung im Wesentlichen zu; lediglich vereinzelt erhob sich Widerspruch[626].

In seinen beiden Entscheidungen vom 14. Juli 1987 sprach das Bundesverfassungsgericht[627] in vollständiger Umkehr seiner bisherigen Rechtsprechung den Standesrichtlinien die Qualität eines rechtserheblichen Hilfsmittels zur Konkretisierung der Generalklausel des § 43 BRAO ab, weil die Berufsausübung des Rechtsanwaltes gemäß Art. 12 Abs. 1 GG nur durch Gesetz oder aufgrund eines Gesetzes geregelt werden darf. Diesen Anforderungen genügten die Standesrichtlinien nicht, denn sie waren keine Rechtsnormen im Sinne von Art. 12 Abs.1 GG. Die Grundsätze des anwaltlichen Standesrechts verloren damit ihre Bedeutung und wurden obsolet[628].

Nach einer vom Bundesverfassungsgericht in den zuvor erwähnten Entscheidungen zugelassenen Übergangsfrist wurde der Anwaltschaft aufgrund des Gesetzes zur Neuordnung des Berufsrechts der Rechtsanwälte und Patentanwälte

---

[626] vgl. *Hartung/Holl*, Anwaltliche Berufsordnung, 2. Aufl. 2001, Einführung Rz.7
[627] BVerfGE 76, 171; 76, 196
[628] BGH BRAK-Mitt. 1989, 43

vom 2. September 1994[629] in den §§ 59b, 191a BRAO eine entsprechende Satzungskompetenz übertragen, die nach längeren Beratungen in den Beschluss der Satzungsversammlung vom 29. November 1996 über die Annahme der Berufsordnung mündete.

Während die Bundesrechtsanwaltsordnung in die Freiheit der Berufsausübung des Rechtsanwalts mit statusbildenden Normen eingreift, regelt die Berufsordnung die anwaltliche Berufsausübung mit nicht statusbildenden, sondern statusausfüllenden Normen; auf diese Weise statuiert sie verbindliche, zum Teil punktuelle Berufspflichten, die der Rechtsanwalt bei der Ausübung seines Berufes zu beachten hat[630].

Inhaltlich werden folgende Regelungsbereiche erfasst: Der erste Teil der Berufsordnung konkretisiert und wiederholt in § 1 zunächst das bereits von den §§ 1, 3 BRAO aufgestellte Postulat der Freiheit der Advokatur. Der zweite Teil enthält in seinem ersten Abschnitt allgemeine Berufs- und Grundpflichten (Verschwiegenheitspflicht, Verbot der Vertretung widerstreitender Interessen, Versagung der Berufstätigkeit in bestimmten Fällen, Pflichten betreffend Fremdgelder und andere Vermögenswerte, Kanzleipflicht). Es folgen sodann besondere Berufspflichten im Zusammenhang mit der Werbung sowie bei der Annahme, Wahrnehmung und Beendigung des Mandats sowie Berufspflichten gegenüber Behörden und Gerichten. Weitere Pflichten im Rahmen der Vereinbarung und Abrechnung von Gebühren, Pflichten gegenüber der Rechtsanwaltskammer, deren Mitgliedern und gegenüber Mitarbeitern sowie Pflichten im grenzüberschreitenden Rechtsverkehr schließen sich an. Der achte Abschnitt des zweiten Teils regelt schließlich die Berufspflichten bei beruflicher Zusammenarbeit.

Eine Gesamtschau der Bestimmungen der Berufsordnung führt jedoch zu der Erkenntnis, dass sich aus ihnen keine etwa dem Rechtsanwalt zukommenden weitergehenden *Rechte*, insbesondere im Rahmen der Vertretung seiner Mandanten, sondern lediglich besondere *Pflichten* ableiten lassen. Dies ergibt sich auch aus der Tatsache, dass die Berufsordnung eben nur status*ausfüllende* Normen bereithält, die die generalklauselartigen Bestimmungen der BRAO näher konkretisieren. Insofern kann und darf die Berufsordnung auch kein Mittel zur Schaffung irgendwie gearteter Sonder- bzw. Ausnahmetatbestände zugunsten des Rechtsanwaltes des ihn treffenden Strafbarkeitsrisikos sein.

---

[629] BGBl. I, S. 2278
[630] vgl. *Hartung/Holl*, Anwaltliche Berufsordnung, 2. Aufl. 2001, Einführung, Rz. 20

Für den Strafverteidiger auf dem Gebiet des Prozessrechts stellt *Wolf*[631] im Hinblick auf die Berufsordnung im übrigen auch fest, dass verfahrensrechtliche Rechte und Beschränkungen nicht durch standesrechtliche Bestimmungen erweitert oder beschränkt werden können: „Weder können einem Rechtsanwalt durch Standesrecht verfahrensrechtliche Rechte als Strafverteidiger eingeräumt werden, die er nach der Strafprozessordnung nicht hat, noch können ihm prozessuale Rechte genommen oder zusätzliche prozessuale Beschränkungen auferlegt werden.“

Eine weitere Behandlung und Prüfung der Vorschriften der Berufsordnung erübrigt sich daher im Rahmen der vorliegenden Arbeit.

III. Ergebnis

Die vorstehenden Ausführungen haben gezeigt, dass sich den das Berufsrecht und Berufsbild des Rechtsanwaltes in seinen Grundlagen regelnden Normen keinerlei Anhaltspunkte ableiten lassen, mit deren Hilfe man weitergehende Befugnisse und eine damit einhergehende Einschränkung seiner Strafbarkeit begründen könnte. Das Problem Strafbarkeit des Rechtsanwaltes im Rahmen der Beteiligung an bzw. Durchführung von privaten Insolvenzverfahren kann also mit Hilfe des Berufsrechts nicht zufriedenstellend gelöst werden.

Konsequenz dieses Ergebnisses ist, dass auch der von *Hassemer* entwickelte Ansatz[632], demzufolge ein Handlungswiderspruch zwischen strafrechtlichen Vorschriften einerseits und einer den professionellen Bereich regelnden andererseits Norm mit den von ihm entwickelten Kriterien aufzulösen ist, vorliegend (mangels einer professionellen gestattenden Norm) keine Lösung anbietet.

---

[631] Das System des Rechts der Strafverteidigung, S. 255

[632] Vgl. oben Teil 2, 2. Kapitel

Teil 4 : Einschränkung der Beihilfestrafbarkeit des Rechtsanwaltes aus verfassungsrechtlichen Gesichtspunkten

Ein weiterer Aspekt, der die Strafbarkeit des Rechtsanwaltes bei der Beratung und Vertretung seiner Mandanten (und hier wiederum insbesondere im Rahmen der Beratung zahlungsunfähiger oder überschuldeter Gesellschaften) modifizieren könnte, ist derjenige des Verfassungsrechts. Es soll daher im Folgenden kurz untersucht werden, ob den fundamentalen Bestimmungen und Prinzipien des deutschen Grundgesetzes Leitlinien zu entnehmen sind, die möglicherweise Bedeutung für die Strafbarkeit des Rechtsanwaltes haben.

I. Die reine Rechtsauskunft

Einschlägige Ausführungen in der Literatur finden sich – soweit ersichtlich – zu diesem Themenkomplex lediglich in Bezug auf die verfassungsrechtliche Legitimation zur reinen Rechts*auskunft*[633]. Denkbar ist jedoch, die dort gewonnenen Erkenntnisse auch auf andere Handlungsformen des Rechtsanwaltes zu übertragen.

1. Begriffliche Einordnung der anwaltlichen Tätigkeiten

An dieser Stelle soll noch einmal an den Gegenstand der vorliegenden Arbeit erinnert werden: Der Rechtsanwalt wird im Rahmen der Betreuung eines gesellschaftsrechtlichen Mandats nicht selten damit konfrontiert, dass sein Mandant bereits in das Stadium der Insolvenz eingetreten ist bzw. dies unmittelbar bevorsteht. Zu den Aufgaben des Rechtsanwaltes gehört es in einer solchen Situation, den Mandanten zunächst über die bestehende Rechtslage (hier insbesondere die rechtlichen Kriterien für Begriffe wie Zahlungsunfähigkeit oder Überschuldung und Insolvenzantragspflichten) aufzuklären. *Beulke*[634] spricht insoweit bezogen auf den Strafverteidiger gegenüber seinem Mandanten als Beschuldigtem von

---

[633] Vgl. *Mallison*, Rechtsauskunft als strafbare Teilnahme, 1979, S. 108 ff.; sich anschließend *Rogat*, Die Zurechnung bei der Beihilfe, 1997, S. 159 ff.
[634] Die Strafbarkeit des Verteidigers, 1989, S. 21, Rz. 19

einer Ausgleichung des vorherrschenden Defizits an Rechtskenntnissen, um den Mandanten gewissermaßen „sachkundig" zu machen[635].

Nach der Beseitigung dieses Wissensdefizits hat der Rechtsanwalt verschiedene Handlungsoptionen mit ihren Vor- und Nachteilen aufzuzeigen, nämlich einerseits die Möglichkeiten einer Sanierung der Gesellschaft, andererseits aber auch die Durchführung eines gerichtlichen Insolvenzverfahrens oder – was hier besonders interessiert, die Möglichkeit eines außergerichtlichen, also „privaten Insolvenzverfahrens" durch gleichmäßige quotale Befriedigung aller Gläubiger. Im Anschluss an die Erläuterung der unterschiedlichen Vorgehensweisen gibt der Rechtsanwalt nicht selten (zumindest wird sein Mandant ihm das meist abverlangen) eine bestimmte Empfehlung dahingehend ab, welche Alternative nach seinem Dafürhalten in dem zu beurteilenden Fall die – wohl – sinnvollste sein könnte. Schließlich wird sich sein Mandant für eine der Optionen entscheiden (müssen). Dem Rechtsanwalt obliegt es dann meist, die dafür notwendigen Schritte zu unternehmen.

Die Handlungsformen des in dieser Weise tätigen Rechtsanwaltes sind also mannigfaltig und reichen von der Erteilung einer reinen Rechtsauskunft über die Abgabe einer Empfehlung bis hin zur Vornahme von Rechtshandlungen im Namen und Auftrag des Mandanten. Dies erfordert eine zumindest im Rahmen dieses Teils der vorliegenden Arbeit einzuhaltende genaue sprachliche Abgrenzung der einzelnen Formen des Tätigwerdens.

Unter Rechtsauskunft wird im Rahmen der vorliegenden Ausführungen entsprechend dem überkommenen Sprachverständnis die gegenüber einem anderen vorgenommene *Erläuterung* der Rechtslage[636] ohne eine darüber hinausgehende explizite oder implizite Verhaltensempfehlung verstanden. Wird zusätzlich oder im Anschluss an die Erteilung einer Rechtsauskunft auch eine Verhaltensempfehlung im Sinne eines Zu- oder Abratens abgegeben, spricht man gemeinhin von *Rechtsberatung*[637]. Freilich treten erhebliche Abgrenzungsprobleme auf[638]:

---

[635] Im Strafverfahren geht es dabei freilich in erster Linie auch darum, dem Beschuldigten zur Erfüllung eines im Rechtsstaat unverzichtbaren Informationsanspruches zu verschaffen, weil jener nur bei Kenntnis der Rechtslage die Möglichkeit hat, seine bloße Objektsposition zu verlassen und zur Wahrung seiner Rechte auf den Gang und das Ergebnis des Strafverfahrens Einfluss zu nehmen. Vgl. dazu *Beulke*, Die Strafbarkeit des Verteidigers, 1989, S. 21, Rz. 19

[636] Vgl. *Beulke*, Die Strafbarkeit des Verteidigers, 1989, S. 21, Rz. 19

[637] *Beulke*, Die Strafbarkeit des Verteidigers, 1989, S. 25, Rz. 25 spricht – bezogen auf den Strafverteidiger – insoweit ebenfalls von der Erteilung eines „konkreten Rats" und erläutert

Denn Verhaltensempfehlungen können auch unterschwellig, etwa durch eine bestimmte Wortwahl oder Gesten erfolgen. Auch kommt es tatsächlich in der Praxis selten vor, dass Rechtsauskünfte abstrakt und nicht fallbezogen erteilt werden; meist haftet ihnen daher auch eine gewisse Verhaltensempfehlung an, zumal der Mandant den Rechtsanwalt in der Regel gerade deswegen aufsucht. Gleichwohl soll an der zuvor geschilderten Abgrenzung festgehalten werden. Zum einen ist es nicht ausgeschlossen, dass der Rechtsanwalt tatsächlich doch einmal eine rein abstrakte Rechtsauskunft erteilt, etwa wenn der Mandant die genauen, unter Umständen höchst geheimhaltungsbedürftigen Umstände des Falles (noch) nicht preisgeben möchte, was in der Praxis bisweilen vorkommt. Zum anderen sind zumindest in der Theorie beide Verhaltensformen wegen ihrer unterschiedlichen rechtlichen Reichweite auseinander zu halten, mögen sie auch in der Praxis meist gemeinsam auftreten; bei der Anwendung auf den praktischen Fall müssen die jeweiligen Kriterien dann kumuliert angewendet werden. Wird der Rechtsanwalt nach einer erteilten Rechtsauskunft und der sich anschließenden Rechtsberatung weitergehend für seinen Mandanten tätig, etwa in dem er Vertragsentwürfe erstellt oder im Namen seines Mandanten Schreiben versendet, so soll von *Rechtsgestaltung* die Rede sein.

2. Lösungsansatz

Wie oben bereits ausgeführt sind in der Literatur ausführlichere Stellungnahmen zur verfassungsrechtlichen Beurteilung rechtlicher „Beratungstätigkeit“ (wobei hierunter an dieser Stelle sämtliche oben geschilderten Handlungsformen gefasst werden) lediglich im Bereich der reinen Rechtsauskunft zu finden. Hierauf soll im Folgenden zunächst eingegangen werden, um die gewonnenen Erkenntnisse möglicherweise verwerten zu können.

Die Theorie, dass sich aus dem Verfassungsrecht eine grundsätzliche Erlaubnis zur Erteilung reiner Rechtsauskünfte (und zwar unabhängig davon, ob die Auskünfte von einem Rechtsanwalt oder einem juristischen „Laien“ erteilt werden)

---

dabei im Einzelnen (S. 26, Rz. 26ff.), welche Ratserteilung des Strafverteidigers zulässig bzw. unzulässig ist; vgl.im Übrigen *Mallison*, Rechtsauskunft als strafbare Teilnahme, S. 1; *Rogat*, Die Zurechnung bei der Beihilfe, S. 179

[638] Vgl. *Mallison*, Rechtsauskunft als strafbare Teilnahme, S. 146-148; sich anschließend *Rogat*, Die Zurechnung bei der Beihilfe, S. 179; *Galli*, GS 67 (1906), S. 371

ableiten lasse, wurde von *Mallison*[639] ausführlich dargelegt und begründet. Ausgangspunkt seiner Theorie ist das Rechtsstaatsprinzip des Grundgesetzes. Einer der wichtigsten Teilaspekte dieses Prinzips sei das allgemein geltende Gebot der Rechtssicherheit, dessen wesentliches Element (neben anderen) das Erkennbarkeitsgebot sei. Nur dann, wenn dem Einzelnen das für ihn geltende Recht bekannt oder zumindest erkennbar ist, kann es ihm gegenüber grundsätzliche Geltung beanspruchen. Dieser Ansatz schließt allerdings – so *Mallison* – nicht von vornherein aus, dass das Erkennbarkeitsgebot im Einzelfall auch mit anderen Rechtsgütern, insbesondere dem Interesse der Rechtsordnung an dem Unterbleiben von Delikten, konkurrieren kann. Es sei deshalb denkbar, dass der *Anspruch* des Einzelnen, sich über die geltende Rechtslage umfassende Kenntnis zu verschaffen, zumindest punktuell hinter ein aus den strafrechtlichen Normen fließendes Auskunfts*verbot* zurücktreten müsse. Eine zumindest denkbare Auflösung des Konflikts in dieser Weise sei jedoch wegen der überragenden Bedeutung des Erkennbarkeitsgebotes unzulässig. Denn Ziel der Rechtsordnung sei die normative und damit auch die faktische Geltung der Rechtssätze. Das Recht kann aber nur dann *wirken*, wenn es die Entscheidungen der Bürger zwischen Tun und Unterlassen oder zwischen verschiedenen Handlungsalternativen tatsächlich beeinflusse. Eine Beeinflussung des Verhaltens des Bürgers und damit des Soziallebens durch das Recht setzt aber logisch zwingend voraus, dass dem Bürger das Recht überhaupt bekannt ist oder er sich hierüber zumindest zuverlässige Kenntnis verschaffen kann. Das Erkennbarkeitsgebot ist daher notwendige Voraussetzung der faktischen Geltung des Rechts und steht damit letztlich auch im Dienste seiner normativen Geltung. Auf diese Weise ist es ein Mittel zur Erreichung eines elementaren Ziels der Rechtsordnung. Auch ein punktuelles Geheimhaltungsgebot verstoße somit gegen den grundsätzlichen Geltungsanspruch der entsprechenden Norm. Das Grundgesetz lasse nämlich nur allgemein geltendes Recht zu; ein partielles Auskunftsverbot könne es daher nicht geben, und zwar auch dann nicht, wenn im Einzelfall andere Rechtsgüter betroffen seien. Die Erteilung einer (zutreffenden) Rechtsauskunft, die der Bekanntheit des Rechts und damit seinem Geltungsanspruch diene, sei mithin ausnahmslos zulässig[640] und könne nicht durch eine strafrechtliche Verbotsnorm eingeschränkt werden. Alles, was in Rechtsprechung und Schrifttum nachlesbar ist, darf somit dem Mandanten mitgeteilt werden, und zwar unabhängig davon, für welche

---

[639] Vgl. hierzu und auch im Folgenden *Mallison*, Rechtsauskunft als strafbare Teilnahme, 1979, S. 108 ff.

[640] Ebenso *Beulke*, Die Strafbarkeit des Verteidigers, 1989, S. 22, Rz. 19

Zwecke der Mandant die so gewonnenen Erkenntnisse verwendet. Alles andere würde auf eine Besserstellung des Rechtskundigen hinauslaufen[641].

3. Ergebnis

Die Ausführungen von *Mallison* sind in sich schlüssig und überzeugend[642]. Sie werden zudem von der Erwägung gestützt, dass der Staat mit dem Erlass von Normen bestimmte Maßstäbe setzt, und dem Einzelnen nicht verboten sein kann, auf allgemein gültige Maßstäbe hinzuweisen. Denn im Falle eines solchen Verbotes würden für den Einzelnen andere Maßstäbe als für die Allgemeinheit gelten; dies lässt sich jedoch nicht mit dem Anspruch des Rechts auf Allgemeingültigkeit vereinbaren.

II. Übertragung auf Rechtsberatung und Rechtsgestaltung

Die im Rahmen der vorliegenden Arbeit in strafrechtlicher Hinsicht untersuchten Tätigkeiten des Rechtsanwaltes gehen allerdings durchweg über die Erteilung bloßer Rechtsauskünfte hinaus. Dies gilt nicht nur für den Fall, dass der Anwalt beratend im Sinne der Abgabe einer bestimmten Verhaltensempfehlung tätig wird, sondern vor allem auch für die im Rahmen eines „privaten Insolvenzverfahrens" von ihm übernommenen, zum Teil vertrags- und damit rechtsgestaltenden Tätigkeiten[643]. Fraglich ist deshalb, ob der von *Mallison* gewonnene verfassungsrechtliche Ansatz auch für diese Handlungsformen des Rechtsanwaltes im Rahmen einer möglichen Einschränkung seiner Beihilfestrafbarkeit überhaupt von Bedeutung ist bzw. sein kann.

---

641 *Beulke*, Die Strafbarkeit des Verteidigers, 1989, S. 22f.

642 Umstritten ist allerdings die dogmatische Einordnung: *Mallison* selbst (vgl. S. 134) betrachtet die von ihm hergeleitete verfassungsrechtliche Erlaubnis zur uneingeschränkten Erteilung von Rechtsauskünften als Rechtfertigungsgrund. Nach anderer Auffassung (vgl. *Maiwald*, ZStW 93 (1981) S. 885 ff.; auch *Rogat*, Die Zurechnung bei der Beihilfe, S. 162 f.) handelt es sich hingegen um ein tatbestandsausschließendes Prinzip, denn derjenige, der eine wahrheitsgemäße Rechtsauskunft erteile, handele nicht dem Zweck zuwider, der mit der Existenz der betreffenden Rechtsnorm verbunden sei. Auf eine nähere Eingehung zu diesem Streit bzw. eine Stellungnahme hierzu wird jedoch im Rahmen der vorliegenden Arbeit verzichtet, zumal sich die Theorie *Mallisons* – wie noch zu zeigen sein wird – für die hier behandelten anwaltlichen Tätigkeiten nicht nutzbar machen lässt.

643 Vgl. hierzu näher oben Teil 1, 1. Kapitel

Diese soeben aufgeworfene Frage ist jedoch zu verneinen, und zwar aus folgendem Grund: Zentrales Argument *Mallisons* für die uneingeschränkte Zulässigkeit der Erteilung reiner Rechtsauskünfte ist, dass das grundgesetzlich im Rechtsstaatsprinzip verankerte Erkennbarkeitsgebot als Voraussetzung des allgemeinen Geltungsanspruches der Rechtssätze keine Einschränkung durch ein punktuelles, aus strafrechtlichen Normen fließendes Auskunftsverbot erfahren dürfe. Vereinfacht gesagt: Auf das, was gegenüber jedermann Geltung beansprucht, muss jedermann auch jedem gegenüber ungestraft hinweisen dürfen. Die Abgabe einer bestimmten Verhaltensempfehlung oder die Übernahme bestimmter Tätigkeiten für einen Mandanten hat jedoch mit dem Gebot der Erkennbarkeit von Normen und ihrem allgemeinen Geltungsanspruch nichts mehr zu tun. Denn hier wird nicht durch einen Hinweis auf die Rechtslage dem Recht zu seiner Erkennbarkeit und damit seiner Geltung verholfen, sondern es geht um den Rat zu einem bestimmten Verhalten bzw. die Teilnahme an einem solchen Verhalten und damit um ein Tätigwerden, das an geltendem Recht erst noch zu messen ist, das hingegen nicht den Anspruch erheben kann, dem Recht zu seiner Erkennbarkeit und also zur Verwirklichung seines allumfassenden Geltungsanspruches zu verhelfen. Schon deshalb kann die Theorie *Mallisons* nicht für die vorliegende Arbeit nutzbar gemacht werden. Eine verfassungsrechtlich begründete Einschränkung der Beihilfestrafbarkeit des Rechtsanwaltes für sein Tätigwerden im Rahmen „privater Insolvenzverfahren" ist daher zumindest aus den von *Mallison* angeführten Gründen abzulehnen.

Etwas anderes könnte sich möglicherweise aus dem ebenfalls verfassungsmäßig verankerten[644] Grundsatz *nulla poena sine culpa* ergeben. Hierauf soll jedoch an anderer Stelle im Rahmen des von dieser Arbeit entwickelten eigenen Lösungsansatzes gesondert eingegangen werden.

---

[644] St. Rspr., vgl. nur BVerfGE 9, 169; 20, 331; 23, 132; 25, 285; 41, 125; 45, 259; 50,133; 54, 108; 91, 27

Teil 5 : Lösungsansatz zur Eingrenzung der Beihilfestrafbarkeit des Rechtsanwaltes im Rahmen „privater Insolvenzverfahren“

Es soll nunmehr im letzten Teil der Arbeit versucht werden, einen eigenständigen Lösungsansatz zur befriedigenden Erfassung der hier interessierenden Fälle zu entwickeln. Dabei wird ein zweistufiges Modell vertreten: Zunächst wird eine allgemeine und von der Problematik der Beihilfe losgelöste einschränkende Auslegung des Tatbestandes der Insolvenzverschleppung vorgenommen, die ausschließlich rechtsgutsorientiert ist. In einem zweiten Schritt werden sodann die Besonderheiten der Beihilfe bezogen auf den Rechtsanwalt mit einbezogen und versucht, dessen Strafbarkeit sinnvoll einzuschränken.

Es wurde bereits an anderer Stelle erwähnt, dass es bei der Durchführung eines privaten Insolvenzverfahrens in allen Fällen, in denen sich sämtliche Gläubiger mit der ihnen angebotenen Quote (die oberhalb oder zumindest auf derselben Höhe wie die hypothetische Quote bei Durchführung eines gerichtlichen Insolvenzverfahrens liegt) einverstanden erklären und das Geld vereinbarungsgemäß ausbezahlt wird, ohne dass eventuell vorhandene Neugläubiger benachteiligt werden, gerade nicht zu einer Schädigung dieser (Alt-) Gläubiger kommt, sondern im Gegenteil zu einer Besserstellung. Fraglich ist deshalb, ob nicht – abgesehen von den in Teil 2 behandelten dogmatischen Ansätzen – bereits dieser Umstand im Rahmen des *Tatbestandes* der Insolvenzverschleppung bei der Prüfung einer Rechtsgutsverletzung insofern von Bedeutung ist, dass in bestimmten Fällen der Tatbestand der Haupttat mit der Folge des Wegfalls der Beihilfestrafbarkeit verneint werden kann. Dies wäre möglicherweise dann der Fall, wenn in solchen besonders gelagerten Fällen die vom Tatbestand der Insolvenzverschleppung geschützten Rechtsgüter von vornherein überhaupt nicht tangiert werden. Auch bei der Prüfung dieser Frage beschränkt sich die vorliegende Arbeit wegen der Möglichkeit der weitgehenden Übertragbarkeit der Ergebnisse auf den Fall der GmbH.

1. Kapitel : Rechtsgüter und Rechtsnatur des Tatbestandes der §§ 84 Abs.1 Nr.2, § 64 Abs.1 GmbHG

Im Rahmen der Beantwortung der soeben aufgeworfenen Frage ist es zunächst erforderlich, die Rechtsnatur von § 84 Abs.1 Nr.2 GmbHG sowie die von dieser Vorschrift geschützten Rechtsgüter nochmals im Einzelnen genau zu bestimmen.

I. Von §§ 84 Abs.1 Nr.2, 64 Abs.1 GmbHG geschützte Rechtsgüter

§ 84 Abs.1 Nr.2 GmbHG nimmt bei der Pönalisierung der Verletzung der Insolvenzantragspflicht in vollem Umfang auf die §§ 64 und 71 GmbHG Bezug. Entsprechend der herrschenden Meinung zu § 64 GmbHG[645] ist Schutzgut von § 84 Abs.1 Nr.2 GmbHG daher in erster Linie das Vermögensinteresse der (gegenwärtigen) Gläubiger der GmbH[646]. Dies ergibt sich daraus, dass es bei der Rechtsform der GmbH aufgrund der dort vorhandenen Haftungsbeschränkung auf das Gesellschaftsvermögen zu typischen Gefahren für die Gläubiger kommen kann und diesen Gefahren durch besondere gesetzliche Schutzvorschriften entgegengewirkt werden muss[647]. Dieser Schutz wird grundsätzlich dadurch bewirkt, dass eine sachgemäße insolvenzrechtliche Abwicklung durch ein ordnungsgemäßes Verfahren erfolgen soll, sofern und sobald das gläubigersichernde Garantiekapital nicht mehr ausreicht. Dieses Verfahren soll eine gleichmäßige quotale Befriedigung aller Gläubiger sichern[648]. Erfahrungsgemäß würde ein rechtzeitiger Insolvenzantrag zu einer besseren Erhaltung der Haftungsmasse und damit zu einer größeren Befriedigung aller Gläubiger führen[649]. „Der wirt-

---

645 vgl. nur BGHZ 29, 100; *K. Schmidt,* JZ 1978, 661, 663f.

646 *Scholz/Tiedemann,* GmbHG, 9. Aufl. 2002, § 84 Rz.7; *Hachenburg/Kohlmann,* GmbHG, 8.Aufl. 1997, § 84 Rz.33; *Rowedder/Schmidt-Leithoff/Schaal,* GmbHG, 4. Aufl. 2002, § 84 Rz.1

647 Vgl. *Scholz/Tiedemann,* GmbHG, 9. Aufl. 2002, § 84 Rz.7; *Tiedemann,* in Würtenberger-Festschrift, S. 241 ff.; *Bieneck,* in Müller-Gugenberger, Wirtschaftsstrafrecht, 1987, § 71 Rz.1; *Fuhrmann,* in Erbs/Kohlhaas, Vorbem. 3 zu § 84

648 Vgl. *Scholz/Tiedemann,* GmbHG, 9. Aufl. 2002, § 84 Rz.7; *K. Schmidt,* JZ 1978, S. 661 m.w.N.; *Uhlenbruck,* ZIP 1980, S. 73

649 Vgl. BGHSt 9, 84, 86; *Scholz/Tiedemann,* GmbHG, 9. Aufl. 2002, § 84 Rz.7; *Baumann,* Konkurs und Vergleich, § 5 I 1a; *Klug,* JZ 1957, 462, 463; *Tiedemann*, Konkurs-Strafrecht, Rz.7 vor § 283; *Uhlenbruck,* BB 1985, 1277; *ders.* ZIP 1980, S. 73; *Canaris* JZ 1993, 649, 650

schaftliche Zusammenbruch ist in der Regel umso vernichtender, je länger er durch wirtschaftliche Manipulation künstlich hinausgeschoben war.“[650]

Der Gläubigerschutz ist jedoch nicht auf diejenigen Gläubiger beschränkt, die im Zeitpunkt des Unterlassens der Insolvenzantragsstellung bereits Gesellschaftsgläubiger waren. Auch sog. Neugläubiger, die erst nach dem Zeitpunkt, in dem die Pflicht zur Stellung des Insolvenzantrages entsteht, Gesellschaftsgläubiger werden, werden durch § 84 Abs.1 Nr.2 GmbHG geschützt[651]. Dies ergibt sich daraus, dass die Verpflichtung zur Antragsstellung auch nach Ablauf der Dreiwochenfrist solange weiter besteht, wie die Gesellschaft zahlungsunfähig oder überschuldet ist[652].

Umstritten ist, ob die Dreiwochenfrist des § 64 Abs.1 GmbHG, innerhalb derer nach Eintritt von Zahlungsunfähigkeit oder Überschuldung die Eröffnung des Insolvenzverfahrens zu beantragen ist, grundsätzlich auch dazu dient bzw. dazu ausgeschöpft werden darf, im Rahmen von außergerichtlichen Sanierungsbemühungen die Voraussetzungen der strafbewehrten Antragspflicht zu beseitigen. Diese Frage berührt genau den von der vorliegenden Arbeit zu untersuchenden Fall, dass mit sämtlichen vorhandenen Gläubigern der Gesellschaft ein (Teil-) Forderungsverzicht (oder eine Stundung) vereinbart wird mit der Folge, dass die Überschuldung oder Zahlungsunfähigkeit der Gesellschaft (zumindest vorübergehend) beseitigt wird und somit die Pflicht zur Stellung des Insolvenzantrages entfällt. Wie bereits ausgeführt wurde, ist diese Frage nach heute hM jedoch zu bejahen.

Hieraus ergibt sich, dass von § 84 Abs.1 Nr.2 GmbHG zumindest sekundär auch die Gesellschaft selbst mitgeschützt wird[653]. Entsprechend werden, da die Gesellschaft um der Zwecke der Gesellschafter willen überhaupt nur besteht, indi-

---

[650] Vgl. BGHSt 9, 84, 86

[651] Vgl. BGHZ 29, 100, 102ff.; BGH, NJW 1993, S. 2931; *Scholz/Tiedemann*, GmbHG, 9. Aufl. 2002, § 84 Rz.9; *Baumbach/Hueck/Schulze-Osterloh*, GmbHG, 17. Aufl. 2000, § 84 Rz. 19;

[652] BGHZ 29, 100, 104; BGHSt 14, 280, 281; BGHSt 28, 371, 380; *Hachenburg/Kohlmann*, GmbHG, 8.Aufl. 1997, § 84 Rz. 43

[653] Vgl. *Scholz/Tiedemann*, GmbHG, 9. Aufl. 2002, § 84 Rz. 8; *Hachenburg/Kohlmann*, GmbHG, 8.Aufl. 1997, § 84 Rz. 42; *Lutter/Hommelhoff*, GmbHG, 15. Aufl. 2000, § 84 Rz. 1; *Pfeiffer*, in Rowedder-Festschrift, S. 347, 349; *Rowedder/Schmidt-Leithoff/Schaal*, GmbHG, 4. Aufl. 2002, § 84 Rz. 1; a.A. Baumbach/Hueck/Schulze-Osterloh, GmbHG, 17. Aufl. 2000, § 84 Rz. 19

rekt letztlich auch die Gesellschafter geschützt[654]. Der Schutz von Gesellschaft und Gesellschaftern ist allerdings lediglich ein sekundärer, da bei einer Kollision dieser Schutzinteressen mit Gläubigerinteressen letztere vorgehen, es sei denn die gesetzliche Einräumung von Handlungsermessen und die Dreiwochenfrist lassen eine zumindest vorläufige Bevorzugung der Gesellschaft zu[655].

Der Vollständigkeit halber sei erwähnt, dass – vermittelt durch den zuvor beschriebenen und von § 84 Abs.1 Nr.2 GmbHG bezweckten Schutz der Gesellschaft selbst bzw. ihrer Gesellschafter – auch die Interessen der Arbeitnehmer rechtlichen Schutz genießen[656]. Was die Arbeitsplatzerhaltung anbelangt, ist dieser Schutz in der Regel jedoch - abgesehen von der durch die Insolvenzordnung eröffneten Möglichkeit der Fortführung bzw. des Erhalts des Unternehmens über einen Insolvenzplan (vgl. §§ 1, 217ff. InsO) - nur über die Aufrechterhaltung des Unternehmens durch rechtzeitige Sanierung zu erreichen[657].

Abzulehnen ist hingegen die Auffassung, auch alle anderen dritten Personen seien vom Schutzbereich des § 84 Abs.1 Nr.2 GmbHG erfasst, die rechtliche oder wirtschaftliche Beziehungen zu der betroffenen Gesellschaft unterhalten[658]. Personen, die keine Forderungen oder sonstige geldwerten Ansprüche gegen die GmbH besitzen, sind nicht vom Schutzzweck des § 84 Abs.1 Nr.2 GmbHG erfaßt[659]. Denn ihre Stellung wird durch eine unterlassene oder verspätete Stellung des Antrages auf Eröffnung des Insolvenzverfahrens grundsätzlich nicht berührt.

---

[654] Vgl. die Nachweise bei *Scholz/Tiedemann*, GmbHG, 9. Aufl. 2002, § 64 Rz. 37; *Hachenburg/Kohlmann*, GmbHG, *8*.Aufl. 1997, § 84 Rz. 42; a.A. *Baumbach/Hueck/Schulze-Osterloh*, GmbHG, 17. Aufl. 2000, § 84 Rz. 19

[655] Vgl. *Scholz/Tiedemann*, GmbHG, 9. Aufl. 2002, § 84 Rz. 10

[656] Vgl. *Hachenburg/Kohlmann*, GmbHG, *8*.Aufl. 1997, § 84 Rz. 42; *Rowedder/Schmidt-Leithoff/Schaal*, GmbHG, 4. Aufl. 2002, § 84 Rz. 1; *Pfeiffer*, in Rowedder-Festschrift, S. 347, 349; *Tiedemann*, Konkurs-Strafrecht Rz. 46 ff. vor § 283 m.w.N.

[657] Vgl. *Scholz/Tiedemann*, GmbHG, 9. Aufl. 2002, § 84 Rz. 9

[658] So *Fuhrmann*, in Erbs/Kohlhaas, § 84 Anm.1a; *Rowedder/Schmidt-Leithoff/Schaal*, GmbHG, 4. Aufl. 2002, § 84 Rz. 1; zustimmend auch – aber nur als *obiter dictum* – BGH, wistra 1982, S. 189, 191: „Vielmehr soll das Interesse von Gesellschaftsgläubigern, Gesellschaftern oder dritten Personen an wirtschaftlich gesunden Gesellschaften geschützt werden."

[659] Vgl. *Scholz/Tiedemann*, GmbHG, 9. Aufl. 2002, § 84 Rz. 9; *Hachenburg/Kohlmann*, GmbHG, *8*.Aufl. 1997, § 84 Rz. 43

II. Rechtsnatur des Deliktes der Insolvenzverschleppung gemäß §§ 84 Abs.1 Nr.2, 64 Abs.1 GmbHG

Bei §§ 84 Abs.1 Nr.2 GmbHG handelt es sich um ein echtes Unterlassungsdelikt[660]. Strafbar ist das Nichtstellen des Antrages auf Eröffnung des gerichtlichen Insolvenzverfahrens, also bereits das bloße Unterlassen einer gesetzlich geforderten Tätigkeit. An einen bestimmten Erfolg knüpft das Gesetz nicht an. Ein solcher Erfolg, nämlich die rechtzeitige Eröffnung des Insolvenzverfahrens, soll von der Vorschrift lediglich mittelbar bezweckt werden[661]. Für die Strafbarkeit kommt es hingegen nicht auf das Herbeiführen oder Verhindern dieses „Erfolges", sondern allein auf das Unterlassen des geforderten Handelns an[662].

Darüber hinaus handelt es sich bei § 84 Abs.1 Nr.2 GmbHG um ein abstraktes Gefährdungsdelikt[663]. Abstrakte Gefährdungsdelikte sind nach überkommener Definition[664] solche Delikte, bei denen der Tatbestand im Einzelfall keine Feststellung darüber erfordert, dass es zu einer Gefährdung von Rechtsgütern tatsächlich gekommen ist, sondern sich mit der Beschreibung eines Verhaltens begnügt, das nach Überzeugung des Gesetzgebers als generell gefährlich anzusehen ist. Es braucht kein konkretes Angriffsobjekt in seiner Existenz oder Sicherheit effektiv betroffen zu sein[665]. Die Nichtstellung des Insolvenzantrages gefährdet nach Auffassung des Gesetzgebers per se die Interessen der Gläubiger und gegebenenfalls auch der Gesellschafter; der Eintritt dieser Gefährdung ist hingegen nicht zum Tatbestandsmerkmal erhoben worden[666]. Vielmehr ging der Gesetzgeber davon aus, dass eine derartige Gefährdung bei verspäteter Stellung bzw. Nichtstellung des Insolvenzantrages *stets* eintritt. Ihre Verwirklichung braucht vom Strafrichter also nicht gesondert festgestellt zu werden[667]. Der Eintritt einer Gefährdung oder Verletzung von Gläubigerinteressen gehört nicht zum Straftatbestand. Begründet wird diese Verlegung des Strafschutzes bereits

---

660 BGHSt 14, 280, 281; 28, 380; BGH GA 1959, 89; *Scholz/Tiedemann*, GmbHG, 9. Aufl. 2002, § 84 Rz. 13 m.w.N.
661 Vgl. *Scholz/Tiedemann*, GmbHG, 9. Aufl. 2002, § 84 Rz. 13;
662 BGHSt 14, 280, 281; *Scholz/Tiedemann*, GmbHG, 9. Aufl. 2002, § 84 Rz. 13
663 *Hachenburg/Kohlmann*, GmbHG, 8.Aufl. 1997, § 84 Rz. 10, 44; *Bieneck*, in Müller-Gugenberger, § 71 Rz.3; *Lutter/Hommelhoff*, GmbHG, 15. Aufl. 2000, § 84 Rz.1; *Pfeiffer*, in Rowedder-Festschrift, S. 347, 349; *Scholz/Tiedemann*, GmbHG, 9. Aufl. 2002, § 84 Rz.15; *Canaris*, JZ 1993, 649, 651; *C. Schäfer*; GmbHR 1993, 780, 783
664 Vgl. nur *Schröder*, ZStW 81(1969), 7, 14; Arzt/Weber, BT, LH 2, 1983, Rz. 48
665 Vgl. *Schönke/Schröder-Heine*, 26. Aufl. 2001, Vor §§ 306 ff., Rz 3 m.w.N.
666 Vgl. *Scholz/Tiedemann*, GmbHG, 9. Aufl. 2002, § 84 Rz. 15
667 Vgl. *Scholz/Tiedemann*, GmbHG, 9. Aufl. 2002, § 84 Rz. 15

in das Vorfeld der Schädigung mit der besonderen Insolvenzanfälligkeit der GmbH, die aus der Haftungsbeschränkung auf das Gesellschaftsvermögen sowie der Anonymität der Gesellschafter resultiert[668]. Eine derartige Vorverlegung der Strafbarkeit ist verglichen mit den sonstigen Vermögens- und Wirtschaftsdelikten sehr weitgehend, insbesondere weil auch Fahrlässigkeit bis hin zur leichten Fahrlässigkeit unter Strafe gestellt ist (§ 84 Abs.2 GmbHG)[669]. Dieser „Ausnahme- und Vorfeldcharakter" des § 84 GmbHG ist mithin trotz des im Grundsatz berechtigten kriminalpolitischen Bedürfnisses nach einer Strafsanktion für das Unterlassen der rechtzeitigen Stellung des Insolvenzantrages bei der Auslegung der Vorschrift zu berücksichtigen[670].

III. Insolvenzverschleppung als abstraktes Gefährdungsdelikt und Nachweis der Ungefährlichkeit

Die Einordnung von § 84 Abs.1 Nr.2 GmbHG als abstraktes Gefährdungsdelikt wirft die Frage auf, ob im Einzelfall der Nachweis des vollständigen Fehlens einer Gefährdung von Gläubiger- und Gesellschafterinteressen beachtlich ist und möglicherweise die Unanwendbarkeit des § 84 Abs.1 Nr.2 GmbHG begründen kann. Das vollständige Fehlen einer Gefährdung der Interessen sowohl der Gläubiger als auch der Gesellschafter kann bei der Durchführung eines privaten Insolvenzverfahrens insbesondere dann angenommen werden, wenn es sich um eine GmbH mit wenigen Gesellschaftern handelt, die alle „am gleichen Strang ziehen" und keine gegenläufigen Interessen verfolgen, und wenn darüber hinaus sämtliche Gläubiger der Gesellschaft (deren Zahl relativ gering ist) vor Beginn der Durchführung des privaten Insolvenzverfahrens bekannt sind, alle Gläubiger dem Verfahren zustimmen und (etwa weil die Gesellschaft ihren Geschäftsbetrieb bereits vollständig eingestellt hat) ausgeschlossen ist, dass weitere neue Gläubiger hinzutreten werden. Entsprechendes gilt für den Fall, dass eine Gefährdung zukünftiger Gläubiger auf andere Weise ausgeschlossen werden kann. Das Rechtsgefühl neigt in derartigen Fällen, in denen eine Schädigung von Gläubigern und Gesellschaftern ausgeschlossen ist, eindeutig zur Straflosigkeit mangels Strafwürdigkeit. Es stellt sich deshalb an dieser Stelle die Frage, ob nicht die gleichwohl vorgenommene wortlautgerechte Anwendung des Straftatbestandes mit einer Preisgabe der materiellen Gerechtigkeit einhergeht. Dies ist

---

[668] Vgl. *Scholz/Tiedemann*, GmbHG, 9. Aufl. 2002, § 84 Rz. 16 und Anm.10 vor §§ 82 ff.
[669] Vgl. *Scholz/Tiedemann*, GmbHG, 9. Aufl. 2002, § 84 Rz. 16
[670] Vgl. *Scholz/Tiedemann*, GmbHG, 9. Aufl. 2002, § 84 Rz. 16; *Canaris*, JZ 1993, 649, 651

jedoch ein generelles Problem der abstrakten Gefährdungsdelikte, weil der die Strafdrohung bestimmende Schutzzweck in der Handlungsbeschreibung nur noch typischerweise, aber nicht mehr notwendig realisiert ist[671].

2. Kapitel : Das abstrakte Gefährdungsdelikt unter besonderer Berücksichtigung der Schweren Brandstiftung

Zur Beantwortung der oben aufgeworfenen Frage soll zunächst näher auf den klassischen Fall der Schweren Brandstiftung gemäß § 306a Abs.1 StGB und der zu § 306 a.F. StGB[672] ergangenen Rechtsprechung eingegangen werden. Bei diesem Straftatbestand handelt es sich ebenfalls um eine abstraktes Gefährdungsdelikt[673]. Sodann soll die in der strafrechtlichen Literatur gegen die Rechtsfigur des abstrakten Gefährdungsdeliktes geäußerte Kritik behandelt und des weiteren die hierzu ergangene Rechtsprechung erörtert werden.

I. Grundsätzliche Strafbarkeit trotz fehlender konkreter Gefährdung

Die hohe Strafdrohung des § 306a StGB bzw. des § 306 a.F. StGB (Freiheitsstrafe ein bis fünfzehn Jahre [!], § 38 Abs.2 StGB) resultiert daraus, dass durch die Vorschrift bestimmte menschliche Wohn- und Aufenthaltsstätten geschützt werden, deren Inbrandsetzung regelmäßig zahlreiche Menschenleben bedroht und deshalb besonders gefährlich ist[674]. Dem Wortlaut der Vorschrift zufolge genügt die abstrakte Gefährdung, so dass sie grundsätzlich auch dann zur Anwendung kommen muss, wenn beispielsweise der Eigentümer selbst sein eigenes Haus in Brand setzt und zuvor durch umfangreiche Sicherheitsmaßnahmen sichergestellt hat, dass sich keine Personen in diesem Haus aufhalten, dass also

---

[671] Vgl. *Schünemann*, JA 1975, S. 727, 797

[672] § 306 a.F. StGB lautet wie folgt: „Wegen Brandstiftung wird mit Zuchthaus bestraft, wer vorsätzlich in Brand setzt … 2. ein Gebäude, ein Schiff oder eine Hütte, welche zur Wohnung von Menschen dienen, oder …". An dem hier maßgeblichen Wortlaut im Hinblick auf die Qualifikation des Tatbestandes als abstraktes Gefährdungsdelikt hat sich somit nichts Entscheidendes geändert.

[673] Vgl. nur BGHSt 26, 121, 123; 34, 115, 118; *Tröndle/Fischer*, 51.Aufl. 2003, § 306a Rz.1

[674] Vgl. *Schünemann,* JA 1975, S. 727, 797; zu den Brandstiftungsdelikten als abstrakten Gefährdungsdelikten auch in historischer Hinsicht insbesondere *Kratzsch,* JuS 1994, S. 372ff.

jegliche Gefährdung Dritter ausgeschlossen ist und er mithin keinerlei Gefährdungsunrecht verwirklicht hat[675]. Da der Eintritt der Gefahr selbst also nicht zum Tatbestandsmerkmal des Gesetzes erhoben ist, sondern nur das ungenannte Motiv des Gesetzgebers darstellt, ist das Delikt im Einzelfall auch dann verwirklicht, wenn die – gesetzlich präsumierte - Gefahr in concreto gar nicht gegeben war[676]. Das hat zur Folge, dass es dem Täter nichts nützt, wenn er – zu Recht oder irrtümlich – annahm, dass sein Verhalten im Hinblick auf Menschenleben gänzlich ungefährlich ist[677]. Auch seine Schuld wird insofern unwiderleglich vermutet oder sogar fingiert[678]. An dieser Stelle tritt offen zutage, dass die von abstrakten Gefährdungsdelikten aufgestellte Gefährdungsfiktion unter dem Gesichtspunkt des Schuldgrundsatzes zumindest bedenklich ist[679]. Denn bei der schweren Brandstiftung ist das entscheidende Unrechtsmerkmal gerade nicht die Zerstörung von Sachen, sondern die Gefährdung von Menschenleben; folglich müsste nach dem Prinzip der Entsprechung von Unrecht und Schuld der Vorsatz gerade auch das letztere Merkmal umfassen[680].

II. Kritik an der Rechtsfigur des abstrakten Gefährdungsdelikts

Gegen die Rechtsfigur der abstrakten Gefährdungsdelikte sind in der deutschen Rechtswissenschaft deshalb wiederholt Einwände erhoben worden[681]. Allen ab-

---

[675] Vgl. *Schünemann,* JA 1975, S. 727, 797
[676] Vgl. *Kaufmann,* JZ 1963, S. 425, 432
[677] Vgl. *Kaufmann*, JZ 1963, S. 425, 432
[678] Vgl. *Kaufmann,* JZ 1963, S. 425, 432
[679] Vgl. *Kaufmann,* JZ 1963, S. 425, 432; *Schünemann,* JA 1975, S. 727, 797
[680] Vgl. *Kaufmann,* JZ 1963, S. 425, 432
[681] Vgl. *Schröder*, ZStW 81(1969), S. 7, 15 m.w.N.; umfassend zur Rechtsfigur der abstrakten Gefährdungsdelikte auch *Arzt/Weber*, BT, 2000, § 35; *Bohnert,* JuS 1984, S. 182ff.; *Brehm*, JuS 1976, S. 22ff.; *Fischer*, GA 1989, S. 445ff.; *Gallas*, Heinitz-FS, S. 171ff.; *Graul*, Abstrakte Gefährdungsdelikte und Präsumtionen im Strafrecht, 1991; *Herzog*, Gesellschaftliche Unsicherheit und strafrechtliche Daseinsvorsorge, 1991; *Hirsch*, Gefahr und Gefährlichkeit, A. Kaufmann-FS, S. 545ff., 549f.; ders., in: Lüderssen-FS, S. 253ff., 259ff.; *Kratzsch,* JuS 1994, S. 372ff.; *Jakobs*, ZStW 97 (1985), S. 751ff., 767ff.; *Kindhäuser*, Gefährdung als Straftat, 1989, S. 280ff.; *Koriath*, GA 2001, S. 51ff.; *Kratzsch,* Verhaltenssteuerung und Organisation im Strafrecht, 1985, S. 112ff.; ders., in: GA 1989, S. 49ff., 67ff.; unter Berücksichtigung generalpräventiver Erwägungen *Kuhlen,* GA 1994, S. 347ff., 362ff.; *Lagodny*, Strafrecht vor den Schranken der Grundrechte, 1996, S. 240ff., 437ff.; *Meyer*, Die Gefährlichkeitsdelike, 1992; *Roxin*, AT, 3. Aufl. 1997, § 11 B II 2, Rz. 127ff.; *Schönke/Schröder-Heine*, 26. Aufl., vor §§ 306ff., Rz. 1ff.; *Stächelin*, Strafgesetzgebung im Verfassungsstaat, Berlin 1998; *Stratenwerth*, Lüderssen-FS, S. 373ff.; Tröndle/Fischer, 52. Aufl. 2004, vor § 13, Rz. 13a; *Wolter*, Objektive und personale Zurechnung von Verhalten, 1981, S. 319ff.; *Zieschang*, Die Gefähr-

strakten Gefährdungsdelikten ist gemeinsam, dass es auf den Eintritt einer konkreten Gefahr für das jeweils geschützte Rechtsgut nicht ankommt[682]. Vielmehr legt der Gesetzgeber (gestützt auf allgemeine Erfahrungswerte) in derartigen Tatbeständen die Umstände selbst fest, unter denen er den Eintritt einer Gefahr als gegeben erachtet und verlegt auf diese Weise die Strafbarkeit weit in das Vorfeld einer Verletzung[683]. Andererseits sind jedoch stets auch Fälle denkbar, in denen die von ihm zugrunde gelegten Erfahrungswerte unrichtig sind, und zwar bereits im Zeitpunkt der Verwirklichung des objektiven Tatbestandes durch den Täter[684]. Es besteht also die Möglichkeit, dass trotz formeller Tatbestandserfüllung Verhaltensweisen strafbar sein können, die ihrer objektiven Bedeutung nach unter keinen Umständen zu einer Beeinträchtigung rechtlich geschützter Interessen führen können[685]. Als Konsequenz müsste der Gefährdungstatbestand auch dann angewandt werden, wenn feststeht, dass im Einzelfall nicht die geringste Gefahr verursacht worden ist[686] und der Täter hierfür von vornherein „Sorge" getroffen hat. Dem Täter werde damit, so wird ausgeführt[687], ein Umstand zur Last gelegt, der in Wahrheit gar nicht vorhanden gewesen sei. Dies bedeute eine Art Verdachtsstrafe, die gegen elementare Prinzipien eines rechtsstaatlichen Strafrechts verstoße[688]. Insbesondere, wenn das abstrakte Gefährdungsdelikt nicht in unberechenbare Massenerscheinungen wie den Straßenverkehr eingebettet ist und zudem die Strafdrohung so hoch ist, dass sie eigentlich erst bei konkreter Gefährdung angemessen erscheint, sei es im Hinblick auf das Schuldprinzip zu diskutieren, den abstrakten Gefährdungstatbestand bei sicherem Ausschluss konkreter Rechtsgutsgefährdung nicht anzuwenden[689]. Denn der Schuldgrundsatz setzt im Unrecht ein rechtsgutsverletzendes Willensverhalten

---

dungsdelikte, 1998, S. 349ff. mit umfangreichen weiteren Nachweisen zu den Befürwortern und Gegnern (S. 349 FN 1, S. 350 FN 4 und 5 sowie S. 351 FN 7 bzw. S. 351ff.); für den Bereich des Wirtschaftsstrafrechts *Otto,* ZStW 96 (1984), S. 339ff., 362ff.

682 Vgl. statt vieler *Cramer*, Der Vollrauschtatbestand als abstraktes Gefährdungsdelikt, 1962, S. 51 f. m.w.N.

683 Zum Problemkreis „Vorverlegung des Strafrechtsschutzes" bzw. „Strafbarkeit im Vorfeld einer Verletzung" insbesondere bei abstrakten Gefährdungsdelikten vgl. auch *Prittwitz*, Strafrecht und Risiko, 1993, S. 245ff. und die Kritik bei *Kuhlen*, GA 1994, S. 347ff.; *Jakobs*, ZStW 97 (1985), S. 751ff., 767ff.; *Lagodny,* Strafrecht vor den Schranken der Grundrechte, 1996; *Otto*, ZStW 96 (1984), S. 339ff., 362ff.; *Weigend*, Triffterer-FS, S. 695ff., 701f.

684 Vgl. *Schröder,* ZStW 81(1969), S. 7, 15

685 Vgl. *Schönke/Schröder-Heine*, StGB, 26. Aufl. 2001, Vor §§ 306 ff., Rz. 3a

686 Vgl. *Schröder,* ZStW 81(1969), S. 7, 15

687 Vgl. *Schröder,* ZStW 81(1969), S. 7, 15

688 Vgl. *Schröder,* ZStW 81(1969), S. 7, 15

689 Vgl. *Arzt/Weber*, BT, LH 2, 1983, S. 17 Rz. 53; *Roxin*, AT, 3. Aufl. 1997, § 11 B II 2, Rz. 127; Arzt/Weber, BT, 2000, § 35 Rz. 53

voraus, auf das sich die Schuld bezieht[690]. Ist aber eine konkrete Gefährdung von vornherein ausgeschlossen und überprüft der Täter dies vor seiner Tat, kann von einem rechtsgutsverletzenden Willensverhalten keine Rede sein.

Gerade dann, wenn eine konkrete Rechtsgutsgefährdung sicher ausgeschlossen werden konnte, entfernen sich Zweck und Mittel, also das zu schützende Rechtsgut und die das Rechtsgut schützende Norm offenbar sehr weit voneinander[691]. Der Befehl kann das konkrete Rechtsgut, auf dessen Schutz er ausgerichtet sein sollte, fast „aus den Augen verlieren"[692]. Mit zunehmender Entfernung zwischen dem Normgegenstand und dem Rechtsgut, das durch den Normerlass geschützt werden soll, sinkt auch das Unwertgewicht der Normwidrigkeit, unter Umständen soweit, dass man in Zweifel gerät, ob es sich tatsächlich noch um straf- oder bußwürdiges Unrecht handelt[693]. Freilich kann man auf den Gedanken kommen, die Ordnung selbst zu einem Rechtsgut zu erheben[694]. Dadurch würde im vorliegenden Falle erreicht, dass selbst bei völlig ausgeschlossener konkreter Gefährdung durch den Normverstoß „immerhin" noch das Rechtsgut der Ordnung selbst betroffen wäre, dass also zwischen Normgegenstand und Rechtsgut doch keine derart weite Kluft entsteht. An dieser Stelle ist jedoch *Horn*[695] beizupflichten, wenn er die Erhebung der Ordnung selbst zu einem Rechtsgut als bloßen formalen Trick bezeichnet. Denn Rechtsgut und Ordnung können niemals inhaltlich identische Begriffe werden. Die Rechts„ordnung" ist die Summe aller Rechtsnormen; sie wird aufrechterhalten durch die Summe aller normgemäßen Verhaltensweisen. Ordnung ist allerdings kein Selbstwert, sie wird nicht geschützt, sondern sie schützt selbst, wenn sie existiert, und ist damit Mittel zu einem anderen Zweck, eben zum Schutz von Rechtsgütern.

In der Literatur wurden aufgrund des oben aufgeworfenen Widerspruches zwischen Gefährdungsfiktion und Schuldprinzip, der als Pönalisierung einer unwiderleglichen und daher im Strafrecht suspekten Präsumtion erscheinen kann[696], verschiedene einschränkende Interpretationsmodelle entwickelt, die eine verfassungskonforme Handhabung der abstrakten Gefährdungsdelikte ermöglichen

---

[690] Vgl. *Schmidhäuser*, StrafR, AT 1982, Rz. 86, S. 102f.
[691] Vgl. *Horn*, Konkrete Gefährdungsdelikte, S. 90
[692] Vgl. *Horn,* a.a.O.
[693] vgl. *Horn*, a.a.O.
[694] vgl. *Horn*, a.a.O., S. 90 f. m.w.N.
[695] vgl. hierzu und im folgenden *Horn*, a.a.O., S. 90 f.
[696] Vgl. *Cramer*, Der Vollrauschtatbestand als abstraktes Gefährdungsdelikt, 1962, S. 52

sollen[697]. Alle diese dogmatischen Lösungen sind von dem Bestreben geleitet, der „abstrakten" Gefährlichkeit ihre Schärfe zu nehmen und zu verhindern, dass jemand wegen eines Gefährdungsdelikts bestraft wird, ohne eine wirkliche Gefahr geschaffen zu haben[698].

1. Die von *Schröder* und *Rabl* zum abstrakten Gefährdungsdelikt entwickelten Theorien

a) Der Ansatz von *Schröder*

Nach der Auffassung *Schröders*[699] müsse der Gesetzgeber unabhängig von der oben aufgeworfenen Problematik grundsätzlich legitimiert sein, bestimmte Formen menschlichen Verhaltens allein deshalb unter Strafe zu stellen, weil aus ihnen typischerweise Gefahren für rechtlich geschützte Interessen zu resultieren pflegen. Dies erscheine dort besonders einleuchtend und naheliegend, wo sich die aus dem Verhalten resultierenden Gefahren im einzelnen nicht absehen lassen, wie z.B. bei Rauschgifthandel, Waffenbesitz und falschem Verhalten im Straßenverkehr. Ein Straßenverkehrsrecht beispielsweise, das ausschließlich auf dem Prinzip der konkreten Gefährdung aufgebaut wäre, müsste zum Scheitern verurteilt sein, weil schon Beweisschwierigkeiten seine Praktikabilität in Zweifel ziehen würden.

Allerdings, so *Schröder*[700], sei nicht zu bestreiten, dass ein gesetzlich vorgeformtes Urteil umso fragwürdiger erscheint, je konkreter die vom Gesetz zu erfassende Gefahr schon von vornherein in ihrer Richtung oder Ausgestaltung feststehe. Dies gelte z.B. für den Tatbestand der schweren Brandstiftung, den das deutsche Strafrecht in § 306 (a.F.) StGB als abstraktes Gefährdungsdelikt geregelt habe. Grund für die erhöhte Strafe sei die durch die Tat herbeigeführte Gefährdung von Menschenleben. Eine solche festzustellen, ist nach Auffassung *Schröders* (wie oben bereits ausgeführt) dem Richter nicht aufgetragen. Er soll sich mit der Feststellung begnügen dürfen, dass es sich bei dem Brandstiftungsobjekt um ein Gebäude handelt, das zur Wohnung oder zum Aufenthalt von Menschen dient. Die Gefährdung von Menschenleben wird dann gesetzlich prä-

---

[697] Vgl. *Horn*, Konkrete Gefährdungsdelikte, S. 21, der von einer „Materialisierung" der abstrakten Gefährdungsdelikte spricht.
[698] Vgl. *Cramer*, Der Vollrauschtatbestand als abstraktes Gefährdungsdelikt, 1962, S. 52
[699] Vgl. hierzu und im folgenden *Schröder,* ZStW 81(1969), S. 7, 15
[700] *Schröder,* ZStW 81(1969), S. 7, 15

sumiert. In einem derartigen Fall können aber Beweisschwierigkeiten, die bei anderen abstrakten Gefährdungsdelikten (etwa im Straßenverkehr) auftreten, kaum als durchschlagend anerkannt werden. Dies gilt m.E. umso mehr angesichts der für die schwere Brandstiftung geltenden, hohen Strafdrohung (ein bis fünfzehn Jahre Freiheitsstrafe).

Schröder geht daher davon aus[701], dass in solchen Fällen die gesetzliche Vermutung der Gefährlichkeit nicht unwiderleglich ist, sondern vielmehr dem Gericht die Befugnis zusteht, den *Gegenbeweis* gegen die Gefährlichkeit im Einzelfall zu führen und den Tatbestand dann nicht anzuwenden, wenn festgestellt werden kann, dass die Tat zu keiner denkbaren Gefährdung von Menschenleben geführt hat[702]. In jedem Fall bleibe aber daran festzuhalten, dass es abstrakte Gefährdungsdelikte gibt, bei denen die Richtung, in der die gesetzlich zu erfassende Gefahr auftreten kann, so wenig bestimmt ist, dass der Beweis des Gegenteils nicht zugelassen werden könne. Dies gelte z.B. bei der Übertretung von Verkehrsvorschriften, bei unbefugtem Besitz von Waffen oder Sprengstoffen sowie beim Handel mit Rauschgiften. In welchen Fällen eine einschränkende Anwendung abstrakter Gefährdungsdelikte geboten erscheint und wann man davon ausgehen muss, dass die gesetzliche Fixierung einer Handlung als abstrakt gefährlich den richterlichen Gegenbeweis ausschließt, ist, so *Schröder*[703], eine Frage der Interpretation der einzelnen Tatbestände. Jedenfalls sei das Bedürfnis nach einer Zulassung des Gegenbeweises umso größer, je präziser sich die vom Gesetz gedachte Gefährdung im Einzelfall bestimmen lässt. Der Gegenbeweis müsse folglich immer dann zulässig sein, wenn der Straftatbestand dem Schutz bestimmter konkretisierter Objekte dient, bei denen im Einzelfall mit Sicherheit festgestellt werden kann, ob sie tatsächlich in Gefahr gebracht worden sind oder nicht. In Fällen dagegen, in denen das Gefährdungsdelikt sich gegen die Allgemeinheit oder gegen im Zeitpunkt der Tat noch nicht feststehende oder feststellbare Objekte richtet, werde man das gesetzgeberische Gefährdungsurteil hinnehmen müssen.

---

[701] *Schröder,* ZStW 81(1969), S. 7, 15

[702] Vgl. auch *Henkel*, in Eb. Schmidt-Festschrift, 1961, S. 578, 594, der den Nachweis des Fehlens der kriminellen Zweckbestimmung als negative Strafbarkeitsbestimmung einstuft; *K.O. Rabl*, Der Gefährdungsvorsatz, Strafr. Abh., Heft 312 (1933), S. 21 f.

[703] *Schröder,* ZStW 81(1969), S. 7, 15

Zustimmend hierzu äußert sich *Jescheck*[704]: Auch nach seiner Auffassung kann das Fehlen jeder Möglichkeit einer konkreten Gefährdung bei der Auslegung des Straftatbestandes herangezogen werden, um die Strafbarkeit entfallen zu lassen, und zwar, wenn der Eintritt der Gefahr für die nach dem Tatbestand vorausgesetzten Schutzobjekte absolut ausgeschlossen war[705]. Gestützt werde dieser Ansatz seiner Auffassung nach insbesondere dadurch, dass der Gesetzgeber selbst eine solche Möglichkeit bejaht, was durch die Minima-Klausel in § 326 Abs.5 StGB gezeigt werde[706].

b) Der Ansatz von *Rabl*

In die von *Schröder* eingeschlagene Richtung ging bereits der Lösungsansatz von *Rabl*[707], nach dessen Empfinden die Pönalisierung einer *unwiderleglichen* Gefährdungsvermutung mit den Grundsätzen unseres heutigen Strafrechts nicht zu vereinbaren und folglich abzulehnen seien[708]. Der Grund hierfür sei, dass bei allen Gefährdungsdelikten ohne Ausnahme der Erfolg vom Gesetzgeber präsumiert werde[709]; Deliktstypen aber, bei denen der Gefährdungserfolg durch den Gesetzgeber fingiert werde, ermöglichten in genau derselben Weise wie der Typus des „reinen Ungehorsams“ in einer gewissen Anzahl der Fälle die Bestrafung objektiv völlig unschädlichen Verhaltens[710]. *Rabl* geht dabei von der Prämisse aus, dass es im Kriminalrecht nur Straftatbestände gebe, die einen „materiellen Angriff“ auf rechtlich geschützte Interessen, also eine „Schädigung der Rechtswelt“ darstellen[711]. Denn wäre das nicht so, dann könnte menschliches Verhalten nur darum strafbar werden, weil es einer Norm widerspreche[712]. Eine solche Norm aber wäre grundlos nur um ihrer selbst willen erlassen und hätte keinen anderen Zweck als den, den Normadressaten die „Allmacht“ des Gesetzgebers fühlen zu lassen und seinen Gehorsam zu erproben, was eine unvernünf-

---

704 vgl. *Jescheck*, AT, 4.Aufl. (1988), § 26 II 2, S. 238; vorsichtiger *Jescheck/Weigend*, AT, 5. Aufl. 1996, § 26 II 2, S. 264 f.

705 Vgl. *Jescheck*, a.a.O.

706 Vgl. *Jescheck*, a.a.O.

707 *K.O. Rabl*, Der Gefährdungsvorsatz, StrafAbh. Heft 312 (1933), S. 15 ff.

708 vgl. die Zusammenfassung und Kritik bei *Cramer*, Der Vollrauschtatbestand als abstraktes Gefährdungsdelikt, 1962, S. 55 ff.

709 *Rabl*, a.a.O., S.21

710 vgl. *Rabl*, a.a.O., S.21

711 *Rabl*, a.a.O., S. 16

712 *Rabl*, a.a.O., S. 16

tige Entgleisung des Gesetzgebers darstellte[713]. Ein nach der Diktion *Rabl*s „materieller Angriff" ist nach seiner Auffassung jedoch nur dann verwirklicht, wenn ein Verhalten zu einem äußeren Erfolg geführt hat[714]. Ein solcher Erfolg im Sinne von *Rabl* ist dabei entweder eine Verletzung schlechthin, eine Verletzung und dadurch eine weitergehende (konkrete) Gefährdung oder aber eine (konkrete) Gefährdung allein [715]. Dieser Erfolg müsse aber auch in Wirklichkeit eingetreten sein, d.h. bei *allen* Gefährdungsdelikten müsse im Prozess die Gefährlichkeit des täterischen Verhaltens festgestellt werden, um zur Bestrafung zu gelangen; keinesfalls genüge es, das bloße Verwirklichtsein der Ausführungshandlung allein zu konstatieren, etwa weil insbesondere bei den abstrakten Gefährdungsdelikten im Gesetzestext von der Gefährdung ausdrücklich nicht die Rede ist[716].

Rabl zieht also den Schluss, dass eine Gefährdungspräsumtion nicht unwiderleglich sein darf, sondern widerleglich sein muss mit der Folge einer Bestrafung wegen Versuchs oder der Straflosigkeit beim Beweis der Ungefährlichkeit einer Handlung[717]. Der Eintritt einer konkreten Gefahr für das jeweils geschützte Rechtsgut ist nach *Rabl* somit ein widerleglich vermutetes, ungeschriebenes Tatbestandsmerkmal eines jeden abstrakten Gefährdungsdelikts[718]. In der Praxis bedeutet dies, dass auch bei abstrakten Gefährdungsdelikten der Eintritt einer konkreten Gefahr für das tatbestandlich geschützte Rechtsgut Gegenstand der Beweiserhebung sein müsse, dass jedoch ein *non liquet* zu Lasten des Täters geht[719].

c) Kritik

Der Lösungsweg von *Schröder* (und entsprechend auch von *Rabl*), demzufolge bei abstrakten Gefährdungsdelikten in bestimmten Ausnahmefällen der Gegenbeweis der Ungefährlichkeit zulässig sein muss, ist jedoch aus folgendem Grund abzulehnen: Auch wenn seiner Ansicht nach *dem Gericht* die Befugnis zustehen soll, den Gegenbeweis zu führen, ändert dies der Sache nach nichts daran, dass

[713] *Rabl*, a.a.O., S. 16
[714] Vgl. *Cramer*, a.a.O., S. 55
[715] *Rabl*, a.a.O., S.19f.
[716] *Rabl*, a.a.O., S.20
[717] *Rabl*, a.a.O., S. 21: „In der Terminologie des BGB: es wird **vermutet**, daß die Gefahr eingetreten sei, nicht aber **gilt** sie als eingetreten."; vgl. auch *Cramer*, a.a.O., S. 55 f.
[718] Vgl. *Cramer*, a.a.O., S. 56
[719] Vgl. *Cramer*, a.a.O., S. 56

letztlich der Angeklagte mit einem entsprechenden Beweisrisiko belastet wird. Denn bringt der Angeklagte keine ihn entlastenden Umstände vor, aus denen sich ergibt, dass im Einzelfall eine Gefährdung der tatbestandlich geschützten Rechtsgüter ausgeschlossen war und liegen dem Gericht auch keine solchen Anzeichen vor, bleibt es bei der im Tatbestand des abstrakten Gefährdungsdelikts enthaltenen Fiktion der Gefährlichkeit mit der Folge, dass der Tatbestand erfüllt ist. Der Tatbestand müsste also auch dann („contra reum") angewendet werden, wenn (um bei der schweren Brandstiftung zu bleiben) nicht festgestellt werden kann, dass die Tat zu keiner denkbaren Gefährdung von Menschenleben geführt hat, wenn das Gericht also im Zweifel bleibt, ob die vom Angeklagten aufgeführten Gegenbeweisgründe durchgreifen[720]. Hierin liegt jedoch eine Verletzung des Grundsatzes „in-dubio-pro-reo"[721].

Darüber hinaus ist nicht einzusehen, warum dem Gericht in gewissen Fällen nur die *Befugnis* zustehen soll, den Gegenbeweis gegen die Gefährlichkeit im Einzelfall zu führen, warum es also nicht – um zu einer Verurteilung gelangen zu können, die *Pflicht* hat, in solchen Fällen das Fehlen einer Gefährlichkeit *auszuschließen*[722].

Die Maxime 'in dubio pro reo' ist jedoch ein solch fundamentales rechtsstaatliches Prinzip, dass ihm grundsätzlich der Vorrang vor kriminalpolitischen Belangen gebührt[723]. Faktisch bedeutet dies: Wenn die gesetzliche Vermutung der Gefährlichkeit nicht unwiderleglich ist, so bedeutet das positiv, dass die Gefährlichkeit in jedem Fall nachgewiesen, bei Zweifeln aber freigesprochen werden muss[724].Forderte man aber, dass dem Täter die individuelle Gefährlichkeit seines Tuns im Einzelfall ausnahmslos nachzuweisen ist, so verwandelte man die abstrakten praktisch in konkrete Gefährdungsdelikte[725] und verkehrte damit die Intentionen des Gesetzgebers gleichsam in ihr Gegenteil[726].

---

[720] Vgl. *Horn*, Konkrete Gefährdungsdelikte, 1973, S. 25

[721] Vgl. *Schünemann*, JA 1975, S. 724, 797; im Ergebnis auch *Cramer*, a.a.O., S. 59 f.; *Roxin*, AT, 3. Aufl. 1997, § 11 B II 2, Rz. 128; zum früheren § 245a StGB vgl. *Henkel*, Die „Praesumtio Doli" im Strafrecht, in Eb. Schmidt-Festschrift, S. 594; auch *Hirsch*, Gefahr und Gefährlichkeit, A. Kaufmann-FS, S. 545, 549; Schönke/*Schröder-Heine*, 26. Aufl. 2001, vor §§ 306 ff., Rz. 4

[722] Vgl. *Horn*, Konkrete Gefährdungsdelikte, 1973, S. 25

[723] Vgl. *Stree*, JuS 1962, 93, 97

[724] Vgl. *Horn*, a.a.O.

[725] Vgl. *Horn*, a.a.O.; *Roxin*, AT, 3. Aufl. 1997, § 11 B II 2, Rz. 128; *Schönke/Schröder-Heine*, 6. Aufl. 2001, vor §§ 306 ff., Rz. 4; *Schünemann*, a.a.O.

[726] Vgl. *Schünemann*, a.a.O.

2. Die Theorie von *Rudolphi*

Einen etwas anderen Weg wie der zuvor beschriebene von *Schröder* und *Rabl* geht *Rudolphi*[727], der ebenso den Beispielsfall der schweren Brandstiftung zur Hand nimmt und anführt, dass bei Ausschluss jeglicher Gefährdung von Menschenleben durch den Täter nicht nur jeder für § 306 a.F. StGB relevante Sachverhaltsunwert fehle, sondern, da der Wille des Täters geradezu auf die Vermeidung eines jeden für § 306 a.F. StGB relevanten Sachverhaltsunwertes gerichtet war, notwendig auch jeder Handlungsunwert. Wenn man dann nicht ohne jeden materialen Unwertgehalt bestrafen wolle, sei der Tatbestand folglich teleologisch zu reduzieren [728] und all die Fälle seien aus der Strafbarkeit auszuklammern, in denen der Täter bewusst und unter Anwendung der erforderlichen Sorgfalt jede Gefährdung des geschützten Rechtsguts vermeidet[729]. Nur bei einer solchen Interpretation der abstrakten Gefährdungsdelikte hätten diese auch einen materialen Unrechtsgehalt in Form eines Handlungsunwertes; der Unrechtsgehalt liege nämlich darin begründet, dass der Täter mit der Vornahme der abstrakt gefährlichen Tatbestandshandlung zugleich das Risiko eingeht, das geschützte Rechtsgut tatsächlich zu gefährden oder gar zu verletzen, d.h. in der Tatsache, dass der Täter es pflichtwidrig dem Zufall überlässt, ob das geschützte Rechtsgut tatsächlich gefährdet bzw. verletzt wird oder nicht[730]. Daraus folge, dass eine Strafbarkeit gemäß § 306 a.F. StGB neben der Vornahme der abstrakt gefährlichen Tatbestandshandlung insoweit auch einen Handlungsunwert erfordere, als der Täter mit dieser Handlung zumindest fahrlässig zugleich die Realisierung des von § 306 a.F. StGB missbilligten Sachverhaltsunwertes „erstrebt" haben muss[731]. Einer solchen einschränkenden Auslegung der abstrakten Gefährdungsdelikte sei deshalb der Vorzug zu geben, weil die Verhängung einer echten Kriminalstrafe in einem rechtsstaatlichen Strafrecht ohne das Vorliegen eines jeden materialen Unwertgehaltes des zu strafenden Verhaltens nicht akzeptabel sein dürfte[732].

---

[727] Vgl. *Rudolphi*, in Maurach-Festschrift, S. 59 f.
[728] *Rudolphi*, a.a.O.
[729] *Rudolphi*, a.a.O., schließt sich dabei der Auffassung von *Manfred Volz*, Unrecht und Schuld abstrakter Gefährdungsdelikte, 1968, S. 143 ff. und 169 f., an
[730] *Rudolphi*, a.a.O., wiederum unter Berufung auf *Volz*, a.a.O. (FN 713)
[731] *Rudolphi*, a.a.O.
[732] *Rudolphi*, a.a.O.

3. Der Ansatz von *Cramer*

Auch *Cramer*[733] geht davon aus, dass bei den abstrakten Gefährdungsdelikten grundsätzlich eine Grenze gefunden werden muss, mit deren Hilfe solche Handlungen aus dem strafbaren Bereich auszuscheiden sind, die ihrer objektiven Bedeutung nach unter keinen Umständen zu einer Beeinträchtigung rechtlich geschützter Interessen führen können. Denn unter dem Gesichtspunkt des Rechtsgüterschutzes erscheine es sinnlos, von der Strafe als der schärfsten staatlichen Reaktion Gebrauch zu machen, wenn sowohl der Täter wie seine Tat sich als ungefährlich erweisen; die Anwendung der Strafgesetze gegen den Harmlosen und sozial Ungefährlichen diene der Rechtsgemeinschaft umso weniger, als dadurch die Strafe ihrer sittlichen Bedeutung entkleidet und die Gefahr heraufbeschworen werde, dass das strafrechtliche Instrumentarium in seiner Funktion gestört und damit entwertet wird[734].

Um die gegen die Rechtsfigur der abstrakten Gefährdungsdelikte vorgetragenen Bedenken auszuräumen, müsse man – so *Cramer*[735] - davon auszugehen haben, dass formell tatbestandsmäßige Handlungen aus dem Bereich der Strafbarkeit auszuscheiden sind, die wegen der Besonderheit des Einzelfalls nach menschlichem Erfahrungswissen mit Sicherheit nicht zu dem schädlichen Erfolg führen können, dessen Vermeidung dem Gesetzgeber als ratio legis bei der Schaffung des Tatbestandes vorschwebte.

Bei der Charakterisierung der abstrakten Gefährdungsdelikte ist *Cramer*[736] der Überzeugung, dass als *Gefährdungsdelikt* schlechthin nur bezeichnet werden kann, was in *irgendeiner Beziehung zur Rechtsgüterverletzung* steht. An das Rechtsgefühl appellierend stellt er fest, dass niemand auf den Gedanken kommen würde, ein Verhalten als abstrakt gefährlich zu bezeichnen, das nicht einmal den Keim der Gefährlichkeit in sich trägt[737]. Selbst mit einer vagen und weitgehend vom Zufall abhängigen Möglichkeit einer Rechtsgütergefährdung werde man sich beim abstrakten Gefährdungsdelikt ebenfalls nicht begnügen dürfen. Deshalb sei die Formulierung, dass es beim abstrakten Gefährdungsdelikt zu einer konkreten Gefahr kommen kann, aber nicht zu kommen braucht,

---

[733] *Cramer*, Der Vollrauschtatbestand als abstraktes Gefährdungsdelikt, 1962, S.64 f.
[734] *Cramer*, a.a.O., S. 66
[735] Vgl. *Schönke/Schröder-Cramer*, 25. Aufl., vor §§ 306 ff., Rz. 3a; ähnlich jetzt *Schönke/Schröder-Heine*, 26. Aufl. 2001, vor §§ 306 ff., Rz. 4a
[736] *Cramer*, a.a.O., S. 68
[737] Vgl. hierzu und im folgenden *Cramer*, a.a.O., S.68

ungenau und irreführend. Denn nicht die noch so entfernte, sondern die naheliegende Möglichkeit einer Gefahr sei für die abstrakte Gefährlichkeit eines Verhaltens kennzeichnend, weil nur in ihr noch die notwendige Angriffsintensität zur Kennzeichnung einer strafwürdigen Handlung gesehen werden könne. Dies entspreche auch den Motiven des Gesetzgebers, der ein Verhalten nicht deshalb unter Strafe stellt, weil es überhaupt einmal – und sei es auch nur unter besonders widrigen Umständen – zur Gefahr kommen kann, sondern weil diesem Verhalten typischerweise die Herbeiführung einer konkreten Gefahr eigen ist. Dieser Gedanke, so *Cramer*[738], dürfe aber nicht bloßes Motiv des Gesetzgebers bleiben; vielmehr müsse er sich auch materiell in den Tatbestandsvoraussetzungen dieser Deliktsart niederschlagen. Denn nicht das Motiv des Gesetzgebers, sondern die von einem Verhalten ausgehende tatsächliche oder potentielle Beeinträchtigung eines Rechtsguts sei für das Verbrechen kennzeichnend. Man werde deshalb die abstrakten Gefährdungsdelikte als eine Vorstufe der konkreten zu bezeichnen haben, als eine Vorstufe nämlich, die – entsprechend dem Verhältnis zwischen konkreter Gefährdung und Verletzung – die *Wahrscheinlichkeit* einer *Rechtsgütergefährdung* in sich trägt. Auf diese Weise seien die möglichen Beziehungen zwischen den Deliktsarten einerseits und dem angegriffenen Rechtsgut andererseits hergestellt: Verletzung bedeute den Eintritt eines Schadens, konkrete Gefährdung die Wahrscheinlichkeit einer Verletzung und abstrakte Gefährdung die Wahrscheinlichkeit einer konkreten Gefährdung[739].

Cramer fordert also der Sache nach, dass die Handlung des Täters eines abstrakten Gefährdungsdelikts wahrscheinlich die Herbeiführung einer konkreten Gefahr mit sich bringt, um ihn nach dem jeweiligen Straftatbestand bestrafen zu können. Zwar sei in den Tatbeständen der einzelnen abstrakten Gefährdungsdelikte ausdrücklich nicht von der „Wahrscheinlichkeit einer Gefährdung“ die Rede, wohl aber in einer Reihe von Vorschriften von dem Begriff der „Geeignetheit“ (vgl. z.B. §§ 186, 187, 164 Abs. 2 StGB); dieser Begriff bedeute im Bereich des Strafrechts jedoch materiell das gleiche, weil mit ihm stets ein Verhalten beschrieben werde, das einen bestimmten Gefährdungseffekt wahrscheinlich macht, ohne dass es darauf ankäme, dass der vom Recht missbilligte schädliche Erfolg tatsächlich eingetreten ist[740]. Der Begriff der „Geeignetheit“ umschreibe in derartigen Straftatbeständen eine Eigenschaft des Tatmittels, die darin bestehe, die Gefährdung des jeweils geschützten Rechtsguts in den Bereich der Wahr-

[738] *Cramer*, a.a.O., S.68
[739] Vgl. *Cramer*, a.a.O., S. 68
[740] Vgl. *Cramer*, a.a.O., S. 69

scheinlichkeit zu rücken[741]. Der Richter sei deshalb jeweils gezwungen, im Einzelfall nachzuprüfen, ob das seiner Beurteilung unterliegende Verhalten geeignet war, den konkreten Gefährdungseffekt herbeizuführen[742]. Nach Auffassung *Cramer*s gelte nun grundsätzlich auch dort nichts anderes, wo zur Kennzeichnung abstrakt gefährlicher Handlungen der Begriff der Geeignetheit im gesetzlichen Tatbestand *nicht* verwendet werde; denn dort seien (im Regelfall) die Tatmittel so genau bezeichnet, dass daraus ohne weiteres auf deren Geeignetheit zur Rechtsgütergefährdung geschlossen werden könne[743]. Allerdings könne auch eine sehr exakte gesetzgeberische Beschreibung keine Garantie übernehmen, dass das Verhalten des Täters im Einzelfall trotz vorliegender Kongruenz mit der tatbestandsmäßigen Umschreibung des Tatmittels die notwendige Angriffsintensität abstrakter Gefährdungsdelikte erreicht[744]. In diesen Fällen sei eine *einschränkende Auslegung* geboten[745]: wenn die (schwere) Brandstiftung wegen ihrer abstrakten Gefährlichkeit für Menschenleben unter Strafe gestellt sei, so müsse sichergestellt sein, dass bei nur zeitweisem Aufenthalt von Menschen in bestimmten Gebäuden die Anwendung der Vorschrift davon abhängt, dass sich zur Tatzeit Menschen in den in Brand gesetzten Räumlichkeiten aufzuhalten pflegen. Nur unter dieser Voraussetzung nämlich könne von einer abstrakten Gefahr für Menschenleben gesprochen werden; der Nachweis, dass sich tatsächlich jemand im Brandgebäude befand, sei freilich nicht erforderlich[746]. Der zuvor genannte Gedanke sei zumindest in § 306 Nr.1 und 2 a.F. StGB zu kurz gekommen[747]. Hiermit stützt *Cramer* seine Auffassung von der Notwendigkeit einer einschränkenden Auslegung[748].

Der Sache nach fordert *Cramer* also grundsätzlich eine generelle Eignung der Tat zur Herbeiführung einer Rechtsgutsverletzung, indem er in den jeweiligen Tatbestand eines abstrakten Gefährdungsdelikts das ungeschriebene Merkmal der Wahrscheinlichkeit einer konkreten Gefährdung „hineinliest"[749] und postuliert, dass das Verhalten des Täters die zur Kennzeichnung abstrakter Gefährlichkeit erforderliche Angriffsintensität erreichen muss[750]. Kurz gewendet, der

---

[741] Vgl. Cramer, a.a.O., S. 69
[742] Vgl. *Cramer*, a.a.O., S. 69
[743] Vgl. *Cramer*, a.a.O., S. 70, wo auch mehrere Beispiele genannt werden
[744] Vgl. *Cramer*, a.a.O., S. 70
[745] Vgl. *Cramer*, a.a.O., S. 70
[746] Vgl. *Cramer*, a.a.O., S. 70 f.
[747] Vgl. *Cramer*, a.a.O., S. 71
[748] Zu weiteren Beispielsfällen, insbesondere den §§ 153 ff. StGB siehe *Cramer*, a.a.O., S. 71
[749] Vgl. auch *Schünemann*, JA 1975, 797
[750] Vgl. *Cramer*, a.a.O., S. 73

Rechtsgüterangriff abstrakter Gefährdungsdelikte bestehe darin, dass durch das verbotene Verhalten ein Zustand geschaffen wird, in dem eine konkrete Gefährdung des geschützten Rechtsguts wahrscheinlich ist[751]. Das rechtstechnische Mittel zur Umschreibung der im abstrakt gefährlichen Verhalten liegenden Angriffsintensität sei der Begriff der Geeignetheit oder ihm gleichwertige Beschreibungen des Tatmittels; wird im Gesetz das Tatverhalten nicht hinreichend als abstrakt gefährlich gekennzeichnet, so sei eine einschränkende Auslegung geboten[752]. Auf diese Weise können die abstrakten Gefährdungsdelikte nach *Cramer* auch mit dem Verschuldensgrundsatz bzw. dem Satz „nulla poena sine lege“ in Einklang gebracht werden[753].

Gleichwohl differenziert *Cramer* bei seinem Lösungsvorschlag zwischen verschiedenen Gruppen von abstrakten Gefährdungsdelikten, die jeweils unterschiedliche Arten von Rechtsgütern zu schützen beabsichtigen. Schützt der Tatbestand individuelle Rechtsgüter (Leben, Gesundheit, ungestörte sexuelle Entwicklung), so sei – wie oben dargelegt – eine Einschränkung dahin geboten, dass Handlungen, die völlig ungeeignet sind, das konkrete Angriffsobjekt in Gefahr zu bringen, nicht strafbar sind[754]. Bei überindividuellen Rechtsgütern (Rechtspflege, Funktionieren der Kreditwirtschaft oder des Subventionswesens) hingegen sowie namentlich bei den Ordnungswerten des Nebenstrafrechts wolle der Gesetzgeber jedoch verhindern, dass durch massenhafte Verstöße die betreffenden Rechtsgüter in Mitleidenschaft gezogen werden; der Umstand, dass die einzelne Handlung (Meineid, Kreditbetrug) für das betreffende Rechtsgut (Rechtspflege, Kreditwesen) noch völlig ungefährlich ist, lasse daher die Strafbarkeit des Verhaltens unberührt[755].

In eine ähnliche Richtung und ebenfalls auf den Begriff der Wahrscheinlichkeit einer (konkreten) Gefährdung abstellend wie *Cramer*, wenn auch konstruktiv unterschiedlich, geht *Baumann*[756]. Jener fordert nämlich, in die Tatbestände der abstrakten Gefährdungsdelikte ein obligatorisches oder fakultatives Absehen von Strafe einzubauen[757], das vom Wortlaut in etwa wie folgt aussähe: „Bestand

---

[751] Vgl. *Cramer*, a.a.O., S. 74
[752] Vgl. *Cramer*, a.a.O., S. 70
[753] Vgl. Cramer, a.a.O., S. 74 f.
[754] Vgl. *Schönke/Schröder-Cramer*, StGB, 25. Aufl., Rz 3a; ebenso *Schönke/Schröder-Heine*, StGB, 26. Aufl. 2001, Rz. 4a
[755] Vgl. *Schönke/Schröder-Cramer*, a.a.O.; ebenso *Schönke/Schröder-Heine,* a.a.O.
[756] *Baumann*, DAR 1962, S. 93, 100
[757] Vgl. *Horn*, Konkrete Gefährdungsdelikte, 1973, S.26

im Einzelfall nicht die geringste Wahrscheinlichkeit (oder: war im Einzelfall unmöglich), dass ein anderer gefährdet wurde, so kann von Strafe abgesehen werden“[758].

4. Der Ansatz von *Horn*

Horn[759] schlägt vor, die im Tatbestand eines abstrakten Gefährdungsdelikts beschriebene Handlung „mit einem konkreten Rechtsgutsbezug aufzuladen“, d.h. die Strafbarkeit der abstrakt gefährlichen Handlung um das Merkmal der objektiven Sorgfaltswidrigkeit (diese bezogen auf die hinter dem Verbot stehende Rechtsgutsverletzung oder konkrete Rechtsgutsgefahr) einzuschränken. Zum Beispiel: Strafbar ist nicht jeder, der die Straße bei „rot“ überquert, sondern nur, wer dies tut, ohne zuvor Vorkehrungen getroffen zu haben, damit eine Rechtsgutsverletzung ausbleibt[760]. Oder, entsprechend einem von *Cramer*[761] gebildeten Beispielsfall: Wer eine Wallfahrtskapelle, die nur an einem einzigen Feiertag im Jahr geöffnet ist, außerhalb dieser Zeit anzündet, erfüllt – wenn er diesen Sachverhalt zuvor prüft und bei seiner Handlung in Rechnung stellt – nicht den § 306 StGB[762]. *Horn* macht aus den abstrakten Gefährdungsdelikten also besonders und ausdrücklich modalisierte Fahrlässigkeitsdelikte, die sich von den sonstigen Fahrlässigkeitstatbeständen im übrigen nur dadurch abheben, dass der konkrete Eintritt einer Rechtsgutsverletzung nicht gefordert wird[763].

5. Der Ansatz von *Binding*

a) Konkrete Gefahr als maßgebliches Kriterium

Nach der Auffassung von *Binding*[764] hat in allen Fällen lediglich die Herbeiführung einer *konkreten* Gefahr strafrechtliche Bedeutung, wobei er unter einer „konkreten Gefahr“ die „aktuelle Erschütterung der Daseinsgewissheit“ des an-

---

758 Vgl. *Horn*, Konkrete Gefährdungsdelikte, 1973, S.26
759 *Horn*, Konkrete Gefährdungsdelikte, S. 22 f.
760 Vgl. *Horn*, a.a.O.
761 Vgl. *Cramer*, Der Vollrauschtatbestand als abstraktes Gefährdungsdelikt, S. 71
762 Vgl. *Horn*, a.a.O., S. 22 f.
763 Vgl. *Horn*, a.a.O., S. 22 f.
764 *Binding*, Die Normen und ihre Übertretung, 2. Aufl. 1890, Erster Band (im Folgenden „Normen I“), S. 372 ff.

gegriffenen Rechtsgutes versteht[765]. Dabei legt er jedoch den Begriff der konkreten Gefahr sehr weit aus, so dass bereits die vollendete Anwendung des Mittels wider das geschützte Rechtsgut stets, weil es taugliches Gefährdungsmittel ist, eine Bewirkung der Gefahr darstellt[766], sofern nicht der Täter von Anfang an erfolgreich bemüht war, seiner Handlung die Gefährlichkeit selbst zu nehmen oder von Dritten nehmen zu lassen[767]. Mit dieser These gelingt es *Binding*, einen Teil der abstrakt gefährlichen Delikte in die Gruppe der konkret gefährlichen einzuordnen[768]. Im übrigen, d.h. in allen anderen Fällen, in denen nach seiner oben erläuterten Definition keine *konkrete* Gefahr eingetreten ist, lehnt er es jedoch ab, die bloß abstrakte Gefährlichkeit eines Verhaltens als Strafgrund für ein Kriminaldelikt anzuerkennen, weil auf diese Weise im Wege einer Fiktion einer zwar verbotenen, im Einzelfall aber möglicherweise harmlosen Handlung das Attribut der Gefährlichkeit beigemessen werde[769]. Dennoch kann *Binding* die große Zahl der abstrakten Gefährdungsdelikte nicht als schlechthin unzulässig bezeichnen[770]. Er löst deshalb die Kategorie der abstrakten Gefährdungsdelikte in zwei Untergruppen auf, und zwar einerseits in die Gruppe derjenigen abstrakten Gefährdungsdelikte, die er mit der von ihm aufgestellten These den konkreten Gefährdungsdelikten zuschlägt und andererseits in die (von ihm eigens gebildete) Gruppe der sogenannten „großen Polizeiübertretungen“ bzw. die Fälle des „einfachen Ungehorsams“[771]. Den Grund für die Strafbarkeit dieses zweiten Deliktstypus′ sieht *Binding* dabei ausschließlich in dem Verstoß gegen ein gesetzliches Verbot oder Gebot; den entsprechenden Delikten ist also außer der Übertretung einer Rechtsnorm kein weiteres Moment wesentlich, sie werden vielmehr allein durch das im Normverstoß liegende formale Unrecht charakterisiert[772].

---

[765] *Binding*, Normen I, S. 372 f.; vgl. auch die Zusammenfassung bei *Cramer*, Der Vollrauschtatbestand als abstraktes Gefährdungsdelikt, S. 52 ff.
[766] *Binding*, Normen I, S. 385
[767] *Binding*, Normen I, S. 386
[768] Vgl. *Cramer*, a.a.O., S. 52
[769] *Binding*, Normen I, S. 408: „Tritt somit die verfängliche samt der unverfänglichen Handlung unter dasselbe Verbot, so wäre es schwere Ungerechtigkeit, wollte das Strafgesetz letztere auf dem bedenklichen Wege der Fiktion zu verfänglichen Handlungen stempeln und mit deren Strafe belegen.“
[770] Vgl. *Cramer*, a.a.O., S. 53
[771] Vgl. *Binding*, Normen I, S. 408, 409; *Cramer*, a.a.O., S. 53 m.w.N.
[772] Vgl. *Binding*, Normen I, S. 408; *Cramer*, a.a.O., S. 54

b) Kritik

Die Auffassung von *Binding* vermag jedoch aus folgenden Gründen nicht zu überzeugen: Wenn nach seiner These – wie oben[773] ausgeführt – an die Tauglichkeit bzw. die Geeignetheit des Gefährdungsmittels angeknüpft und so ein Teil der abstrakten Gefährdungsdelikte den konkreten zugeordnet wird, so verkennt diese Sichtweise, dass mit der Feststellung, eine Handlung sei geeignet, ein bestimmtes Rechtsgut in Gefahr zu bringen, nicht notwendig die weitere Feststellung verknüpft ist, sie habe das Rechtsgut tatsächlich in Gefahr gebracht[774]. Die Frage nach der Eignung eines bestimmten Verhaltens betrifft vielmehr die Feststellung einer bestimmten Eigenschaft, die mit Hilfe der Lebenserfahrung getroffen wird[775]. Die Bewertung eines Verhaltens als gefahrengeeignet besteht in nichts anderem als einem Wahrscheinlichkeitsurteil, in dem zum Ausdruck kommt, die Anwendung eines bestimmten Mittels werde nach der Erfahrung einen bestimmten Gefährdungseffekt hervorrufen; als Wahrscheinlichkeitsurteil schließt dieser Bewertungsvorgang aber eine sichere Kausalitätsprognose aus[776]. Ob es tatsächlich zu einer Gefährdung gekommen ist, kann nur mit Hilfe einer Betrachtung ex post von der eingetretenen Gefahr her festgestellt werden, wohingegen ein Wahrscheinlichkeitsurteil nur einer Beurteilung ex ante zugänglich ist[777]. Wenn *Binding* daher die Behauptung aufstellt, mit der Anwendung des geeigneten (tauglichen) Mittels sei stets eine Gefahr verbunden, die den Eintritt eines Schadens wahrscheinlich macht, so bedient er sich damit ebenfalls einer Gefährdungspräsumtion und übernimmt mithin diejenige Argumentation, die er mit seiner Lehre zu bekämpfen sucht[778].

Darüber hinaus ist auch die Schaffung eines neuen Deliktstypus′ - von *Binding* als „große Polizeiübertretungen“ oder „einfacher Ungehorsam“ bezeichnet[779] - nicht überzeugend. Strafgesetze werden nicht um ihrer selbst willen aufgestellt[780], sondern vielmehr ihrer Funktion nach zum Schutze von Rechtsgütern

---

[773] lit. a
[774] Vgl. *Cramer*, a.a.O., S. 52 und den von ihm hierzu gebildeten Beispielsfall
[775] Vgl. *Cramer*, a.a.O., S. 53
[776] Vgl. *Cramer*, a.a.O., S. 53
[777] Vgl. *Cramer*, a.a.O., S. 53; *Finger*, in: Frank-Festgabe I, S. 230, 238, der ausführt, dass *Gefahr* kein Urteil sei, das sich auf einen abgelaufenen, sondern einen bevorstehenden Kausalverlauf beziehe. „Gefahr ist allgemeingültige Wahrscheinlichkeit einer vorgestellten Entwicklung aufgrund der Erkenntnis eines transzendent Gegebenen.“
[778] Vgl. *Cramer*, a.a.O., S. 53
[779] S.o. lit. a
[780] Vgl. auch *Rabl*, Der Gefährdungsvorsatz, S.16

geschaffen; es wäre wenig sinnvoll, ihnen jeden Bezug zur Rechtsgüterwelt zu nehmen[781]. Zwar ist es richtig, dass jedem Verbrechen oder Vergehen auch der Verstoß gegen eine Gesetzesnorm eigen ist; der Widerspruch zur Rechtsordnung allein ist jedoch kein Spezifikum einer Straftat, sondern hängt in der Regel jedem widerrechtlichen Verhalten an, einerlei, ob darin eine strafbare Handlung zu sehen ist oder nicht[782]. Zu dem formalen Verstoß gegen eine Rechtsnorm muss als materiale Grundlage jedoch die Verwirklichung des Rechtsgüterschutzes treten, damit ein Kriminaldelikt genügend charakterisiert wird; die Bestrafung bloßen Ungehorsams wäre eine Entgleisung des Gesetzgebers[783]. Anderenfalls hätten Normen keinen anderen Zweck als den, den Normadressaten die „Allmacht" des Gesetzgebers fühlen zu lassen und seinen Gehorsam zu erproben[784]. Deshalb widerspricht die Annahme rein formalen Unrechts der ersten Anforderung an jede Strafgesetzgebung, dass nicht ohne zureichende Gründe bestraft werden darf[785]. Das Wesen der ab-strakten Gefährdungsdelikte kann daher nicht mit einem bloßen Verstoß gegen eine Rechtsnorm erklärt werden[786].

Überdies ist bereits der Ausgangspunkt der Ansicht von *Binding* (und im übrigen auch von *Rabl*) unhaltbar, demzufolge ein strafrechtlich bedeutsamer Angriff auf ein geschütztes Rechtsgut sich nur in Form der Verletzung oder (konkreten) Gefährdung vollziehen könne[787]. Das zeigt – außerhalb des Bereichs abstrakter Gefährdungsdelikte – bereits die Möglichkeit einer Bestrafung wegen Versuchs (insbesondere wegen untauglichen Versuchs, vgl. § 23 Abs. 3 StGB); für diesen ist der Eintritt eines Verletzungserfolges begrifflich ausgeschlossen und der Eintritt einer konkreten Rechtsgütergefährdung nicht wesentlich; entsprechendes gilt für die Unternehmenstatbestände sowie Strafbestimmungen, die allein auf den Angriffscharakter der tatbestandsmäßigen Handlung abstellen (z.B. § 316a StGB)[788].

---

[781] Vgl. *Cramer*, a.a.O, S. 54
[782] Vgl. *Cramer*, a.a.O., S. 54 m.w.N.
[783] Vgl. *Cramer*, a.a.O., S. 54 m.w.N.; *Rabl*, a.a.O., S. 16; ebenso *Hirsch*, Lüderssen-FS, S. 253ff., 261
[784] Vgl. *Rabl*, a.a.O., S.16
[785] Vgl. *Cramer*, a.a.O., S. 54 m.w.N.
[786] Vgl. *Cramer*, a.a.O., S. 54
[787] So *Binding*, Normen I, S. 368 f.; *Rabl*, a.a.O., S. 19 ff.
[788] Vgl. *Cramer*, a.a.O., S. 61

6. Der Ansatz von *Schünemann*

Schließlich hat auch *Schünemann*[789] einen Ansatz entwickelt, um die zwischen Schuldgrundsatz und abstrakten Gefährdungsdelikten bestehenden Friktionen aufzulösen. Er unterscheidet dabei innerhalb der abstrakten Gefährdungsdelikte drei verschiedene Kategorien, deren dogmatische Bewältigung nach jeweils eigenen Prinzipien erfolgt.

Die erste Gruppe bilden dabei Delikte mit einem, wie *Schünemann* es bezeichnet, „vergeistigten Zwischenrechtsgut" (so z.B. Bestechungs- und Falschaussagedelikte). Hier stellt bereits die Verletzung des „Zwischenrechtsguts" einen strafwürdigen Unwert dar[790]; eine Strafbarkeitseinschränkung kommt lediglich auf die Weise in Betracht, dass im Anschluss an *Cramer* durch eine restriktive Tatbestandsauslegung Minimalverstöße (wie etwa kleine Gefälligkeitsgeschenke bei den §§ 331 ff. StGB) ausgeschieden werden.

Zu der zweiten von *Schünemann* gebildeten Deliktsgruppe[791] gehören die sog. Massenhandlungen, wie sie vor allem im Straßenverkehr vorkommen und die der Gesetzgeber durch starre Regeln gewissermaßen „automatisieren" will, um durch die dadurch bewirkte Entlastung genügend konkrete Aufmerksamkeit für die zahlreichen atypischen Gefahren freizusetzen. Die ausnahmslose Normbefolgung sei hier aus lerntheoretischen Gründen geboten, weil die erforderliche Automatisierung (etwa des Rechtsfahrens im Straßenverkehr) gerade wegen der bloß formalen Ordnungsfunktion dieser Normen sonst nicht gelingen könne[792]. Folglich, so *Schünemann*, unterfalle bei dieser Deliktsgruppe aber jeder Verstoß auch dem Normzweck, und eine Strafbarkeitseinschränkung komme überhaupt nicht in Betracht. Nach *Schünemann* wäre es also verfehlt, hier abstrakt gefährliche Verhaltensweisen mit der Begründung sanktionslos zu lassen, das Täterverhalten sei konkret ungefährlich gewesen, habe beispielsweise keine anderen Verkehrsteilnehmer gefährdet. Zwar möge es sein, dass der vernünftige Bürger seine Befugnis, sich über ein unvernünftiges Gesetz hinwegzusetzen, als Ausübung demokratischer Freiheit und Ausprägung eines liberalen Rechtsverständnisses begreift; allerdings zeige insbesondere der Straßenverkehr auch, dass diese Einstellung notwendig dazu führt, dass unvernünftige Bürger vernünftige Ge-

---

[789] vgl. hierzu und im folgenden *Schünemann*, JA 1975, S. 797, 798
[790] Kritisch hierzu *Zieschang*, Die Gefährdungsdelikte, 1998, S. 369ff.
[791] *Schünemann*, JA 1975, S. 798
[792] Kritisch wiederum *Zieschang*, Die Gefährdungsdelikte, 1998, S. 372ff.

setze missachten, weil sie sich als vernünftig und das Gesetz als unvernünftig einschätzen[793].

Bei den übrigen Straftatbeständen, die weder zum Zweck haben, ein „vergeistigtes Zwischenrechtsgut" zu schützen, noch bestimmte Massenhandlungen pönalisieren, ist nach *Schünemann* der Wille des Gesetzgebers, schon bei der bloßen Normübertretung zu bestrafen, mit dem verfassungsmäßig verbürgten und daher höherrangigen Schuldgrundsatz nach dem Prinzip der kleinsten gemeinsamen Basis in Konkordanz zu bringen; denn was gerade noch schuldangemessen sei, komme der das Schuldprinzip vernachlässigenden legislatorischen Entscheidung am nächsten[794]. Um dieser von ihm selbst aufgestellten Forderung zu entsprechen, entwickelt *Schünemann* die neue Rechtsfigur des fahrlässigen Versuchs, der in Anknüpfung an den untauglichen Versuch beim Vorsatzdelikt und im Unterschied zur Konzeption von *Horn*[795] nicht durch die objektive, sondern durch die subjektive Sorgfaltswidrigkeit gekennzeichnet sei[796]: Wer beispielsweise den Tatbestand des § 306 (a.F.) StGB erfülle, ohne die aus seiner Sicht und seinem Vermögen erforderlichen Maßnahmen zur Ausschaltung jeglicher Schadensmöglichkeit zu treffen, verdiene aufgrund seiner Gefährlichkeit auch dann die Bestrafung nach dem abstrakten Gefährdungsdelikt, wenn seine Maßnahmen bei objektiver Berücksichtigung aller Umstände als ausreichend erscheinen; dies gelte erst recht, wenn sie schon objektiv unzureichend sind und dem Täter dies erkennbar ist[797]. Bei dieser letzten Gruppe von Straftatbeständen soll es also für die Bestrafung auf die Vornahme einer subjektiv sorgfaltswidrigen Handlung ankommen[798].

Freilich steckt der von *Schünemann* aufgezeigte Ansatz gewissermaßen noch in den Kinderschuhen. So räumt er selbst[799] ein, die weitere Ausarbeitung seines Ansatzes müsse einer späteren Gelegenheit vorbehalten bleiben[800]. Für die vorliegende Arbeit gibt der Ansatz *Schünemanns* deshalb wenig Grundlegendes her, zumal noch nicht einmal erläutert wird, wie die von ihm vorgenommene Dreiteilung der abstrakten Gefährdungsdelikte dogmatisch zu begründen ist.

---

[793] vgl. für den Bereich der Ordnungswidrigkeiten *Arzt/Weber*, BT, LH 2, 1983, Rz. 49

[794] *Schünemann,* JA 1975, S. 798

[795] s.o. Ziff. 4

[796] *Schünemann,* a.a.O.

[797] *Schünemann,* a.a.O.

[798] Vgl. *Schönke/Schröder-Heine*, StGB, 26. Aufl. 2001, vor §§ 306 ff., Rz.4

[799] *Schünemann,* a.a.O.

[800] In neuerer Zeit die Rechtsfigur der abstrakten Gefährdungsdelikte eher unterstützend *Schünemann,* GA 1995, 201ff.

7. Streichung der abstrakten Gefährdungsdelikte – der Ansatz von *Zieschang*

In neuerer Zeit hat sich *Zieschang*[801] eingehend mit der Rechtsfigur der abstrakten Gefährdungsdelikte beschäftigt. Dabei geht er noch weiter als die zuvor zitierten Autoren und fordert eine generelle Streichung der abstrakten Gefährdungsdelikte.

Nach seiner Auffassung besteht der entscheidende und nicht zu leugnende Nachteil der abstrakten Gefährdungsdelikte darin, dass sie aufgrund der mit ihnen einhergehenden Abstraktion selbst dann eingreifen, wenn im Einzelfall das Verhalten des Täters für das geschützte Rechtsgut ungefährlich ist[802]. Obwohl ein Verhalten für das von dem jeweiligen Delikt geschützte Rechtsgut überhaupt nicht gefährlich sei, dieses also im Einzelfall gar keines konkreten Schutzes über die Strafnorm bedürfe, müsse dennoch eine kriminalstrafrechtliche Sanktion verhängt werden; im Gegensatz dazu dürfte aber dieses Verhalten zutreffender Weise ebenso wie jedes andere für das geschützte Rechtsgut ungefährliche Verhalten gerade nicht die Verhängung einer Kriminalstrafe zur Konsequenz haben[803]. Insoweit gehe es lediglich noch um die bloße Missachtung des Normbefehls, d.h. um einen Gehorsamsverstoß. Der Ungehorsam für sich genommen reiche aber – wie bereits *Cramer*[804] im Rahmen seiner Kritik an der Auffassung *Bindings* festgestellt hat – nicht aus, um eine Kriminalstrafe zu verhängen[805].

Zieschang begründet dies dogmatisch anhand des Straftatbestandes der schweren Brandstiftung nach § 306a StGB. Ausgehend von der von ihm an anderer Stelle[806] hergeleiteten Prämisse, der zufolge der Versuch eines Delikts schlechthin durch ein *konkret* gefährliches Verhalten zu charakterisieren sei, habe dieser Umstand auch bezogen auf § 306a StGB die Konsequenz, dass der Versuch nur bei Vorliegen eines konkret gefährlichen Verhaltens strafbar sein könne[807]. Andererseits sei das vollendete Delikt gemäß § 306a StGB im Gegensatz dazu de lege lata selbst bei Ungefährlichkeit im Einzelfall gegeben, denn bezogen auf die Vollendung gehe es lediglich um ein typischerweise gefährliches Verhalten,

[801] Die Gefährdungsdelikte, 1998, S. 349ff., 380ff.
[802] *Zieschang*, Die Gefährdungsdelikte, 1998, S. 383
[803] *Zieschang*, Die Gefährdungsdelikte, 1998, S. 383
[804] Vgl. oben Ziff. 5 lit. b
[805] *Zieschang*, Die Gefährdungsdelikte, 1998, S. 383
[806] *Zieschang*, Die Gefährdungsdelikte, 1998, S. 382, FN 133
[807] *Zieschang*, Die Gefährdungsdelikte, 1998, S. 382

wobei der Richter noch nicht einmal zu prüfen habe, ob dies der Fall ist, da der Gesetzgeber selbst diese Entscheidung bereits abschließend getroffen habe[808]. Als Konsequenz hieraus sei festzuhalten, dass es bei § 306a Abs.1 Nr.1 StGB Fälle gebe, in denen nur die Vollendung strafbar ist, ohne dass zuvor das Stadium des strafbaren Versuchs durchlaufen worden ist, und zwar immer dann, wenn das Verhalten des Täters für das geschützte Rechtsgut konkret ungefährlich ist, die Vollendungsstrafe aber mit der Verwirklichung sämtlicher Tatbestandsvoraussetzungen eingreift, da hierfür die Ungefährlichkeit im Einzelfall nach der gesetzlichen Ausgestaltung irrelevant ist[809]. Diese Rechtslage allein spreche aber schon dafür, de lege ferenda ebenfalls für das vollendete Delikt zumindest an ein konkret gefährliches Verhalten anzuknüpfen.

Über diesen Gesichtspunkt hinaus habe der Gesetzgeber – so *Zieschang*[810] – die Unangemessenheit abstrakter Gefährdungsdelikte zum Teil selbst bewiesen, soweit er mit derartigen Vorschriften Ausschlussklauseln verbindet. Dabei handele es sich nämlich um nicht anderes als das Eingeständnis, dass der Tatbestand zu weit geraten ist. Im Gegensatz dazu fordert *Zieschang*[811] deshalb, den Tatbestand bereits so zu fassen, dass davon lediglich die strafwürdigen und – bedürftigen Fälle erfasst werden. Hierzu sei der Gesetzgeber auch ohne Weiteres in der Lage, indem er bei der Beurteilung des Täterverhaltens auf die Umstände des Einzelfalles abstellt[812].

Im Ergebnis fordert *Zieschang* deshalb, die Deliktskategorie der abstrakten Gefährdungsdelikte aus dem Kriminalstrafrecht zu entfernen[813].

Fraglich ist, ob dieses von *Zieschang* aufgestellte Postulat für die vorliegende Arbeit nutzbar gemacht werden kann. Zwar ist seine grundsätzliche Kritik an der Rechtsfigur der abstrakten Gefährdungsdelikte auch im Hinblick auf die hier behandelten Fälle und die dabei auftretende Forderung nach einer Strafbarkeitseinschränkung sicherlich begrüßenswert. Andererseits macht *Zieschang* jedoch im Wesentlichen Vorschläge de lege ferenda. Die vorliegend Arbeit hat sich je-

---

[808] *Zieschang*, Die Gefährdungsdelikte, 1998, S. 382
[809] *Zieschang*, Die Gefährdungsdelikte, 1998, S. 382
[810] *Zieschang*, Die Gefährdungsdelikte, 1998, S. 383
[811] *Zieschang*, Die Gefährdungsdelikte, 1998, S. 383f.
[812] *Zieschang*, Die Gefährdungsdelikte, 1998, S. 384
[813] *Zieschang*, Die Gefährdungsdelikte, 1998, S. 384, 391; allenfalls im Ordnungswidrigkeitenrecht komme eine Beibehaltung dieser Rechtsfigur in Betracht.

doch an der geltenden Rechtslage zu orientieren. Was zu fordern bzw. wünschenswert ist muss dabei außer Betracht bleiben.

8. Die Auffassung von *Lagodny*

Unter verfassungsrechtlichen Gesichtspunkten hat schließlich *Lagodny*[814] die Rechtmäßigkeit abstrakter Gefährdungsdelikte untersucht. Ausgangspunkt seiner Überlegungen ist, dass Verbote abstrakter Gefährdung dem Einzelnen die Kompetenz abschnitten, über die konkrete Gefährlichkeit seines Verhaltens zu urteilen; vielmehr würden ihm Verhaltensweisen untersagt, die bei konkreter Betrachtungsweise keine Gefahr oder Störung im polizeirechtlichen Sinne begründeten[815]. Zusammenfassend gelangt er vereinfacht ausgedrückt deshalb zu dem Ergebnis, dass unter Berücksichtigung von Art. 3 Abs. 1 GG die vom Gesetzgeber in abstrakten Gefährdungsdelikten angestellte Gefahrenprognose dann unangemessen weil zu „pauschal" ist, wenn sie auf gesetzlicher Ebene zu wenig Ausnahmen vorsieht, bei denen auch die Annahme einer abstrakt-generellen Gefahr ausgeschlossen ist[816].

Zwar ist *Lagodny* der Auffassung, Verbote abstrakter Gefährdung seien als solche verfassungsrechtlich unproblematisch[817]. Des weiteren könnten Verbotseinschränkungen durch die Schaffung eines präventiven Verbots mit Erlaubnisvorbehalt oder sonstige gesetzliche „direkte" Beschränkungen des Verbots (wie etwa in § 184 Abs.2 StGB) erfolgen[818]. Gebe es allerdings keine derartige Klausel, so könne aus Gründen der Verhältnismäßigkeit der Verbotsumfang zu weit sein mit der Folge, dass bereits der Gesetzgeber verpflichtet ist, eine so genannte „Härteklausel" zu schaffen. Sofern er dies nicht tut, sei das zu weit geratene Verbot entweder verfassungskonform restriktiv auszulegen oder, wenn dies nicht möglich ist, für verfassungswidrig zu erklären[819].

---

814 Strafrecht vor den Schranken der Grundrechte, 1996, S. 240ff.
815 *Lagodny*, Strafrecht vor den Schranken der Grundrechte, 1996, S. 240
816 *Lagodny*, Strafrecht vor den Schranken der Grundrechte, 1996, S. 240
817 *Lagodny*, Strafrecht vor den Schranken der Grundrechte, 1996, S. 240 unter Berufung auf BVerfGE 28, 175, 188, wo das Gericht ausführt, es könne keine Rede davon sein, dass derartige Strafvorschriften, weil sie sich nicht gegen die konkrete Gefährdung eines Rechtsguts richten, schlechthin verfassungswidrig sind.
818 *Lagodny*, Strafrecht vor den Schranken der Grundrechte, 1996, S. 243
819 *Lagodny*, Strafrecht vor den Schranken der Grundrechte, 1996, S. 245

III. Die Rechtsprechung zum abstrakten Gefährdungsdelikt

Der BGH bzw. zuvor das RG haben zur oben aufgeworfenen Problematik noch nicht abschließend Stellung genommen, wohl aber im Rahmen von *obiter dicta* einige Ausführungen gemacht, und zwar insbesondere zu Fällen schwerer Brandstiftung.

1. BGHSt 26, 121

So hatte der Bundesgerichtshof[820] im Jahr 1975 folgenden Fall zu entscheiden:

Der Angeklagte war vom früheren Mitangeklagten L. angeworben worden, gegen entsprechendes Entgelt dessen Hotel, ein dreistöckiges Gebäude, in Brand zu setzen und schaffte zu diesem Zwecke mehrere hundert Liter Benzin und Toluol in Kanistern in das Gebäude. L. sorgte dafür, dass sich in dem für die Tat in Aussicht genommenen Zeitraum, nämlich während der wie üblich eingehaltenen Betriebsferien, keiner der Bewohner im Gebäude aufhielt. Er schloss das Hotel und fuhr mit seiner Familie in Urlaub. Seinen Bruder und den Schwiegervater veranlasste er unter Hinweis auf die Möglichkeit, Heizkosten zu sparen, für diese Zeit in ein auf dem Grundstück gelegenes kleines Haus umzuziehen. Ein Dauergast des Hotels verreiste wie auch schon in den Jahren zuvor für die Dauer der Betriebsferien. L. verabredete darüber hinaus mit dem Angeklagten, dieser solle sich vor der Tat durch einen Rundgang durch das Haus vergewissern, dass sich niemand sonst darin aufhielte. Der Angeklagte führte die Tat wie vereinbart aus.

Nach Auffassung des Bundesgerichtshofes war in dem von ihm zu beurteilenden Fall jedoch der Umstand bedeutungslos, dass sich zur Tatzeit offenbar keine Menschen in dem Gebäude aufgehalten hatten. Begründet wird dies damit, dass § 306 Nr.2 a.F. StGB ein abstraktes Gefährdungsdelikt ist, das als solches ein Tun unter Strafe stellt, das typischerweise das Leben von Bewohnern und anderen gefährdet und durch das deshalb Mittelpunkte menschlichen Lebens absolut geschützt werden sollen, ohne dass es auf die Prüfung im Einzelfall ankommt,

---

[820] BGHSt 26, 121; vgl. hierzu auch u.a. *Arzt/Weber,* BT, 2000, § 37 Rz. 30ff.; *Wessels/Hettinger,* BT 1, § 21 Rz. 968 sowie die Anmerkung von *Brehm,* JuS 1976, S. 22ff.

ob das geschützte Rechtsgut tatsächlich (konkret) gefährdet wurde[821]. Der BGH verweist in diesem Zusammenhang darüber hinaus auf die Motive zum Entwurf eines Strafgesetzbuches für den Norddeutschen Bund[822], welche zweifelsfrei erkennen ließen, dass bei der Brandstiftung als einem gemeingefährlichen Verbrechen die Strafbarkeit nicht davon abhängig sein sollte, ob zufällig in einem einzelnen Fall erweislich Gefahr für Dritte bestanden habe[823]. Demzufolge hätten es auch bereits das Reichsgericht[824] und der Oberste Gerichtshof für die Britische Zone[825] als rechtlich bedeutungslos angesehen, ob sich zur Tatzeit tatsächlich Menschen in dem in Brand gesetzten Gebäude befunden haben und ob sich der Täter sogar davon überzeugt hatte, dass im konkreten Fall ein Menschenleben nicht gefährdet gewesen sei[826].

Allerdings verweist auch der BGH auf die in der Literatur vertretene Auffassung, der zufolge der Tatbestand abstrakter Gefährdungsdelikte nicht angewendet werden dürfe, wenn nach Sachlage auch für den Täter sicher feststehe, dass eine Gefährdung des geschützten Rechtsgutes ausgeschlossen sei, weil ihre Anwendung in derartigen Fällen gegen das Schuldprinzip verstoßen würde[827]. Im zu beurteilenden Fall bedurfte es jedoch keiner näheren Erörterung und abschließenden Stellungnahme. Denn, so der BGH[828], es wäre jedenfalls Voraussetzung für die Nichtanwendung von § 306 Nr.2 StGB a.F., dass eine Gefährdung von Menschenleben nach der tatsächlichen Lage absolut ausgeschlossen ist. Der Täter müsse sich also durch absolut zuverlässige lückenlose Maßnahmen vergewissert haben, dass die durch § 306 Nr.2 StGB a.F. verbotene Gefährdung mit Sicherheit nicht eintreten kann[829]. Dies sei aber nur bei kleinen, insbesondere bei einräumigen Hütten oder Häuschen möglich, bei denen auf einen Blick übersehbar ist, dass sich Menschen dort nicht aufhalten können[830]. Bei größeren Objekten hingegen (in jenem Fall ein dreistöckiges Hotel) sei dies unmöglich, weil weder durch eine (vorübergehende) Räumung des Gebäudes noch

---

[821] BGHSt 26, 121, 123; Materialien zum Strafgesetzbuch für die Preußischen Staaten, Berlin 1852, Teil II, S. 642
[822] Motive zum Entwurf eines Strafgesetzbuches für den Norddeutschen Bund, Berlin 1869, § 285, S. 180
[823] vgl. BGHSt 26, 121, 123
[824] RGSt 23, 102, 103
[825] OGHSt 1, 244, 245
[826] vgl. BGHSt 26, 121, 123 f.
[827] vgl. BGHSt 26, 121, 124
[828] BGHSt 26, 121, 124 f.
[829] vgl. BGH, a.a.O., S. 125
[830] vgl. BGH, a.a.O., S. 125

durch einen Rundgang unmittelbar vor der Tat gewährleistet sei, dass Menschenleben nicht gefährdet werden[831]. Eine abschließende Stellungnahme dazu, ob in solchen Fällen tatsächlich eine einschränkende Auslegung des abstrakten Gefährdungsdelikts der schweren Brandstiftung geboten ist, enthält diese Entscheidung des BGH jedoch nicht.

2. BGH NJW 1982, S. 2329

Zum selben Ergebnis gelangt der BGH in einer weiteren Entscheidung[832], die inhaltlich und argumentativ an die zuvor dargelegte anknüpft.

Auch dort ging es um den Fall einer In-Brand-Setzung eines (zweistöckigen) Wohngebäudes, bei der sich die Täter vor Ausführung der Tat davon überzeugt hatten, dass das Gebäude leer war. Wiederum misst der BGH diesem Umstand für die Frage des Schuldspruches nach § 306 Nr.2 StGB a.F. keine Bedeutung zu, da es sich bei der zuvor genannten Vorschrift um ein abstraktes Gefährdungsdelikt handele, durch das menschliches Leben absolut geschützt werden soll und es im Einzelfall unerheblich ist, ob das geschützte Rechtsgut tatsächlich (konkret) gefährdet worden ist oder nicht[833]. Der BGH weist darauf hin, dass er hierbei der (nach seiner Auffassung) wohl noch überwiegenden Meinung im Schrifttum folge[834], erwähnt jedoch auch die oben in mehreren Ansätzen ausführlich dargelegte ‚Mindermeinung', die unter Hinweis auf das Schuldprinzip eine einschränkende Auslegung der Tatbestände der abstrakten Gefährdungsdelikte für die Fälle fordert, in denen eine konkrete Gefährdung nach den tatsächlichen Gegebenheiten mit Sicherheit ausgeschlossen werden kann[835].

Wie in der zuvor[836] erläuterten Entscheidung[837] ist jedoch auch hier keine abschließende Stellungnahme zu finden, da eine einschränkende Auslegung des § 306 Nr.2 a.F. StGB allenfalls dann in Betracht kommen könne, wenn sich der Täter durch absolut zuverlässige lückenlose Maßnahmen vergewissert hat, dass die durch das Gesetz verbotene Gefährdung mit Sicherheit nicht eintreten könne,

---

[831] vgl. BGH, a.a.O., S. 125
[832] vgl. BGH NJW 1982, S. 2329 sowie die Anmerkung von *Bohnert*, JuS 1984, S. 182ff.
[833] vgl. BGH NJW 1982, S. 2329
[834] vgl. BGH NJW 1982, S. 2329, m.w.N. zu diesem Schrifttum
[835] vgl. BGH NJW 1982, 2329, m.w.N.
[836] BGHSt 26, 121
[837] BGHSt 26, 121

was nur bei kleinen, insbesondere einräumigen Hütten oder Häuschen, die mit einem Blick zu überschauen seien, erwogen werden könne[838]. Ein solcher Fall war angesichts des in Brand gesetzten zweistöckigen Gebäudes nicht gegeben, so dass es einer Entscheidung der Rechtsfrage auch nicht bedurfte.

3. Weitere Entscheidungen

Bereits der Oberste Gerichtshof für die Britische Zone hatte in einer Entscheidung aus dem Jahr 1949[839] unter Hinweis auf den klaren Gesetzeswortlaut festgestellt, dass es für § 306 Nr.2 und 3 StGB a.F. bedeutungslos sei, wenn sich zur Tatzeit kein Mensch in der Wohnstätte oder dem Raum befunden hat und der Täter sich sogar davon überzeugt hat, also im konkreten Fall kein Menschenleben gefährdet war. Eine Aussage darüber, ob von diesem (sicherlich zutreffenden) Grundsatz unter bestimmten Voraussetzungen Ausnahmen zuzulassen sind, trifft die Entscheidung jedoch ebenfalls nicht, so dass aus ihr keine wertvollen Argumente zu ziehen sind.

Dasselbe gilt für eine frühe Entscheidung des Reichsgerichts[840], in der es (zu § 306 Nr.3 StGB a.F.) lautet: „Wenn dort [in § 306 Nr.3 StGB] von Brandstiftung zu einer Zeit, während welcher Menschen in der betreffenden Räumlichkeit sich aufzuhalten pflegen, die Rede ist, so hat offenbar die Frage, ob sich wirklich in dieser Zeit darin Menschen befunden haben, für die Gesetzesanwendung keine Berechtigung." Das Gesetz sehe „wegen der hohen Gefährlichkeit des Inbrandsetzens einer solchen Räumlichkeit zu solcher Zeit ganz ab von der Gefahr im einzelnen Falle. Das Bewusstsein des Angeklagten, daß an dem fraglichen Vormittag sich niemand in seiner Werkstätte aufhalten werde, betrifft also einen außerhalb des Thatbestandes des §. 306 Ziff. 3 St.G.B.'s liegenden Umstand und kommt ihm darum nicht zu statten". Mehr steckt auch in diesem Urteil nicht drin.

Losgelöst von den Fällen schwerer Brandstiftung, also bei der Behandlung anderer abstrakter Gefährdungsdelikte, hat der BGH ebenfalls (am Rande) Ausführungen zu der hier behandelten Problematik gemacht, so etwa im Rahmen des

---

[838] vgl. BGH NJW 1982, 2329 unter Berufung auf BGHSt 26, 121
[839] vgl. OGHSt 1, 244, 245
[840] vgl. RGSt 23, 102

Rechtsfahrgebots der StVO (und zwar zu § 8 Abs.2 S.2 a.F.)[841]. Dabei hat er festgestellt, dass das Schneiden von Linkskurven über die Fahrbahnmitte hinaus auch dann grundsätzlich verboten sei, wenn die Kurve übersichtlich und der Fahrzeugführer überzeugt ist, dass er weder den Gegenverkehr noch den nachfolgenden Verkehr noch sonst jemand gefährdet oder behindert[842].

In einer weiteren Entscheidung zu § 109f StGB (Sicherheitsgefährdender Nachrichtendienst) führt der BGH[843] aus, dass es sich auch bei dieser Vorschrift um ein abstraktes Gefährdungsdelikt handele und dass es für die Erfüllung des Tatbestandes ausreichend ist, dass der Täter Bestrebungen dient, die gegen die Sicherheit der Bundesrepublik Deutschland oder die Schlagkraft der Truppe gerichtet sind; ob der Täter die Bestrebungen tatsächlich gefördert hat, sei hingegen irrelevant[844]. Ob in Ausnahmefällen eine einschränkende Auslegung von § 109f StGB zu erfolgen hat, dazu nimmt der BGH jedoch keine Stellung.

In neuerer Zeit hat der BGH[845] seine oben[846] dargelegte Rechtsprechung bestätigt und wiederum ausgeführt, die Ansicht, der zufolge § 306 Nr.2 StGB nicht anzuwenden sei, wenn sich der Täter vergewissert hatte, dass eine Gefährdung von Menschenleben nicht eintreten konnte[847], trage nicht, weil ein Täter das abstrakte Gefährdungsdelikt grundsätzlich nicht auf diese Weise ausschließen könne[848]. Andererseits wird auch in diesem Urteil auf die Rechtsprechung des BGH[849] und das dort in Erwägung gezogene abweichende Ergebnis für den Fall einer kleinen Hütte bzw. eines kleinen Häuschens Bezug genommen und sogar darauf verwiesen, der Gesetzgeber habe dies anlässlich der Reform des Strafgesetzbuches gebilligt[850]. Entscheidungsrelevant wurde dieser Punkt jedoch erneut nicht; dementsprechend setzt sich der BGH damit auch nicht weiter auseinander.

---

[841] vgl. BGHSt 23, 313
[842] vgl. den amtl. Leitsatz von BGHSt 23, 313
[843] BGHSt 23, 308, 311
[844] BGHSt 23, 308, 311
[845] NStZ 1999, S. 32ff.; vgl. auch die Anmerkung von *Eisele,* JA 1999, S. 542ff.
[846] Ziff. 1 und 2
[847] Offenbar hatte das Landgericht diese Auffassung in der Vorinstanz vertreten!
[848] BGH NStZ 1999, S. 33 u., 34 o.
[849] BGHSt 26, 121
[850] BGH NStZ 1999, S. 34

Schließlich sind in der neueren Rechtsprechung[851] mehrere Entscheidungen zum Tatbestand des § 326 Abs.1 Nr.4 lit.a StGB als abstraktes Gefährdungsdelikt ergangen, auf die ergänzend verwiesen wird. Da § 326 Abs.6 StGB jedoch eine ausdrückliche Klausel enthält, der zufolge die Tat dann nicht strafbar ist, wenn schädliche Einwirkungen offensichtlich ausgeschlossen sind, sind diese Entscheidungen für die vorliegende Arbeit nur bedingt von Nutzen. Immerhin aber deutet allein das Vorhandensein dieser Klausel darauf hin, dass auch der Gesetzgeber die Notwendigkeit einer Strafbarkeitseinschränkung bei abstrakten Gefährdungsdelikten (zumindest in einzelnen Fällen) erkannt hat.

4. Zwischenergebnis

Die vorstehend erläuterten Beispiele aus der Rechtsprechung haben die dort herrschende Auffassung zum Vorschein gebracht, der zufolge bei abstrakten Gefährdungsdelikten die Verwirklichung der im Tatbestand genannten Merkmale zur Bejahung der Strafbarkeit grundsätzlich ausreichend ist, ohne dass es auf die Prüfung im Einzelfall ankommt, ob das geschützte Rechtsgut tatsächlich (konkret) gefährdet wurde oder nicht und ohne dass die Strafbarkeit davon abhängig gemacht wird, ob in einem einzelnen Fall erweislich keine Gefahr für Dritte bestanden hat. Gleichwohl ist der Gedanke einer restriktiven Interpretation des Tatbestandes der abstrakten Gefährdungsdelikte aufgrund des Schuldprinzips auch der Rechtsprechung nicht fremd. Denn die beiläufig gemachten Ausführungen lassen erkennen, dass die Rechtsprechung im Einzelfall nicht von vornherein abgeneigt ist, die Strafbarkeit zu verneinen, wenn nur aufgrund der besonderen Umstände eine konkrete Gefährdung *a priori* vollkommen ausgeschlossen ist. Der Reformgesetzgeber hat diese Rechtsprechung (insbesondere in BGHSt 26, 121) im Übrigen ausdrücklich gebilligt und deshalb von der Einfügung einer tatbestandseinschränkenden Klausel abgesehen[852]. Es wird deshalb die Ansicht vertreten, auf diese Weise sei die Interpretation des BGH sanktioniert worden[853].

---

[851] BGH NStZ 1997, S. 189f.; BayObLG JR 2001, S. 475 mit Anmerkung von *Sack*; OLG Braunschweig NStZ-RR 2001, S. 42f. sowie die Zusammenfassungen bei *Schall*, NStZ-RR 1998, S. 356 und NStZ-RR 2002, S. 35

[852] BT-Drucks. 13/8587, S. 47

[853] *Wessels/Hettinger*, BT 1, 28. Aufl. 2004, § 22 Rz. 968; vgl. auch BGH NStZ 1999, S. 32, 34

3. Kapitel : Einschränkende Interpretation des Tatbestandes der Insolvenzverschleppung gemäß §§ 64 Abs.1, 84 Abs.1 Nr.2 GmbHG

Wie oben[854] noch einmal ausführlich dargestellt wurde, sind geschützte Rechtsgüter im Falle des Straftatbestandes der Insolvenzverschleppung gemäß §§ 64 Abs.1, 84 Abs.1 Nr.2 GmbHG primär die Vermögensinteressen aller gegenwärtigen und zukünftigen Gläubiger, sekundär aber auch diejenigen der Gesellschaft selbst. Fraglich ist nun aber, ob der Tatbestand des Deliktes dahingehend einschränkend ausgelegt werden kann, dass die Strafbarkeit des Geschäftsführers – und mangels tatbestandsmäßiger Haupttat dann auch diejenige des „Hilfe" leistenden Rechtsanwaltes – entfällt, wenn eine konkrete Gefährdung der vorstehend genannten Rechtsgüter von vornherein ausgeschlossen werden kann.

I. Überzeugende Argumentation der Ansätze von *Rudolphi* und *Cramer*

Die vorliegenden Ausführungen schließen sich der oben[855] eingehend dargelegten, überzeugenden Argumentation von *Rudolphi* und *Cramer* an, und zwar aus folgenden Gründen:

Zutreffend ist zunächst, dass jeglicher Sachverhaltsunwert zu verneinen ist, wenn eine (konkrete) Gefährdung der geschützten Rechtsgüter *ausgeschlossen* werden kann. Weiterhin zutreffend ist, dass auch kein Handlungsunwert gegeben ist, wenn der Wille des Täters geradezu auf die Vermeidung eines jeden für den Tatbestand relevanten Sachverhaltsunwertes gerichtet war. Deshalb ist es richtig, den Tatbestand der Insolvenzverschleppung dann teleologisch zu reduzieren, wenn man es nicht in Kauf nehmen will, auch ohne jeglichen materialen Unwertgehalt jemanden mit der schärfsten staatlichen Sanktion, der Strafe, zu belegen. Nur auf diese Weise kann das abstrakte Gefährdungsdelikt der §§ 64 Abs.1, 84 Abs.1 Nr.2 GmbHG mit dem Grundsatz „nulla poena sine culpa" in Einklang gebracht werden. Vermeidet also der Geschäftsführer einer GmbH im Falle einer Insolvenzlage bewusst und unter Anwendung der erforderlichen Sorgfalt jede konkrete Gefährdung der Vermögensinteressen der Gläubiger bzw. der Gesellschaft selbst, so ist sein Verhalten aus dem Bereich der Strafbarkeit auszuklammern. Geht er auf der anderen Seite mit der Vornahme der abstrakt

---

[854] siehe 1. Kapitel

[855] siehe 2. Kapitel, II 2,3

gefährlichen Tatbestandshandlung (Unterlassen der Stellung des Antrages auf Eröffnung eines Insolvenzverfahrens trotz Zahlungsunfähigkeit oder Überschuldung) zugleich das Risiko ein, die zuvor genannten Vermögensinteressen tatsächlich (konkret) zu gefährden oder sogar zu verletzen bzw. überlässt er den Eintritt einer solchen konkreten Gefährdung oder Verletzung pflichtwidrig dem Zufall, hat seine Tat auch einen materialen Unrechtsgehalt in Form eines Handlungsunwertes. Nur dann ist aber eine Bestrafung gerechtfertigt. Mit anderen Worten, muss der Geschäftsführer, um bestraft werden zu könne, neben der abstrakt gefährlichen Tatbestandshandlung (Nichtstellen des Antrages) zugleich zumindest fahrlässig die Realisierung des vom Delikt der Insolvenzverschleppung missbilligten Sachverhaltsunwertes (Gefährdung von Gläubiger- bzw. Gesellschaftsinteressen) herbeigeführt haben. Denn wie *Rudolphi* es anders gewendet richtig ausführt, ist die Verhängung einer echten Kriminalstrafe ohne das Vorliegen eines jeden materialen Unwertgehaltes in einem rechtsstaatlichen Strafrecht nicht akzeptabel.

Auch die von *Cramer* in diesem Zusammenhang vorgetragenen Argumente vermögen durchweg zu überzeugen. Auch er vertritt zutreffend die Auffassung, dass solche formell tatbestandsmäßigen Handlungen aus dem Bereich der Strafbarkeit auszuscheiden sind, die wegen der Besonderheit des Einzelfalles nach menschlichem Erfahrungswissen mit Sicherheit nicht zu dem schädlichen Erfolg führen können, dessen Vermeidung der Gesetzgeber als *ratio legis* bei der Schaffung des Tatbestandes intendiert hat. Zweck des Tatbestandes der Insolvenzverschleppung ist wie gesagt der Schutz von Gläubiger- bzw. (sekundär) Gesellschaftsinteressen. Kann deren konkrete Gefährdung oder Verletzung durch das Unterlassen des Geschäftsführers, den Insolvenzantrag ohne schuldhaftes Zögern zu stellen, im Einzelfall sicher ausgeschlossen werden, hat eine Bestrafung somit zu unterbleiben. Wenn *Rudolphi* in diesem Zusammenhang von dem zwingenden Erfordernis eines *materialen Unwertgehaltes* spricht, so stellt *Cramer* – im Ergebnis entsprechend – auf das Vorhandensein einer *Beziehung zur Rechtsgüterverletzung* ab. Eine solche Beziehung besteht jedoch zutreffender Weise nur im Falle der naheliegenden Möglichkeit der konkreten Gefährdung oder Verletzung der geschützten Rechtsgüter, nicht hingegen, wenn eine solche Möglichkeit ausgeschlossen werden kann. In diesem Fall, wenn die Gefährdung von Gläubiger- bzw. Gesellschaftsinteressen also auszuschließen ist, kann in dem Unterlassen des Geschäftsführers, den Insolvenzantrag rechtzeitig zu stellen, nicht mehr die notwendige Angriffsintensität zur Kennzeichnung einer strafwürdigen Handlung gesehen werden. Denn es ist das Motiv des

Gesetzgebers abstrakter Gefährdungsdelikte, ein Verhalten unter Strafe zu stellen, dem *typischerweise* die Herbeiführung einer konkreten Gefahr oder Verletzung zu eigen ist; dies muss sich deshalb auch materiell in den Tatbestandsvoraussetzungen dieser Deliktsart niederschlagen.

Der Straftatbestand der §§ 64 Abs.1, 84 Abs.1 Nr.2 GmbHG ist somit – und zwar auch unter Berücksichtigung der von *Lagodny*[856] vorgetragenen verfassungsrechtlichen Bedenken – teleologisch zu reduzieren und einschränkend dahingehend zu interpretieren, dass die Strafbarkeit des Geschäftsführers immer dann entfällt, wenn eine konkrete Gefährdung von Gläubiger- und Gesellschaftsinteressen sicher ausgeschlossen werden kann. Der Richter ist deshalb jeweils gezwungen, im Einzelfall nachzuprüfen, ob das seiner Beurteilung unterliegende Verhalten überhaupt geeignet war, den konkreten Gefährdungseffekt herbeizuführen. Nur auf diese Weise kann der Widerspruch zwischen der Gefährdungsfiktion einerseits und dem Verschuldensgrundsatz andererseits aufgelöst werden. In diesen Fällen ist mangels tatbestandsmäßiger Haupttat auch die Möglichkeit einer Beihilfestrafbarkeit von Rechtsanwälten ausgeschlossen.

Gegen dieses Ergebnis spricht auch nicht die von *Cramer* vorgenommene Differenzierung zwischen solchen abstrakten Gefährdungsdelikten, die individuelle Rechtsgüter schützen und solchen, deren geschützte Rechtsgüter überindividueller Natur sind. Denn der Tatbestand der Insolvenzverschleppung bezweckt den Schutz der Vermögensinteressen von Gläubigern bzw. Gesellschaftern, also von individuellen Rechtsgütern. Folglich ist es mit der Auffassung *Cramers* gerade nicht so, dass völlig ungefährliche Handlungen die Strafbarkeit des Täters unberührt lassen.

II. RGSt 72, 285

Das soeben gewonnene Ergebnis wurde von der Rechtsprechung in Bezug auf den Straftatbestand der Insolvenzverschleppung – soweit ersichtlich – bis heute nicht bestätigt und auch nicht ausdrücklich abgelehnt. Dass der Gedanke ihr aber nicht gänzlich fremd und ein solches Ergebnis nicht von vornherein ausgeschlossen ist, zeigt eine Entscheidung des Reichsgerichts aus dem Jahr 1909[857].

---

[856] Vgl. oben Ziff. 8
[857] RGSt 72, 285

Dort ging es um die verspätete Stellung des Antrages auf Eröffnung eines Konkursverfahrens durch die Liquidatoren einer sich in Liquidation befindenden GmbH. Im Rahmen eines *obiter dictum* führt das Gericht wörtlich aus[858]:

> *„Ob die Liquidatoren unter Umständen als entschuldigt gelten können, wenn sämtliche Gesellschafter und sämtliche Gläubiger einer Verschiebung der Konkursanmeldung zustimmen, ist hier nicht zu erörtern; denn dieser Fall ist nicht gegeben."*

Freilich geht es hier nicht vordergründig um eine restriktive Interpretation des *Tatbestandes* der (damals noch) Konkursverschleppung. Im Ergebnis wird aber zumindest in Erwägung gezogen, dass im Falle der Zustimmung aller Gläubiger und Gesellschafter die Pflicht zur Stellung des Konkursantrages (vorübergehend) entfällt. Der Grund hierfür kann aber nur darin liegen, dass dann, also im Falle der Zustimmung, logisch zwingend auch eine Gefährdung von Gläubiger- und Gesellschafterinteressen entfällt bzw. beide Personenkreise zumindest nicht mehr des Schutzes durch den Tatbestand der Konkursverschleppung bedürfen. Die oben vertretene Argumentation einschließlich des gewonnenen Ergebnisses wird dadurch zwar nicht vollumfänglich bestätigt, wohl aber wird sie wenigstens im Ansatz gestärkt.

III. Bedeutung für die hier behandelten Fälle

Das oben gewonnene Ergebnis, demzufolge die Strafbarkeit des Geschäftsführers und die Beihilfestrafbarkeit des ihn beratenden und vertretenden Rechtsanwaltes immer dann entfallen, wenn eine konkrete Gefährdung von Gläubiger- und Gesellschaftsinteressen sicher ausgeschlossen werden kann und dies auch von vornherein intendiert war, bedeutet, dass nunmehr zu überlegen ist, *wann* diese Voraussetzungen tatsächlich vorliegen. Dabei handelt es sich sicherlich um eine Frage, bei der jeweils die gesamten Umstände des Einzelfalles in die Prüfung mit einzubeziehen sind und der tatrichterlichen Würdigung unterliegen; eine abschließende Erörterung kann deshalb hier nicht erfolgen. Gleichwohl soll versucht werden, zumindest einige Kriterien hierfür aufzustellen.

---

[858] RGSt 72, 285, 289

1. Bekanntsein sämtlicher gegenwärtiger Gläubiger

Um eine konkrete Gefährdung oder Verletzung von Interessen der gegenwärtigen Gesellschaftsgläubiger auszuschließen, ist sicherlich zunächst Voraussetzung, dass sämtliche dieser Gläubiger dem einer möglichen Strafbarkeit ausgesetzten Personenkreis überhaupt bekannt sind. Ist dies nicht der Fall, sind also weitere, unbekannte Gläubiger vorhanden, so ist deren konkrete Gefährdung im Falle der Durchführung eines privaten Insolvenzverfahrens, an dem sie nicht beteiligt werden (können), jedenfalls nicht ausgeschlossen und aller Voraussicht nach sogar wahrscheinlich, denn die noch vorhandene Haftungsmasse soll ja quotal aufgeteilt werden mit der damit verbundenen Gefahr, dass diese unbekannten Gläubiger letztlich leer ausgehen oder nur noch mit einer geringeren Quote bedacht werden können.

2. Sicherung der vorhandenen Haftungsmasse

Zweite Voraussetzung ist darüber hinaus, dass die im Zeitpunkt des Beginns des privaten Insolvenzverfahrens noch vorhandene Haftungsmasse der GmbH, die unter den vorhandenen und bekannten Gläubigern der Gesellschaft gleichmäßig aufgeteilt werden soll, ausreichend gesichert wird, damit sie den Gläubigern letztendlich auch tatsächlich zur Verfügung steht, und zwar auch dann, wenn es nicht zu einem (Teil-) Forderungsverzicht mit den Gläubigern kommen sollte und die Masse deshalb im Rahmen eines gerichtlichen Insolvenzverfahrens verteilt wird. Anderenfalls kann eine Gläubigergefährdung wiederum nicht ausgeschlossen werden. Eine solche Vermögenssicherung sieht im übrigen auch die Insolvenzordnung für den Fall des gerichtlichen Insolvenzverfahrens in § 21 InsO vor.

Eine umfassende Sicherung der Haftungsmasse, die die Gefährdung von Vermögensinteressen der gegenwärtigen Gläubiger ausschließt, dürfte in der Praxis regelmäßig nur dann zu erreichen sein, wenn die Gesellschaft ihre Tätigkeit weitestgehend eingestellt hat und somit die vorhandenen Vermögenswerte gewissermaßen konserviert werden können. Dies dürfte wiederum nur bei ausgesprochen kleinen Gesellschaften ohne Arbeitnehmer überhaupt möglich sein[859].

---

[859] Dem Verfasser ist allerdings aus der Praxis ein Beispiel bekannt, bei dem diese Voraussetzungen tatsächlich vorlagen. Dabei handelte es sich um eine 100%ige Tochtergesellschaft einer Gesellschaft mit beschränkter Haftung italienischen Rechts, die nur für kurze Zeit in

3. Schutz von zukünftigen Gläubigern

Schutzgut der §§ 64 Abs.1, 84 Abs.1 Nr.2 GmbHG ist allerdings auch der Schutz eventueller zukünftiger Gläubiger der Gesellschaft. Um eine Straflosigkeit des Geschäftsführers und des ihn beratenden Rechtsanwaltes annehmen zu können, muss deshalb auch eine konkrete Gefährdung von Interessen dieses Personenkreises ausgeschlossen sein. Bei einer zahlungsunfähigen und/oder überschuldeten GmbH, die ihre Geschäfte fortführt, dürfte dies allerdings nur schwerlich zu erreichen sein. Denn jedem neu hinzutretenden Gläubiger steht allein die ohnehin schon begrenzte Haftungsmasse zur Verfügung, was die (konkrete) Gefahr mit sich bringt, dass er jedenfalls mit einem Teil seiner Forderung ausfällt. Hinzu kommt, dass jede neu hinzukommende Forderung die noch vorhandene Haftungsmasse weiter belastet und somit die Vermögensinteressen auch der schon vorhandenen Gläubiger zusätzlich gefährdet. Im Ergebnis dürfte daher eine Strafbarkeit nur dann zu verneinen sein, wenn die Gesellschaft ihre Tätigkeit eingestellt hat und zu den bekannten gegenwärtigen Gläubigern keine weiteren mehr hinzutreten.

4. Einverständliches Handeln aller Gesellschafter

Um eine konkrete Gefährdung der Interessen von Gesellschaft bzw. Gesellschaftern als sekundäres Schutzgut ausschließen zu können, ist letztlich erforderlich, dass sämtliche Gesellschafter gewissermaßen „am selben Strang ziehen“ und mit der geplanten Vorgehensweise einschränkungslos einverstanden sind. Dies dürfte in der Praxis am ehesten überhaupt der Fall sein, wenn es sich um eine Ein-Mann-Gesellschaft handelt.

IV. Ergebnis

Das Thema der vorliegenden Arbeit bezieht sich auf die Strafbarkeit von Rechtsanwälten im Zusammenhang mit der Beratung und Vertretung ihrer Mandanten bei der Durchführung „privater Insolvenzverfahren“. Die vorstehenden

---

Deutschland tätig war. Als es zur Durchführung des privaten Insolvenzverfahrens kam, verfügte sie über keine Arbeitnehmer mehr; darüber hinaus hatten lediglich noch ca. 10-15 Gläubiger Forderungen gegen die Gesellschaft, die ausnahmslos bekannt waren. Der Abschluss weiterer Geschäfte durch die GmbH erfolgte nicht mehr.

Ausführungen haben gezeigt und eingehend begründet, dass eine sinnvolle Begrenzung der Strafbarkeit wegen Insolvenzverschleppung nach den §§ 64, 84 GmbHG zunächst losgelöst von der Problematik der (möglichen) Beihilfe durch einen Rechtsanwalt durch eine restriktive Auslegung des Tatbestandes dergestalt zu erfolgen hat, dass alle Handlungen aus dem Bereich der Strafbarkeit auszuscheiden sind, bei denen eine konkrete Gefährdung der durch die Norm geschützten Rechtsgüter sicher ausgeschlossen werden kann.

Dies wird allerdings der Sonderstellung des Rechtsanwaltes und insbesondere dem rein beruflichen Zusammenhang, in dem die von ihm vollzogene und möglicherweise strafbare Beihilfehandlung erfolgt, noch nicht gerecht, denn die tatbestandsmäßige Reduktion bezieht sich auf alle möglichen Täter- und Teilnehmergruppen, lässt also die Besonderheiten eines berufsmäßig handelnden Rechtsanwaltes außer Betracht.

4. Kapitel : Grenzen strafbarer Beihilfe des Rechtsanwaltes zur Insolvenzverschleppung

Der zuvor erwähnte Faktor, nämlich die Tatsache des professionellen Handelns auf der Beihilfeebene, soll nunmehr auf der zweiten Stufe des hier vertretenen Modells Berücksichtigung finden.

Der zweite Teil der vorliegenden Ausführungen hat im Rahmen der Behandlung der einzelnen theoretischen Ansätze zur Beschränkung der Beihilfestrafbarkeit bei neutralen, alltäglichen, sozialadäquaten oder professionell adäquaten Handlungen gezeigt, dass das von *Roxin* in diesem Zusammenhang vertretene Konzept nicht nur dogmatisch stringent ist und die bei den anderen Theorien auftauchenden Schwierigkeiten bzw. Defizite vermeidet und ausmerzt, sondern dass seine Anwendung auf die hier behandelten Fälle auch durchweg zu treffsicheren und sinnvollen Ergebnissen führt[860]. Die vorliegende Arbeit schließt sich deshalb im Rahmen des von ihr entwickelten zweistufigen Konzepts dieser Auffassung auf der zweiten Ebene an.

---

[860] Siehe dazu und im Folgenden oben Teil 2, 6. Kapitel

I. Differenzierung zwischen *dolus directus* und *dolus eventualis*

1. Theoretischer Ansatz

Zunächst ist also bezogen auf die (potentielle) Gehilfenhandlung danach zu unterscheiden, ob der Gehilfe im Hinblick auf die Haupttat mit *dolus directus* oder mit *dolus eventualis* handelt. Unter *dolus directus* wird dabei hier ausschließlich *dolus directus* zweiten Grades, also sicheres Wissen um die Tatbestandsverwirklichung des Haupttäters verstanden, zumal ein absichtliches Handeln durch einen Rechtsanwalt nicht nur praktisch nicht vorkommen dürfte, sondern auch keinen Sinn machen würde, weil ihm durch die Deliktsbegehung des Haupttäters keinerlei Vorteile erwachsen. Direkter Vorsatz liegt danach vor, wenn der die Tat Fördernde bei der Erbringung seiner Handlung von den deliktischen Absichten des Haupttäters definitiv weiß. Eventualvorsatz ist hingegen gegeben, wenn er lediglich mit einer Benutzung seines Tatbeitrages für deliktische Zwecke im Sinne einer Möglichkeit rechnet.

2. Übertragung auf das Verhältnis Rechtsanwalt/Geschäftsführer

Bezogen auf das Verhältnis zwischen Rechtsanwalt und dem von ihm beratenen bzw. vertretenen Geschäftsführer einer zahlungsunfähigen und/oder überschuldeten GmbH bedeutet dies, dass im ersten Schritt zu prüfen ist, ob der Rechtsanwalt im Rahmen der Durchführung des privaten Insolvenzverfahrens und dort insbesondere bei dem entscheidenden Schritt der Versendung des Rundschreibens, in dem er die Gläubiger der Gesellschaft um ihr Einverständnis mit einem (Teil-) Forderungsverzicht bittet, von der deliktischen Absicht des Haupttäters sichere Kenntnis hat. Dies ist dann der Fall, wenn er definitiv weiß, dass eine Verwirklichung des Tatbestandes der Insolvenzverschleppung gemäß §§ 64 Abs.1, 84 Abs.1 Nr.2 GmbHG erfolgt.

Sicheres Wissen um die Tatbestandsverwirklichung kann der Rechtsanwalt jedoch nur dann haben, wenn er zunächst Kenntnis von der Insolvenzlage der Gesellschaft – Zahlungsunfähigkeit oder Überschuldung – erlangt hat. Dies ist dann der Fall, wenn ihm der Geschäftsführer in einer Besprechung entsprechende zuverlässige Informationen hat zukommen lassen oder der Rechtsanwalt aufgrund der ihm überreichten bzw. von ihm eingesehenen Unterlagen sich selbst ein Bild von der finanziellen Lage gemacht hat. Denkbar wäre auch, dass der

Steuerberater oder Wirtschaftsprüfer der Gesellschaft – etwa auf Geheiß des Geschäftsführers – ihm Informationen über die Situation der Gesellschaft zur Verfügung gestellt hat. In all diesen Fällen hat der Anwalt zunächst sichere Kenntnis von der Überschuldung oder Zahlungsunfähigkeit.

Hinzukommen muss aber des weiteren auch sichere Kenntnis des Rechtsanwaltes vom Vorsatz des Geschäftsführers als Haupttäter, den Antrag auf Eröffnung des Insolvenzverfahrens trotz Ablauf der Dreiwochenfrist des § 64 Abs.1 GmbHG bzw. – bei Aussichtslosigkeit von Sanierungsversuchen – zumindest schuldhaft zögernd nicht zu stellen. Eine solche Situation besteht zum einen dann, wenn die Dreiwochenfrist bereits abgelaufen ist[861] und beide, also Geschäftsführer und Rechtsanwalt dies wissen. Dazu ist freilich erforderlich, dass das Datum des Fristbeginns in etwa eingeordnet werden kann. Hinzukommen muss darüber hinaus, dass der Rechtsanwalt Kenntnis von der Absicht des Geschäftsführers hat, den Antrag gleichwohl nicht zu stellen. Zum anderen kann von sicherer Kenntnis des Rechtsanwaltes im Hinblick auf den Vorsatz des Haupttäters aber auch in solchen Fällen ausgegangen werden, in denen zwar die Dreiwochenfrist noch nicht abgelaufen ist, aber Sanierungsversuche mit dem Ziel, Zahlungsunfähigkeit oder Überschuldung rechtzeitig zu beseitigen, mit Sicherheit nicht innerhalb der Frist erfolgreich zum Ende gebracht werden können und wiederum beide Personen hierum wissen bzw. der Rechtsanwalt zusätzlich Kenntnis von der Absicht seines Mandanten hat, den Antrag trotzdem nicht zu stellen. Ein solcher Fall der Unmöglichkeit rechtzeitiger Beseitigung von Zahlungsunfähigkeit oder Überschuldung ist beispielsweise dann gegeben, wenn der den Gläubigern der Gesellschaft in dem Rundschreiben gesetzte Termin zur Erklärung ihres Einverständnisses mit einem Teilforderungsverzicht in einen Zeitraum *nach* Ablauf der Dreiwochenfrist fällt oder aber mit Sicherheit zu erwarten ist, dass nicht alle Gläubiger sich rechtzeitig noch innerhalb der Frist zustimmend äußern werden.

In allen anderen Fällen, in denen nicht ausgeschlossen ist, dass das Sanierungskonzept tatsächlich innerhalb der Dreiwochenfrist zur Beseitigung von Zahlungsunfähigkeit oder Überschuldung führt, handelt der Rechtsanwalt im Hinblick auf die Tatbestandsverwirklichung durch den Geschäftsführer lediglich mit Eventualvorsatz. Dies gilt auch dann, wenn der Rechtsanwalt etwa keine sichere

---

[861] Zwar ist der Tatbestand der §§ 64 Abs.1, 84 Abs.1 Nr.2 GmbHG dann bereits vollendet, Beihilfe im Sinne einer Perpetuierung bleibt jedoch im Zeitraum bis zur materiellen Beendigung noch möglich, vgl. oben Teil 1, 2. Kapitel, II 2b

Kenntnis von der Absicht des Geschäftsführers hat, gegen § 64 Abs.1 GmbHG zu verstoßen.

Noch nicht einmal Eventualvorsatz liegt schließlich vor, wenn der Geschäftsführer dem Rechtsanwalt von vornherein und zuverlässig zu verstehen gegeben hat, in dem Zeitpunkt, in dem sich abzeichnen sollte, dass die Sanierungsbemühungen sicher scheitern werden bzw. spätestens mit Ablauf der Dreiwochenfrist den Antrag auf Eröffnung des Insolvenzverfahrens in jedem Fall stellen zu wollen. Denn dann ist davon auszugehen, dass der Rechtsanwalt mit einer Benutzung seines Tatbeitrages für deliktische Zwecke noch nicht einmal im Sinne einer Möglichkeit rechnet. Anders kann dies lediglich dann zu beurteilen sein, wenn bei ihm Zweifel an der Ernsthaftigkeit der Erklärung des Geschäftsführers bleiben, er also damit rechnet, dass dieser – trotz seiner Zusicherung – im Ernstfall den Insolvenzantrag möglicherweise doch nicht stellen wird.

II. Deliktischer Sinnbezug

1. Theoretischer Ansatz

Hat die Prüfung ergeben, dass der potentielle Gehilfe mit *dolus directus* im Hinblick auf die Tatbestandsverwirklichung durch den Haupttäter handelt, ist im nächsten Schritt zu untersuchen, ob seine Tätigkeit einen deliktischen Sinnbezug[862] aufweist. Ist dies nicht der Fall, scheidet eine Beihilfestrafbarkeit aus. Ein deliktischer Sinnbezug ist gegeben, wenn der vom Gehilfen erbrachte Tatbeitrag ohne die strafbaren Handlungen des Haupttäters für diesen keinen Sinn mehr hat; er ist hingegen zu verneinen, wenn jener Tatbeitrag für den Haupttäter unabhängig von der Begehung der Haupttat sinnvoll bleibt. Es ist also danach zu fragen, ob die Gehilfenhandlung für den Haupttäter allein unter der Voraussetzung der tatsächlichen Deliktsbegehung von Wert ist. Dabei muss allerdings hinzukommen, dass der potentielle Gehilfe von dieser Bedeutung seiner Handlung weiß.

[862] Dazu auch oben Teil 2, 6. Kapitel, Ziff. I

2. Übertragung auf das Verhältnis Rechtsanwalt/Geschäftsführer

Wendet man den Grundsatz des deliktischen Sinnbezuges auf dass Verhältnis zwischen Rechtsanwalt und dem von ihm beratenen und vertretenen Geschäftsführer einer GmbH an, so ist mithin zu prüfen, ob das Tätigwerden des Rechtsanwaltes im Rahmen des privaten Insolvenzverfahrens für den Geschäftsführer unabhängig von der Begehung des Deliktes der Insolvenzverschleppung überhaupt von Wert ist oder Sinn macht. Dies wäre lediglich dann der Fall, wenn der Geschäftsführer den Beitrag des Rechtsanwaltes auch dann noch gebrauchen könnte, wenn der von der Tatbegehung absähe. Wie an anderer Stelle[863] bereits ausgeführt wurde, ist jedoch genau dies zu verneinen. Denn die Nichtbegehung der Straftat durch den Geschäftsführer bedeutet *in concreto*, dass er den Antrag auf Eröffnung des Insolvenzverfahrens rechtzeitig, also ohne schuldhaftes Zögern, spätestens aber mit Ablauf der Dreiwochenfrist des § 64 Abs.1 GmbHG stellt. In genau diesem Falle werden jedoch alle außergerichtlichen Sanierungsversuche, die das private Insolvenzverfahren ja zum Gegenstand hat, obsolet; denn dadurch, dass es nach Stellung des Insolvenzantrages entweder zur Eröffnung des (gerichtlichen) Insolvenzverfahrens oder zur Abweisung des Antrages mangels Masse kommt, verliert das private Insolvenzverfahren seinen Sinn. Darüber hinaus ist davon auszugehen, dass der Rechtsanwalt von diesem Sinnverlust für den Geschäftsführer auch definitiv weiß.

Im Ergebnis ist daher davon auszugehen, dass immer dann, wenn der Rechtsanwalt mit direktem Vorsatz in bezug auf die Deliktsbegehung durch den Geschäftsführer handelt, zugleich auch der deliktische Sinnbezug gegeben ist. Sofern nicht die Strafbarkeit bereits auf der ersten Stufe des hier vertretenen Konzepts verneint werden konnte, ist sie also in diesen Fällen – vorbehaltlich der Prüfung von Rechtswidrigkeit und Schuld – zu bejahen.

III. Erkennbare Tatgeneigtheit

1. Theoretischer Ansatz

Ergibt hingegen die zunächst erfolgte Prüfung, dass der potentielle Gehilfe lediglich mit Eventualvorsatz bezüglich der Tatbestandsverwirklichung durch den Haupttäter handelt, er also kein sicheres Wissen von seinem Deliktsplan hat,

---

[863] Teil 2, 6. Kapitel, Ziff. IV

sondern die deliktische Verwendung seines Beitrages lediglich für möglich hält, so kommt es darauf an, ob mit diesem Tatbeitrag die Förderung eines erkennbar tatgeneigten Täters einhergeht[864]. Dabei ist im Grundsatz davon auszugehen, dass jedermann im Regelfall darauf vertrauen darf, dass andere keine strafbaren Handlungen begehen (Vertrauensgrundsatz). Wenn trotzdem durch bestimmte Verhaltensweisen Außenstehender im Einzelfall eine strafbare Handlung ermöglicht oder erleichtert wird, so liegt die Förderungshandlung des Außenstehenden im Rahmen des durch den zuvor genannten Vertrauensgrundsatz geschaffenen erlaubten Risikos. Erst wenn die Tatgeneigtheit des Haupttäters erkennbar wird, gilt etwas anderes; denn dann ist die Handlung vom Vertrauensgrundsatz nicht mehr gedeckt und das erlaubte Risiko folglich überschritten. Im Hinblick auf die Erkennbarkeit der Tatgeneigtheit ist zu beachten, dass es hierzu konkreter Anhaltspunkte bedarf, die die Wahrscheinlichkeit eines deliktischen Verwendungszweckes nahe legen.

2. Übertragung auf das Verhältnis Rechtsanwalt/ Geschäftsführer

Wann aber ist der Geschäftsführer der GmbH für seinen Rechtsanwalt erkennbar tatgeneigt? An dieser Stelle ist zu untersuchen und zu berücksichtigen, wie sich der Geschäftsführer in den Besprechungen mit seinem Rechtsanwalt im einzelnen offenbart hat und welche Einstellung bzw. Absichten er hat erkennen lassen. Die Frage, ob eine erkennbare Tatgeneigtheit danach zu bejahen ist, dürfte letztlich der tatrichterlichen Würdigung unterliegen. Jedenfalls aber ist hiervon auszugehen, wenn der Geschäftsführer die klare Aussage getroffen hat, die Stellung des Insolvenzantrags – aus welchen Gründen (Stolz, Selbstüberschätzung) auch immer – selbst dann zu unterlassen, wenn absehbar wird, dass eine Sanierung rechtzeitig nicht mehr zu schaffen ist. Hat er hingegen zu erkennen gegeben, in einem solchen Fall das Insolvenzverfahren beantragen zu wollen, so ist seine Tatgeneigtheit auch dann, wenn er dabei die Unwahrheit gesagt hat, aus der Sicht des Rechtanwaltes, auf die es hier ja ankommt, jedenfalls nicht *erkennbar* und eine Beihilfestrafbarkeit somit zu verneinen. Entsprechendes gilt auch dann, wenn sich der Geschäftsführer über seine Absichten vollständig ausschweigt. Denn aufgrund des hier eingreifenden Vertrauensgrundsatzes durfte der Rechtsanwalt mangels entgegenstehender Indizien davon ausgehen, dass sich sein Mandant rechtskonform verhalten wird. In den beiden letzten Fallgruppen ist

[864] vgl. dazu auch oben Teil 2, 6. Kapitel, Ziff. II

deshalb eine Beihilfestrafbarkeit zu verneinen, sofern nicht schon die auf der ersten Stufe des hier vertretenen Konzepts die teleologische Reduktion des Tatbestandes der §§ 64 Abs.1, 84 Abs.1 Nr.2 GmbHG die Straflosigkeit zur Folge hat.

ZUSAMMENFASSUNG

Die vorliegende Arbeit hat zunächst verdeutlicht, dass der Rechtsanwalt im Rahmen seiner Tätigkeit einem großen Strafbarkeitsrisiko ausgesetzt ist, was insbesondere für den Fall der Beratung und Vertretung seiner Mandanten in den hier so bezeichneten „privaten Insolvenzverfahren“ gilt. Es wurde des weiteren aufgezeigt, dass dieser Bereich eines strafbarkeitseinschränkenden Korrektivs bedarf, nicht zuletzt unter Strafwürdigkeitsgesichtspunkten. Als ein solches Korrektiv kommen die das Berufsbild des Rechtsanwaltes regelnden Normen im Ergebnis jedoch nicht in Betracht. Gleiches gilt für das grundgesetzlich verankerte Rechtsstaatsgebot, welches lediglich im Falle der reinen Rechtsauskunft, um die es hier schwerpunktmäßig jedoch nicht geht, weiter zu helfen vermag. Zutreffend und befriedigend lassen sich derartige Fälle allein durch eine *zweistufige* Reduktion behandeln. Zum einen ist der Tatbestand der Insolvenzverschleppung als abstraktes Gefährdungsdelikt teleologisch zu reduzieren und solche Fälle aus dem Bereich der Strafbarkeit auszuklammern, in denen eine (konkrete) Gefährdung der geschützten Rechtsgüter von vornherein mit Sicherheit ausgeschlossen werden konnte und es zu einer Vermögensgefährdung tatsächlich auch nicht gekommen ist. Darüber hinaus ist in einem zweiten Schritt, in dem es ausschließlich um die Strafbarkeit wegen *Beihilfe* durch berufsspezifische Handlungen geht, danach zu differenzieren, ob der Rechtsanwalt im Hinblick auf die Tatbestandsverwirklichung durch den Haupttäter mit direktem oder lediglich mit Eventualvorsatz gehandelt hat. Im ersten Fall kommt es für eine Beihilfestrafbarkeit dann darauf an, ob ein deliktischer Sinnbezug vorliegt, der Gehilfenbeitrag für den Haupttäter also auch ohne Durchführung der Tat noch sinnvoll bleibt. In den hier behandelten Fällen dürfte dies in aller Regel zu verneinen sein, ein deliktischer Sinnbezug also vorliegen mit der Folge, dass eine Beihilfestrafbarkeit des Rechtsanwaltes – sofern nicht seine Strafbarkeit bereits auf der ersten Stufe des hier vertretenen Konzepts verneint werden konnte – vorbehaltlich einer Prüfung von Rechtswidrigkeit und Schuld gegeben ist. Handelt der Rechtsanwalt hingegen lediglich mit Eventualvorsatz in Bezug auf die Durchführung der Tat durch den Haupttäter, also den Geschäftsführer einer Gesellschaft mit beschränkter Haftung oder Vorstand einer Aktiengesellschaft, so ist entscheidend, ob aus Sicht des Rechtsanwaltes eine erkennbare Tatgeneigtheit auf Seiten des von ihm vertretenen Haupttäters vorlag oder nicht. Ob eine solche erkennbare Tatgeneigtheit zu bejahen ist, hängt von den tatsächlichen

Umständen des Einzelfalles ab. Ist sie aber zu verneinen, stellt auch die Tätigkeit des Rechtsanwaltes keine strafbare Beihilfehandlung dar.

LITERATURVERZEICHNIS

Amelung, Knut, Die „Neutralisierung“ geschäftsmäßiger Beiträge zu fremden Straftaten im Rahmen des Beihilfetatbestands, in: Festschrift für Gerald Grünwald zum 70. Geburtstag, Baden-Baden 1999

Altmeppen, Holger, Insolvenzverschleppungshaftung 2001, ZIP 2001, S. 2201

Arzt, Gunter/*Weber*, Ulrich, Strafrecht, Besonderer Teil, Ein Lehrbuch in 5 Heften, LH 2, Bielefeld 1983

Arzt, Gunter/*Weber*, Ulrich, Strafrecht, Besonderer Teil, Lehrbuch, Bielefeld 2000

Augstein, Josef, Der Anwalt: Organ der Rechtspflege?, NStZ 1981, S. 52

Bar, Carl Ludwig von, Gesetz und Schuld im Strafrecht, Fragen des geltenden deutschen Strafrechts und seiner Reform, 3 Bände, Berlin/Guttentag 1906-1909

Barton, Stephan, Sozial übliche Geschäftstätigkeit und Geldwäsche (§ 261 StGB), StV 1993, S. 156

Baumann, Jürgen, Konkurs und Vergleich, 2. Aufl., Bielefeld 1981

Baumann, Jürgen, Haltet den Dieb!, DAR 1962, S. 93

Baumann, Jürgen/*Weber*, Ulrich, Strafrecht Allgemeiner Teil, 9. Aufl., Bielefeld 1985

Baumann, Jürgen/*Weber*, Ulrich/*Mitsch*, Wolfgang, Strafrecht Allgemeiner Teil, 10. Aufl., Bielefeld 1995

Baumbach, Adolf/*Hopt*, Klaus, Handelsgesetzbuch, 31. Aufl., München 2003

Baumbach, Adolf/*Hueck*, Alfred, GmbH-Gesetz, 17. Aufl., München 2000

Baumgarte, Christian, Die Strafbarkeit von Rechtsanwälten und anderen Beratern wegen unterlassener Konkursanmeldung, wistra 1992, S. 41

Beulke, Werner, Der Verteidiger im Strafverfahren, Frankfurt/Main 1980

Beulke, Werner, Die Strafbarkeit des Verteidigers, Heidelberg 1989

Beulke, Werner, Strafprozessrecht, 7. Aufl., Heidelberg 2004

Beulke, Werner, Anmerkung zu BGHSt 38, 345, in: JR 1994, S. 116

Beulke, Werner, Gedanken zur Diskussion über die Strafbarkeit des Verteidigers wegen Geldwäsche, in: Festschrift für Hans-Joachim Rudolphi zum 70. Geburtstag, Neuwied 2004, S. 391 ff.

Beulke, Werner, Zwickmühle des Verteidigers, in: Festschrift für Claus Roxin, Berlin/New York 2001, S. 1173 ff.

Behr, Volker, Anmerkung zu BGHSt 46, 107, in: BB 2000, S. 2240

Binding, Karl, Die Normen und ihre Übertretung, Eine Untersuchung über die rechtmäßige Handlung und die Arten des Delikts, Erster Band (Normen und Strafgesetze), 2. Aufl., Leipzig 1890

Bittmann, Folker, Zahlungsunfähigkeit und Überschuldung nach der Insolvenzordnung, wistra 1998, S. 321

Bohnert, Joachim, Die Abstraktheit der abstrakten Gefährdungsdelikte – BGH, NJW 1982, S. 2329, in: JuS 1984, S. 182 ff.

Borgmann, Brigitte/*Haug*, Karl H., Anwaltspflichten Anwaltshaftung, Frankfurt/Main 1979

Brehm, Wolfgang, Die ungefährliche Brandstiftung – BGH, NJW 1975, 1369, JuS 1976, S. 22 ff.

Bülow, Kommentar zur Bundesrechtsanwaltsordnung, 1959

Canaris, Claus-Wilhelm, Die Haftung für fahrlässige Verletzungen der Konkursantragspflicht nach § 64 GmbHG, JZ 1993, S. 649

Cramer, Peter, Der Vollrauschtatbestand als abstraktes Gefährdungsdelikt, Tübingen 1962

Ebert, Udo/*Kühl*, Kristian, Das Unrecht der vorsätzlichen Straftat, Jura 1981, S. 225

Eisele, Jörg, Anmerkung zu BGH NStZ 1999, S. 32 ff., in: JA 1999, S. 542 ff.

Erbs, Georg/*Kohlhaas*, Max, Strafrechtliche Nebengesetze, Band II, München Stand 2004

Fahl, Christian, Geldwäsche durch Verteidiger, Anmerkung zu BVerfG NJW 2004, S. 1305 ff., in: JA 2004, S. 704 ff.

Feuerich, Wilhelm E./*Weyland*, Dag, Bundesrechtsanwaltsordnung, Kommentar, 6. Aufl. 2003 München

Finger, August, Begriff der Gefahr und Gemeingefahr im Strafrecht, in: Festgabe für Reinhard von Frank zum 70. Geburtstag, Band I, Tübingen 1930

Fischer, Thomas, Das Verhältnis der Bekenntnisbeschimpfung (§ 166 StGB) zur Volksverhetzung (§ 130 StGB), GA 1989, S. 445 ff.

Frank, Reinhard, Das Strafgesetzbuch für das Deutsche Reich, 3. und 4. Auflage (1903) sowie 18. Auflage (1931), Tübingen

Friese, Franz-Josef, Die Freiheit der Advokatur in Deutschland, Frankfurt/Main 1989

Fuhrmann, Markus, Die Rechtsstellung des angestellten Rechtsanwaltes, 1. Aufl., Berlin 1989

Gallas, Wilhelm, Abstrakte und konkrete Gefährdung, in: Festschrift für Ernst Heinitz zum 70. Geburtstag, Berlin 1972, S. 171 ff.

Gallas, Wilhelm, Zum gegenwärtigen Stand der Lehre vom Verbrechen, ZStW 67 (1955), S. 1

Galli, Franz, Anmerkung zu RGSt 37, 321, in: GS 67(1906), S. 371

Gneist, Freie Advocatur. Die erste Forderung aller Justizreform in Preußen, Berlin 1867

Graul, Eva, Abstrakte Gefährdungsdelikte und Präsumtionen im Strafrecht, Berlin 1991

Hachenburg, Gesamtbetrachtung der Gesellschaften mit beschränkter Haftung (GmbH), Großkommentar, 8. Aufl., Berlin/New York 1997

Haft, Fritjof, Strafrecht Allgemeiner Teil, 7. Aufl., München 1996

Hartstang, Gerhard, Anwaltsrecht, Köln 1991

Hartung, Wolfgang/*Holl*, Thomas, Anwaltliche Berufsordnung, 2. Aufl., München 2001

Hassemer, Winfried, Professionelle Adäquanz, wistra 1995, S. 41 ff., 81 ff. (2 Teile)

Hefendehl, Roland, Kann und soll der Allgemeine Teil bzw. das Verfassungsrecht mißglückte Regelungen des Besonderen Teils retten? – Die „Geldwäsche" durch den Strafverteidiger, in: Festschrift für Claus Roxin zum 70. Geburtstag, Berlin/new York 2001, S. 145 ff.

Henkel, Heinrich, Die „*praesumtio doli*" im Strafrecht, in: Festschrift für Eberhard Schmidt zum 70. Geburtstag, S. 592, Göttingen 1961

Henssler, Martin/*Prütting*, Hanns, Bundesrechtsanwaltsordnung, Kommentar, 2. Aufl., München 2003

Herzberg, Die Unterlassung im Strafrecht und das Garantenprinzip, 1972

Herzog, Gesellschaftliche Unsicherheit und strafrechtliche Daseinsvorsorge : Studien zur Vorverlegung des Strafrechtsschutzes in den Gefährdungsbereich, Heidelberg 1991

Hirsch, Joachim, Soziale Adäquanz und Unrechtslehre, ZStW 74 (1962), S. 78

Hirsch, Hans Joachim, Die Entwicklung der Strafrechtsdogmatik nach Welzel, in: Festschrift der rechtswissenschaftlichen Fakultät zur 600-Jahr-Feier der Universität zu Köln, S. 399, Köln/Berlin/Bonn/München 1988

Hirsch, Hans Joachim, Gefahr und Gefährlichkeit, in: Festschrift für Arthur Kaufmann zum 70. Geburtstag, Heidelberg 1993, S. 545 ff.

Hirsch, Hans Joachim, Tatstrafrecht – ein hinreichend beachtetes Grundprinzip?, in: Festschrift für Klaus Lüderssen zum 70. Geburtstag, Baden-Baden 2002, S. 253 ff.

Horn, Eckhard, Konkrete Gefährdungsdelikte, Köln 1973

Hruschka, Joachim, Anmerkung zu OLG Düsseldorf – 5 Ss (OWi) 307/83 – 275/83 I, in: JR 1984, S. 257

Jäger, Markus, Anmerkung zu BGHSt 46, 107, in: wistra 2000, S. 344

Jakobs, Günther, Kriminalisierung im Vorfeld einer Rechtsgutsverletzung, ZStW 97 (1985), S. 751 ff.

Jakobs, Günther, Regressverbot beim Erfolgsdelikt – Zugleich eine Untersuchung zum Grund der strafrechtlichen Haftung für Begehung, ZStW 89 (1977), S. 1

Jakobs, Günther, Strafrecht, Allgemeiner Teil, Die Grundlagen und die Zurechnungslehre, Lehrbuch, 2. Aufl. 1991, Berlin/New York

Jakobs, Günther, Zu den Voraussetzungen gemeinsamer Organisation, GA 1996, S. 253

Jahn, Matthias, Kann Konfliktverteidigung Strafvereitelung (§ 258 StGB) sein?, ZRP 1998, 103

Jescheck, Hans-Heinrich, Lehrbuch des Strafrechts, Allgemeiner Teil, 4. Aufl., Berlin 1988

Jescheck, Hans-Heinrich/*Weigend*, Thomas, Lehrbuch des Strafrechts, Allgemeiner Teil, 5. Aufl., Berlin 1996

Kalsbach, Werner, Kommentar zur Bundesrechtsanwaltsordnung und Richtlinien für die Ausübung des Rechtsanwaltsberufs, Köln 1960

Kaufmann, Arthur, Unrecht und Schuld beim Delikt der Volltrunkenheit, JZ 1963, S. 425

Kindhäuser, Gefährdung als Straftat, Frankfurt/Main 1989

Kleine-Cosack, Michael, Bundesrechtsanwaltsordnung mit Berufs- und Fachanwaltsordnung, 4. Aufl. München 2003

Klug, Ulrich, Der Eigentumsvorbehalt bei der Waren- und Wertpapierverschleuderung im Konkursstrafrecht, JZ 1957, S. 462

Klug, Ulrich, Sozialkongruenz und Sozialadäquanz im Strafrechtssystem, in: Festschrift für Eberhard Schmidt zum 70. Geburtstag, Göttingen 1961 (2. Aufl. 1971)

Koriath, Heinz, Zum Streit um die Gefährdungsdelikte, GA 2001, S. 51 ff.

Krämer, Achim, Der Rechtsanwalt – ein „staatlich gebundener Vertrauensberuf?“, NJW 1975, S. 849

Kratzsch, Dietrich, Prävention und Unrecht – eine Replik, GA 1989, S. 49 ff.

Kratzsch, Dietrich, Prinzipien der Konkretisierung von abstrakten Gefährdungsdelikten – BGHSt 38, 309, JuS 1994, S. 372 ff.

Kratzsch, Dietrich, Verhaltenssteuerung und Organisation im Strafrecht : Ansätze zur Reform des strafrechtlichen Unrechtsbegriffs und der Regeln der Gesetzesanwendung, Berlin 1985

Krauß, Detlef, Erfolgsunwert und Handlungsunwert im Unrecht, ZStW 76 (1964), S. 19

Kübler, Bruno/*Prütting*, Hanns, Kommentar zur Insolvenzordnung, Loseblatt, Stand April 2003

Küpper, Georg, Strafvereitelung und „sozialadäquate" Handlungen, GA 134 (1987), S. 385

Kudlich, Hans, Anmerkung zu BGHSt 46, 107, in: JZ 2000, S. 1178

Kuhlen, Lothar, Zum Strafrecht der Risikogesellschaft, GA 1994, S. 347 ff.

Lagodny, Otto, Strafrecht vor den Schranken der Grundrechte – Die Ermächtigung zum strafrechtlichen Vorwurf im Lichte der Grundrechtsdogmatik dargestellt am Beispiel der Vorfeldkriminalisierung, Tübingen 1996

Leipziger Kommentar, Strafgesetzbuch, Großkommentar, 11. Aufl. (Stand 2003)

Lesch, Heiko H., Anmerkung zu BGHSt 46, 107, in: JR 2001, S. 383

Löwe-Krahl, Oliver, Beteiligung von Bankangestellten an Steuerhinterziehungen ihrer Kunden – die Tatbestandsmäßigkeit berufstypischer Handlungen, wistra 1995, S. 201

Lutter, Marcus, *Hommelhoff*, Peter, GmbH-Gesetz, Kommentar, 15. Aufl., Köln 2000

Maiwald, Manfred, Zur Leistungsfähigkeit des Begriffs „erlaubtes Risiko", in: Festschrift für Heinrich Jescheck, S. 405

Mallison, Jochen, Rechtsauskunft als strafbare Teilnahme, Tübingen 1979

Maunz, Theodor/*Dürig*, Günter, Kommentar zum Grundgesetz, Stand: Lieferungen 1-42, München 2003

Maurach, Reinhart/*Zipf*, Heinz, Strafrecht Allgemeiner Teil, Teilband 1: Grundlagen des Strafrechts und Aufbau der Straftat, 8. Aufl., Heidelberg 1992

Meyer, Andreas H., Die Gefährlichkeitsdelikte – Ein Beitrag zur Dogmatik der „abstrakten Gefährdungsdelikte" unter besonderer Berücksichtigung des Verfassungsrechts, Münster/Hamburg 1992

Meyer-Arndt, Lüder, Beihilfe durch neutrale Handlungen?, wistra 1989, S. 281

Meyer-Cording, Ulrich, Konkursverzögerung durch erfolglose Sanierungsversuche, NJW 1981, S. 1242

Meyer-Goßner, Lutz, Strafprozessordnung, 47. Aufl., München 2004

Michalski, Lutz, Kommentar zum Gesetz über die Gesellschaften mit beschränkter Haftung, Band 2 (§§ 35-86), München 2002

Müller, Egon, Strafverteidigung, NJW 1981, S. 1801

Müller-Gugenberger, Christian/*Bieneck*, Klaus, Wirtschaftsstrafrecht, 3. Aufl., Münster 2000

Münchener Kommentar zum Strafgesetzbuch, Band 3 (§§ 185-262), München 2003

Naucke, Wolfgang, Über das Regressverbot im Strafrecht, ZStW 76 (1964), S. 409

Niedermair, Harald, Straflose Beihilfe durch neutrale Handlungen?, ZStW 107(1995), S. 507

Ostendorf, Heribert, Das Geringfügigkeitsprinzip als strafrechtliche Auslegungsregel, GA 129 (1982), S. 333

Otto, Harro, Grundkurs Strafrecht, Allgemeine Strafrechtslehre, 6. Aufl., Berlin/New York 2000

Otto, Harro, Grundsätze des Wirtschaftsstrafrechts (einschließlich Verbraucherschutz); Dogmatischer Teil I, ZStW 96 (1984), S. 339 ff.

Otto, Harro, Kausaldiagnose und Erfolgszurechnung im Strafrecht, in: Festschrift für Reinhart Maurach zum 70. Geburtstag, Karlsruhe 1972

Otto, Harro, Das Strafbarkeitsrisiko berufstypischen, geschäftsmäßigen Verhaltens, JZ 2001, S. 436

Otto, Harro, „Vorgeleistete Strafvereitelung" durch berufstypische oder alltägliche Verhaltensweisen als Beihilfe, in: Festschrift für Theodor Lenckner zum 70. Geburtstag, S. 193, München 1998

Peters, Karl, Sozialadäquanz und Legalitätsprinzip, in: Festschrift für Hans Welzel zum 70. Geburtstag, S. 415, Berlin/New York 1974

Pfeiffer, Gerd, Unterlassen der Verlustanzeige und des Konkurs- oder Vergleichantrages nach § 84 GmbHG, in: Festschrift für Heinz Rowedder zum 75. Geburtstag, Herausgegeben von Gerd Pfeiffer, Günther Wiese, Klaus Zimmermann, München 1994

Prittwitz, Cornelius, Strafrecht und Risiko, Frankfurt/Main 1993

Quack, Karlheinz, Sinn und Grenzen anwaltlicher Unabhängigkeit heute, NJW 1975, S. 1337

Rabl, Kurt O., Der Gefährdungsvorsatz, Strafrechtliche Abhandlungen, Heft 312, Breslau-Neukirch 1933

Ranft, Das garantiepflichtwidrige Unterlassen der Taterschwerung, ZStW 97 (1985), S. 268, 287

Ransiek, Andreas, Pflichtwidrigkeit und Beihilfeunrecht – Der Dresdner Bank-Fall und andere Beispiele, wistra 1997, S. 41

Redeker, Konrad, Freiheit der Advokatur – heute, NJW 1987, S. 2611

Redeker, Konrad, Zur Stellung der Anwaltschaft im außergerichtlichen Rechtsberatungssystem, ZRP 1976, S. 97

Richter, Hans, Zur Strafbarkeit externer „Sanierer" konkursgefährdeter Unternehmen, wistra 1984, S. 97

Richter, Hans, Der Konkurs der GmbH aus der Sicht der Strafrechtspraxis, GmbHR 1984, S. 113

Roeder, Hermann, Die Einhaltung des sozialadäquaten Risikos und ihr systematischer Standort im Verbrechensaufbau, Berlin 1969

Roesen, Anton, Die Auseinandersetzung des Anwalts mit dem Staat, AnwBl. 1957, S. 174

Rogat, Stefan, Die Zurechnung bei der Beihilfe - zugleich eine Untersuchung zur Strafbarkeit von Rechtsanwälten nach § 27 StGB, Frankfurt am Main/New York, 1997

Roth, Günter H./*Altmeppen*, Holger, Gesetz betreffend die Gesellschaften mit beschränkter Haftung, Kommentar, 4. Aufl., München 2003

Rowedder, Heinz/*Schmidt-Leithoff*, Christian, Gesetz betreffend die Gesellschaften mit beschränkter Haftung, Kommentar, 4. Aufl., München 2002

Roxin, Claus, Strafrecht Allgemeiner Teil, Band I, Grundlagen. Der Aufbau der Verbrechenslehre, 2. Aufl., München 1994 und 3. Aufl., München 1997

Roxin, Claus, Gedanken zur Problematik der Zurechnung im Strafrecht, in: Festschrift für Richard M. Honig, Göttingen 1970

Roxin, Claus, Was ist Beihilfe?, in: Festschrift für Koichi Miyazawa, Baden-Baden 1995

Roxin, Claus, Bemerkungen zur sozialen Adäquanz im Strafrecht, in: Festschrift für Ulrich Klug zum 70. Geburtstag, Band II, Köln 1983

Roxin, Claus, Bemerkungen zum Regreßverbot, in: Festschrift für Herbert Tröndle zum 70. Geburtstag

Rudolphi, Hans-Joachim, Inhalt und Funktion des Handlungsunwertes im Rahmen der personalen Unrechtslehre, in: Festschrift für Reinhart Maurach zum 70. Geburtstag, S. 51, Karlsruhe 1972

Rudolphi, Hans-Joachim, Anmerkung zu BGH 2 StR 201/82 v. 17.5.1982 und BGH 3 StR 398/81 v. 10.2.1982, in: StV 1982, S. 518

Sack, Hans-Jürgen, Anmerkung zu BayObLG, Beschl. v. 27.6.2001, 4 St RR 76/01 (JR 2001, S. 475), in: JR 2001, S. 475 ff.

Samson, Erich/*Schillhorn*, Ulf, Beihilfe zur Steuerhinterziehung durch anonymisierten Kapitaltransfer?, wistra 2001, S. 1

Schaffstein, Friedrich, Soziale Adäquanz und Tatbestandslehre, ZStW 72 (1960), S. 369

Schäfer, Carsten, Zur strafrechtlichen Verantwortlichkeit des GmbH-Geschäftsführers, GmbHR 1993, S. 717, 780

Scheffler, Uwe, Anmerkung zu BGH, Urt. V. 1.9.1992 – 1 StR 281/92, in: StV 1993, S. 470

Schlüchter, Grundfälle zur Kausalität, JuS 1976, S. 378

Schmidhäuser, Eberhard, Strafrecht, Allgemeiner Teil (Studienbuch), 2. Aufl., Tübingen 1982

Schmidhäuser, Eberhard, Strafrecht Allgemeiner Teil (Lehrbuch), 2. Aufl., Tübingen 1975

Schmidt, Karsten, Konkursantragspflichten bei der GmbH und bürgerliches Deliktsrecht, JZ 1978, S. 661

Schneider, Rolf, Der Rechtsanwalt, ein unabhängiges Organ der Rechtspflege, Berlin 1976

Schönke, Adolf/*Schröder*, Horst, Strafgesetzbuch, Kommentar, 26. Aufl., München 2001

Scholz, Franz, Kommentar zum GmbH-Gesetz, 9. Aufl., Band 2 (§§ 45-87), Köln 2002

Schröder, Horst, Die Gefährdungsdelikte im Strafrecht, ZStW 81(1969), S. 7

Schubert, Werner, Entstehung und Quellen zur Rechtsanwaltsordnung von 1878, Frankfurt am Main 1985

Schumann, Heribert, Strafrechtliches Handlungsunrecht und das Prinzip der Selbstverantwortung der Anderen, Tübingen 1986

Schünemann, Bernd, Moderne Tendenzen in der Dogmatik der Fahrlässigkeits- und Gefährdungsdelikte, JA 1975, S. 727, 787 (2 Teile)

Schünemann, Bernd, Kritische Anmerkungen zur geistigen Situation der deutschen Strafrechtswissenschaft, GA 1995, S. 201 ff.

Seelmann, Kurt, Die Ausschließung des Verteidigers, NJW 79, S. 1128

Stächelin, Gregor, Strafgesetzgebung im Verfassungsstaat, Berlin 1998

Stern, Klaus, Das Staatsrecht der Bundesrepublik Deutschland, München 1980, Band II, Staatsorgane, Staatsfunktionen, Finanz- und Haushaltsverfassung, Notstandsverfassung

Stern, Klaus, Anwaltschaft und Verfassungsstaat, 1980

Stratenwerth, Günter, Strafrecht Allgemeiner Teil, Band 1: Die Straftat, 3. Aufl., Köln/Berlin/München 1981

Stratenwerth, Günter/*Kuhlen*, Lothar, Strafrecht Allgemeiner Teil, Band 1: Die Straftat, 5. Aufl., Köln 2004

Stratenwerth, Günter, „Wahres" Strafrecht?, in: Festschrift für Klaus Lüderssen zum 70. Geburtstag, Baden-Baden 2002, S. 373 ff.

Stree, Walter, Beteiligung an einer Schlägerei – BGHSt 16, 130, JuS 1962, S.93

Stumpf, Olav, Gibt es im materiellen Strafrecht ein Verteidigerprivileg?, NStZ 1997, S. 7

Tag, Brigitte, Beihilfe durch neutrales Verhalten, JR 1997, S. 49

Tiedemann, Klaus, Insolvenz-Strafrecht, 2. Aufl., Berlin/New York 1996

Tiedemann, Klaus, GmbH-Strafrecht, Kommentar, 4. Aufl., Köln 2002

Tiedemann, Klaus, Handelsgesellschaften und Strafrecht – eine vergleichende Bestandsaufnahme, in: Festschrift für Thomas Würtenberger, Berlin 1977

Tröndle, Herbert/*Fischer*, Thomas, Strafgesetzbuch und Nebengesetze, 52. Aufl., München 2004

Uhlenbruck, Wilhelm, Die Bedeutung des neuen Insolvenzrechts für den GmbH-Geschäftsführer, GmbHR 1999, S. 313

Uhlenbruck, Wilhelm, Strafrechtliche Aspekte der Insolvenzrechtsreform 1994, wistra 1996, S. 1

Uhlenbruck, Wilhelm, Gesetzliche Konkursantragspflichten und Sanierungsbemühungen, ZIP 1980, S. 73

Uhlenbruck, Wilhelm, Die Pflichten des Geschäftsführers einer GmbH & Co. KG in der Krise des Unternehmens, BB 1985, S. 1277

Volk, Klaus, Zum Strafbarkeitsrisiko des Rechtsanwalts bei Rechtsrat und Vertragsgestaltung, BB 1987, S. 139

Wehrle, Stefan, Fahrlässige Beteiligung am Vorsatzdelikt – Regressverbot?, Basel und Frankfurt/Main 1986

Weigend, Thomas, Bewältigung von Beweisschwierigkeiten durch Ausdehnung des materiellen Strafrechts?, in: Festschrift für Otto Triffterer zum 65. Geburtstag, Wien/New York 1996, S. 695 ff.

Weigend, Thomas, Grenzen strafbarer Beihilfe, in: Festschrift für Haruo Nishihara zum 70. Geburtstag, Band 5 (Beiträge in deutscher Sprache), Baden-Baden 1998

Welzel, Hans, Das Deutsche Strafrecht, 11. Aufl. 1969

Welzel, Hans, Studien zum System des Strafrechts, ZStW 58(1938), S. 491

Wessels, Johannes/*Beulke*, Werner, Strafrecht, Allgemeiner Teil, begründet von Johannes *Wessels*, fortgeführt von Werner *Beulke*, 34. Aufl., Heidelberg 2004

Wessels, Johannes/*Hettinger,* Michael, Strafrecht, Besonderer Teil/1, begründet von Johannes *Wessels*, fortgeführt von Michel *Hettinger,* 28. Aufl., Heidelberg 2004

Wohlers, Wolfgang, Anmerkung zu BVerfG NJW 2004, S. 1305 ff., in: JZ 2004, S. 670

Wolter, Jürgen, Objektive und personale Zurechnung von Verhalten, Gefahr und Verletzung in einem funktionalen Straftatsystem, Berlin 1981

Wolter, Jürgen, Strafwürdigkeit und Strafbedürftigkeit in einem neuen Strafrechtssystem, in: Festschrift 140 Jahre Goltdammer's Archiv für Strafrecht, S. 269, Heidelberg 1993

Zieschang, Frank, Die Gefährdungsdelikte, Berlin 1998

Zipf, Hans-Joachim, Rechtskonformes und sozialadäquates Verhalten im Strafrecht, ZStW 82 (1970), S. 633

FSC
www.fsc.org
MIX
Papier | Fördert
gute Waldnutzung
FSC® C083411

Kolibri 360 GmbH
Ferdinand-Jühlke-Straße 7
99095 Erfurt, Deutschland
produktsicherheit@kolibri360.de

Druck:
CPI Druckdienstleistungen GmbH
im Auftrag der
Kolibri 360 GmbH
Ferdinand-Jühlke-Str. 7
99095 Erfurt